JN236245

DESIGN STRATEGY SERIES

COLOR STRATEGY

色彩戦略 南雲治嘉 編

色の持つ力

南雲 治嘉

■色は変わった

色が変わりつつある。と言うより色に対する考え方が変わってきた。それよりも、色の本質が解ってきたと言った方が良いかもしれない。視細胞と脳生理学の研究が、色彩理論をも変えようとしている。これまでの色に対する考え方に、大幅な変更が必要となっているのである。はっきり言えることは、色彩は感覚の領域から科学の領域へと、ポジションを変えてきたということである。

それにしても、色に対する興味がこれまでになく高まっている。20年ほど前にカラーリストという仕事が脚光を浴びてから、今日のカラーセラピーブームに至るまで、一向に衰えを見せない。とにかくすごい勢いで色が生活に入り込んで来ている。占いにまで顔を出しているということは、それだけ色が身近に意識されるようになったことの現れである。

占いが良い悪いは別にして、色にはそれなりの力がある、ということの認識が深まっている証拠である。色が日々の生活の中で機能し、生活を楽しいものにすることは、すでに常識なのである。

色がコミュニケーションにおける重要な武器になるという考えは、一般にも広まっている。相手の心をつかむために、何色の服を着ていけばいいのか、特に女性は気にしたりする。気分転換に壁の色を塗り替えただけでも、雰囲気は一変する。そんな体験をしている人は多いはずだ。

色に人の心理に働きかける力があることは、古代ギリシャ時代にすでに理論的に追求されていた。近代においては、ゲーテやフロイトたちが色と心理の関係を追求した。色を心の病に応用することが目的だった。

色の心理の問題は、フロイトの説を見ても分かるように、かなり体験的な心理であって、「？」が付くものが多々ある。すべてを生理的なもの、性的なものに結び付けてしまったが、科学が進んでいなかった時代のことであって、やむを得ない。しかし、いまだに色の意味や心理作用を、当時の色彩心理に因るのは、違っている。

■科学的な力の利用

色はいつの時代でも、意図的に使うことに興味が持たれていた。1960年代C.I.S.（コーポレートアイデンティティーシステム）が始まり、商業空間にも計画的に色を使うことが盛んに喧伝されるようになった。特にデザイン関係では、色が扱えなければプロとは言えない、専門的なものとして位置付けられてきた。

コカコーラは世界中で知られている。あの赤を見れば、誰もがコカコーラを思い出す。C.I.S.の成功例として、記念碑的な存在である。アサヒビールが、自社でタブーと言われていた赤を発泡酒に使って売上げを大きく伸ばした。そこには、しっかりした考え方があった。これまで売れ行きが止まっていたものに、色のリニューアルを図ったら爆発的に売れた、といった話は別に珍しいことではない。

そして現代、色の科学的な力を利用する時代へ突入した。

■売れない理由

大手の商品企画担当者から「うちの製品はクオリティーが高いのに売れない。他社と比べても遜色ないし、それ以上に価格も安いのだから、もっと売れて良いはず。にもかかわらず売れないのは、宣伝が悪いか、営業の能力が劣るかのどちらかだ」という声をしばしば聞く。

しばしば聞く、というところを強調したい。クオリティーも高く、リーズナブルな価格とあれば、売れて当然と思われている。こういう話もよく耳にする。「どうしても先行メーカーを抜くことができない。質はうちの方が勝っているのに、どうしても売れない。流しているCMも好評なのに」という話。はっきりしていることがある。CMはおろか、宣伝をほとんどしていない商品が、良く売れる例は多いのである。宣伝をしていないとか、宣伝が悪いから売れないのではない。資生

堂の「シノアドア」という商品は、CMが流されていない。にもかかわらず、良く売れている。もちろん質がいい。しかし、その質を伝えているパッケージデザインが成功しているからだ。店頭で人の目と、人の心をとらえている。

CMを使っても売れないのは、デザインの失敗である。売れない要因を上げるのは簡単だ。キャンペーンの時期を間違えた、営業がしっかりしていない、宣伝にお金をかけていない、ターゲットを読み間違えた、展示場所が悪いなどなどである。もちろん複合化された要因が、売れ行きを妨げたのに違いない。しかし、最も大きな原因は、デザインの失敗である。そして、カラーリングの失敗なのである。

■色彩戦略へ

商品企画で重要なのは、色である。技術革新が進み、どのメーカーのレベルも横並びになってきた。デザイン力もほぼ同等である。商品のカタログや宣伝文句を見れば「高品質」「最高級機能」「最先端」などの文字が溢れている。高品質は今や常識になってしまっている。しかし、売れ行きに差が出てくる。では最後に、売れ行きを決めるのは。それが色なのである。

色の重要性は知っていても、色が悪いから売れない、ということに思いがいかない。今ヒットしている商品を観察してみてほしい。色が決定的にいいのである。もちろん、たまたま良い色になったこともあるかもしれない。しかし、大多数のヒット商品は、色を武器として扱っているのである。

武器として扱うということは、そこに戦術が必要だということだ。武器をどのように使うかが戦術である。

ところが戦術を知っていても、攻め方を知らなければ、戦術を使うまでもない。そこでさらに必要となるのが、戦略なのである。戦略と戦術は違う。色彩戦略は、色をどう使うかではなく、商品を色によってどう売るかの問題なのである。

現状ではブランディングの一部とも考えられるし、販売促進の一部とも考えられている。商品の色をどう付けるかだけなら、それでもいい。だが、問題はそんな単純なものではないのである。色を軸にして、商品を企画し、販促計画を立てる時代に入っているという認識が重要なのである。

色彩に戦略を持った商品は売れる。これからの時代、片手間ではなく、色彩戦略を本格的に採り入れた企業が残る。

■価値としての色

本書に収録した作品には、イメージの位置付けを表示した。ある意味で、その作品がなぜ優れているかの根拠を表現している。この表示は、色彩の科学的データを基礎にしたチャートより割り出している。驚くことに、良い作品はきちんとその座標の上に乗っている。

それは、長年の研ぎ澄まされた感覚が、科学的な配色と同様の技術によって、裏打ちされていると言えるかもしれない。人気のない商品や広告作品のイメージの位置付けをしてみると、訴求力も、誘引性も、メッセージの意味も、ほとんどがブレていることが分かる。

色は感覚によって選定するものではない。これまでは、色彩センスといった言葉で表されていたものが、実は科学的な裏付けがあって行われるべきものだったのである。さらに、色はデザイナーの好みで決めるものではなく、ターゲットに対するメッセージとして、的確な色を選ぶというものになってきた。

色には、力がある。それも人間の心を動かす力である。その力を、戦略的に使うことによって、売上げの効果を高める。色は力であるのと同時に、価値である。サービスで物に色が付けられているのではなく、色そのものが物の価値に含まれているということである。物を買う時、ユーザーはその色にもお金を払っている。

色は世界共通の言語である。国境を越え世界の人々にささやきかける。21世紀、色彩戦略の幕開けの世紀。その戦略は衣食住全般にわたり、ますます本格化してきた。

目次／CONTENTS

- 002　色の持つ力／南雲治嘉
- 004　目次
- 006　略号

- 007　**特集 色彩戦略の実際**
- 008　(1)色彩戦略とデザイン
- 010　(2)色彩革命が始まった
- 012　(3)色彩戦略の立案
- 014　(4)トヨタ『PASSO』開発の軌跡
- 020　(5)ビクターデザイナーの色への試み
- 022　(6)資生堂『シノアドア』にみる色彩計画

- 025　**実施例 色彩戦略の最新情報**

BRANDING DESIGN
- 026　ヒューマングループ
- 028　ヒューマンアカデミー
- 029　ヒューマンリソシア
- 030　TSUTAYA TOKYO ROPPONGI
- 032　LEXMARK（レックスマーク）
- 036　名古屋ふらんす
- 038　KIYO'S KITCHEN（キヨズ・キッチン）
- 040　new york DELI（ニューヨーク デリ）
- 042　Plejour（プレジュール）
- 044　INFOBRIO（インフォブリオ）
- 046　ABeam Consulting（アビームコンサルティング）
- 048　麻婆豆腐「辣」

CI DESIGN
- 050　第10回 南道食べ物文化フェスティバル
- 052　daVinci（ダヴィンチ）
- 053　有楽町マリオン 20 アニバーサリー
- 054　PHOENIX SEAGAIA RESORT
- 056　サントリー 新 CI

PRODUCT PLANNING
- 060　サントリー コーヒー「ボス」レインボーマウンテンブレンド
- 062　サントリー C.C.レモン
- 064　サントリー なっちゃんオレンジ
- 066　アサヒ本生ブランド
- 070　キヤノン デジタルカメラ IXY DIGITAL L²
- 071　キヤノン デジタル一眼レフカメラ EOS Kiss Digital
- 072　キヤノン プリンタ PIXUS iP8600
- 073　日立 かるワザクリーナー たつまきサイクロン
- 074　日立 パーソナルコンピューター PriusAirNote AN37KT
- 075　日立 プラズマテレビ Wooo7000シリーズ
- 076　ニコン デジタルカメラ COOLPIX SERIES
- 077　ニコン デジタルカメラ D SERIES
- 078　シャープ デジタルハイビジョン液晶テレビ AQUOS LC-45GD1
- 079　シャープ 新・軽開どっちもドア 大型スリムタイプ
- 080　デジタルカメラ Panasonic LUMIX DMC-FX7
- 081　デジタルビデオカメラ Panasonic デジカム NV-GS400K
- 082　デジタルビデオカメラ Panasonic デジカム NV-GS55K
- 083　インターフェイス 木のアタッシュケース Waveシリーズ
- 084　日本ビクター デジタルビデオカメラ Baby Movie GR-D230
- 086　日本ビクター 液晶テレビ EXE LT-32LA4
- 087　日本ビクター スピーカーシステム SX-L9
- 088　NEC ノートパソコン LaVie N
- 089　NEC ノートパソコン LaVie RX
- 090　NEC デスクトップパソコン VALUESTAR TX
- 091　東芝 マジックサイクロンクリーナー
- 092　富士通 デスクトップパソコン FMV-DESKPOWER LX
- 093　富士通 ノートパソコン FMV-BIBLO LOOX T
- 094　パイオニア ハイビジョンプラズマテレビ ピュアビジョン
- 095　パイオニア ハッピーアクア
- 096　TOTO スーパーエクセレントバス
- 097　TOTO ハイデザインシリーズ 棚付二連紙巻器、二連紙巻器、手すり
- 098　TOTO スーパーレガセス クリスタルシリーズ
- 100　INAX システムバスルーム ルキナ
- 102　INAX シャワートイレ SATIS
- 104　フジデザイン ガラス手洗器 VETRO-CUT
- 105　タカラ 電動ハイブリッド自転車 B PLUS
- 106　TOYOTA PASSO
- 108　デジタルオーディオプレーヤー リオ SU35
- 109　au design project "talby"

PACKAGE DESIGN

- 110 日清 ラ王
- 111 日清 具多
- 112 ロッテ ガーナミルクチョコレート
- 113 ロッテ アーモンドチョコレート
- 114 ロッテ キシリトールガム
- 115 カルビー じゃがりこ
- 116 グリコ ポッキーチョコレート
- 119 グリコ ポッキーデコレ
- 120 森永 ハイチュウ
- 121 森永 ビスケット
- 122 明治 チェルシー
- 124 明治 銀座カリー
- 125 明治 キシリッシュ
- 126 銀座あけぼの
- 128 資生堂 ピエヌ リップネオ
- 130 資生堂 ピエヌ ルージュ カラーフィックス
- 132 資生堂 シノアドア

FASHION

- 134 THE SUIT COMPANY
- 138 TOMORROWLAND
- 142 越後亀紺屋 藍色染め刺し子
- 144 ワコール WACOAL DIA
- 148 FISBA シルクシリーズ マンダリーノ
- 149 FISBA ベレタージュシリーズ ボタニカ

ADVERTISING DESIGN

- 150 横濱通養成講座
- 152 シャープ AQUOS
- 154 日本郵船
- 155 大和生命
- 156 日産 LAFESTA ボディカラーイメージスタンド
- 157 日産 FUGA
- 158 広島県大型観光キャンペーン
- 160 King's Hawaiian Case Study
- 162 CO1 デザイン学校 卒業展

URBAN PLANNING/EVENT PLANNING

- 164 清水港・みなと色彩計画
- 166 国立国際美術館
- 168 2005年日本国際博覧会協会 サイン・ファニチュア計画
- 172 多摩モノレール トータルデザイン計画
- 176 日テレ TOWER Studio Graphic
- 180 Save the Children 一緒に、始めよう。

ARCHITECTURE/INTERIOR

- 182 東雲キャナルコート CODAN1街区
- 186 門司港ホテル
- 189 ネールサロン ロングルアージュ
- 190 国際障害者交流センター ビッグアイ
- 192 福井県済生会病院東館
- 194 国立成育医療センター
- 195 Patisserie QUEEN ALICE & さくら by ALICE in HASHIMOTO
- 196 リーガロイヤルホテル改修 23〜27階:ザ・プレジデンシャルタワーズ
- 198 お茶カフェ sui
- 200 アニバーサリー・フォトサロン リビュート
- 201 IPEC 21-2001 日建スペースデザインブース
- 202 IPEC 21-2002 日建スペースデザインブース
- 203 IPEC 21-2003 日建スペースデザインブース

UNIVERSAL DESIGN

- 204 インターフェイス 歩行補助機能付電動車椅子 UDカート
- 205 コクヨS&T ザ・フィットマウス 手の匠
- 206 日立 Woooシリーズ用リモコン
- 207 TOTO レストパルDX

ECOLOGY DESIGN

- 208 首都圏コープ事業連合 生協パルシステム
- 210 ホクシー バイ ネピア ティシュ 150組エコボックス

- 212 索引
- 214 協力
- 215 奥付

■Abbreviation　　　　■略号

- **CSV** : Creative Supervisor — クリエイティブスーパーバイザー
- **SV** : Supervisor — スーパーバイザー
- **Pr** : Producer — プロデューサー
- **PM** : Production & Manufacturing Director — 生産・製造責任者
- **PD** : Product Development — 製品開発
- **CD** : Creative Director — クリエイティブディレクター
- **Pl** : Planner — プランナー
- **AP** : Account Planner — アカウントプランナー
- **Co** : Coordinator — コーディネーター
- **Pl/Dir** : Planning Director — 計画・設計責任者
- **Cs** : Construction — 施工
- **AD** : Art Director — アートディレクター
- **DD** : Design Director — デザインディレクター
- **ColorD** : Color Director — カラーディレクター
- **D** : Designer — デザイナー
- **WebD** : Web Designer — Webデザイナー
- **E** : Engineer — エンジニア
- **Ar** : Architect — 建築家
- **I** : Illustrator — イラストレーター
- **P** : Photographer — フォトグラファー
- **Art** : Artist — アーティスト
- **Cal** : Calligrapher — カリグラファー
- **CG** : CG Artist — CGアーティスト
- **CW** : Copywriter — コピーライター
- **S** : Stylist — スタイリスト
- **DF** : Design Firm — デザイン会社
- **A** : Agent — エージェント
- **M** : Maker — メーカー
- **Cl** : Client — クライアント
- **L** : Location — 所在地

DESIGN STRATEGY SERIES
COLOR STRATEGY

Edited by Haruyoshi Nagumo
Published by Graphic-sha Publishing Co., Ltd.

Copyright 2005 by Graphic-sha Publishing Co., Ltd. ©

All rights reserved.
No part of this publication may be reproduced or used in any form or by any means
—graphic, electronic, or mechanical, including photocopying, recording, taping,
or information storage and retrieval systems—without written
permission of the publisher.

ISBN4-7661-1583-x

Printed in Japan by Kinmei Printing Co., Ltd.
First Edition 2005

Graphic-sha Publishing Co., Ltd.
1-14-17 Kudan-kita Chiyoda-ku Tokyo 102-0073 Japan
Phone 03-3263-4318　Fax 03-3263-5297
http://www.graphicsha.co.jp/

特集 SPECIAL FEATURE
色彩戦略の実際

COLOR STRATEGY

色を選定する、その結果が商品の売れ行きに大きく影響する。
それほど重要な色を、ただ勘に頼って決めていいのだろうか。
色彩戦略を立案する時の色の根拠となるものは何か。
これまで、そうしたことをあいまいにしてきた感がある。
現状を考察し、これからの色彩戦略を考えたい。

（1）色彩戦略とデザイン

色を戦略的に使うこと、それは片手間に色を決めるのとわけが違う。
伝えたいことがあるから色を使う。
伝えたいこと？　それはメッセージだ。
メッセージ？　それは中身だ。
中身？　それは心だ。

●しのぶれど色に出にけりわが恋は誰れど思ふと人の問ふまで
この和歌は、百人一首にある平兼盛のものである。拾遺集巻十一（恋一）に収められている。意味は「あの人を好きになってしまったことを、誰にも知られまいと隠していたが、誰か好きになった人でもいるのか、と人に聞かれるほど顔に出てしまっていたのか」という、自分の恋の深さを知って驚いている様子を歌ったもの。
色は万葉の時代より、何かを表すものとしてとらえられてきた。この場合の色は、顔色とでも言えるものである。心は色に出るものであって隠しきれるものではない。
万葉人が、色に深くて幅広い機能を持たせていることが分かる一首である。色は心を伝えてしまうもの。そういう意味では、繊細な顔色の変化を読んでいたのかもしれない。そういう人たちだから、生活の中の色には気を配っている。人に会う時に着るもの、大切な人に送る文（当時、手紙は文箱に入れて届けた）を縛るリボン、恋人に手渡す花、それぞれに心を表す色を用いた。色がメッセージのツールであったことがよく分かる。
注意しなければならないのは、色に意味があるのではなく、心を表すものが色だったのである。般若心経の「色即是空 空即是色」の色は人間そのもの。あるいは人生を言っている。色という字は、人が交わる「巴」から来ている。そこから、「色恋」などという表現も生まれてきた。色は人であり、心なのである。

●いかに相手の心をつかむか
色を使って、心を伝える。これは色彩戦略における基本である。例えば商品があるとしよう。その商品の心（mind）を伝えるものが、色である。つまり、商品の内容、あるいは本質、または価値などである。ということは、パッケージは中身を外に見せているもので、人の顔色と同じである。その中身（心）は、相手（ターゲット）を思う恋心に似ている。
ただし、相手（ターゲット）はこちらの恋心などに、関心がない場合が多い。そこで、自分に関心を持たせるため、その相手に分かる色の合図を送る。何とか、自分の存在に気付いてほしい。やみくもに目立っても仕方がない。相手が関心を示し、好意を持ってくれなければ、この恋はおしまい、つまり失恋なのである。
色彩戦略は、こちらの心を伝えると同時に、相手の心をつかむためのものである。相手の心をつかむには、相手がどういう色に惹かれるのかを知らなければならない。カラーマーケティングの目的はそこにある。今時風（トレンド）で行くか、個性的（アイデンティティー）で攻めるかである。それが分かれば次に打つ手は、色を伝えるのにどのような手段を使うか、である。最も理想的なのは、相手が自分の所に来てくれるか、通りがかるかである。直接自分を見てもらえる。

●デザインと用途

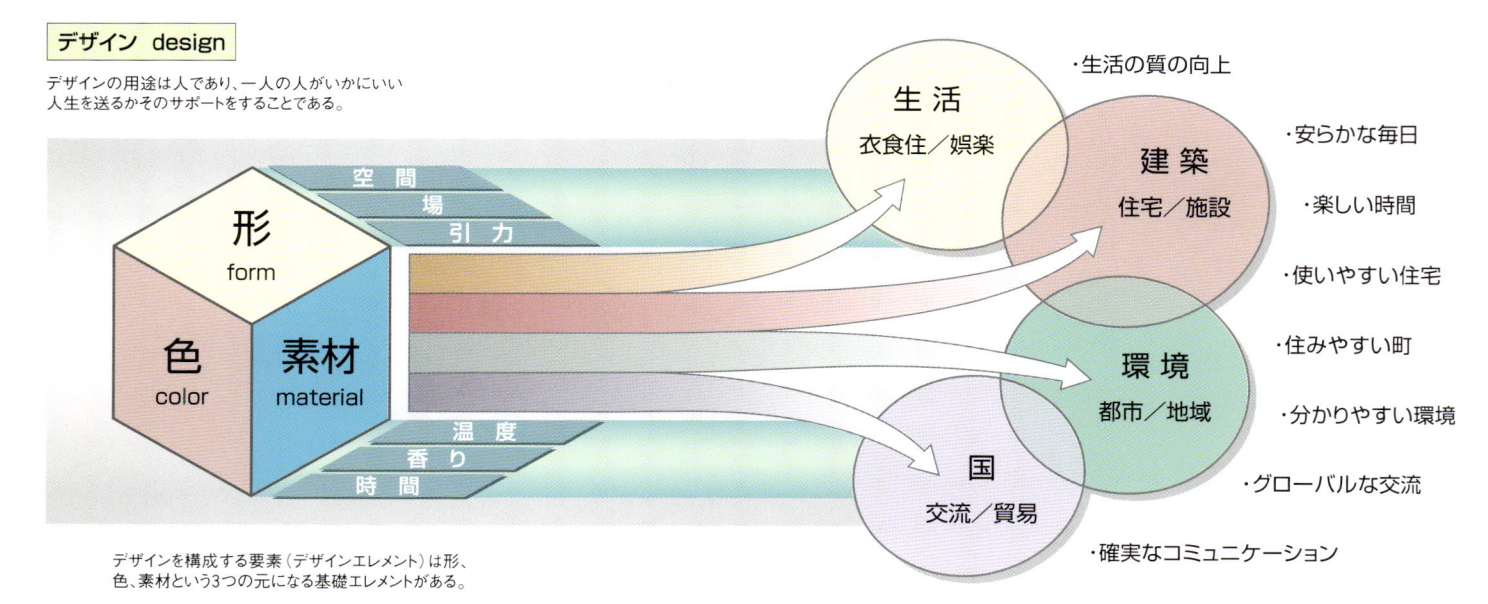

デザイン　design

デザインの用途は人であり、一人の人がいかにいい人生を送るかそのサポートをすることである。

形 form
色 color
素材 material

空間／場／引力
温度／香り／時間

生活　衣食住／娯楽
建築　住宅／施設
環境　都市／地域
国　交流／貿易

・生活の質の向上
・安らかな毎日
・楽しい時間
・使いやすい住宅
・住みやすい町
・分かりやすい環境
・グローバルな交流
・確実なコミュニケーション

デザインを構成する要素（デザインエレメント）は形、色、素材という3つの元になる基礎エレメントがある。

もちろん、自分の良いところを目一杯見てもらい、自分をアピール（訴求力）することが重要だ。もし、来てくれなければ、文を届けるという手段がある。手紙の内容も重要だが、思いのたけを込めて、リボンを選ばなければならない。そうしなければ、リボンも解かずに放置されてしまうだろう。もちろん、それが誰から来たものかを相手に分からせなければ、気持ち悪がるだけ。また、くどくど書き過ぎても嫌がられる。これが広告である。色彩戦略は広告の活用を欠かせない。ポイントは、何色のリボンにするかということである。こうしてみると、色彩戦略は「攻め」の計画であることが分かる。決して「守り」のものではない。

●デザインとの関係

色が決まったら、どのような形、素材で仕上げるか、という計画に関する問題が待っている。この計画がデザインである。デザインは本気で相手に恋することが条件なのである。振り向かせ、自分に興味を持ってもらうという強い気持ちがなければ、相手は気に留めてくれることもない。

その精神は「誠意」であり「思いやり」である。どんな商品でも、人を拒否するようなものに、誰も手を出さない。良い機能を持ち、使う価値があるなら、なおさらそれをアピールしなければならない。ユーザーが喜んでくれるもの、それが商品企画の基本である。デザインは、その思いを伝えるものである。

広く解釈すれば、色彩はデザインに含まれる。あくまでも、デザインエレメントの一つである。生活を楽しいものにするための、一要素なのであって、すべてではない。しかし、衣食住のすべてにかかわっている重要なエレメントである。その効果は、「心地良い」気分を味わってもらうことにある。それが、色彩の役割である。

デザイン戦略と色彩戦略は一致している。一心同体である。しかし、混同してはならない。それぞれの役割がある。勘違いされやすいのは、「この商品企画はデザイン重視であって、色彩を主に考えていない」というときの、デザインである。それは、明らかに間違いである。どんな商品でも、色彩戦略なくして、相手に的確に伝えることはできない。色は添え物ではない、ということである。

デザインは、色の持つ力を意識的に活用してこそ、人の心をとらえるものになる。色を決めることは、デザイナー一人の力ですべて解決できるものではない。なぜなら、それは戦略だからである。色彩のプロとデザイナーとが協力して計画を進めるのが理想と言える。これからは、色彩戦略家、つまりカラープランナーが必要な時代なのである。

●色の選定までの流れ

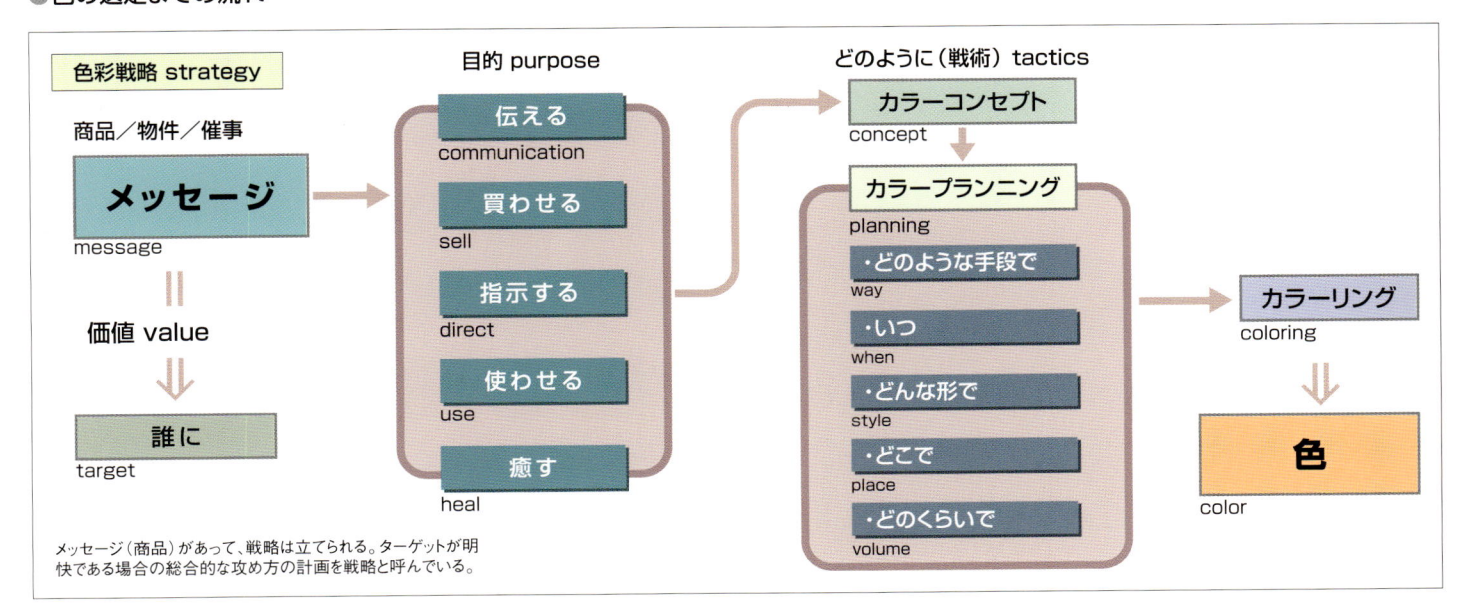

メッセージ（商品）があって、戦略は立てられる。ターゲットが明快である場合の総合的な攻め方の計画を戦略と呼んでいる。

（2）色彩革命が始まった

せっかく良い企画が立てられても、
それが砂上の楼閣であったら、いずれ崩れることになる。
色彩戦略のプロセスを踏まえたとしても、
基にしている色に根拠がなければ、効果を期待することは難しい。
これまでの色彩の基盤が古くなり、今、色彩革命が始まった。

● 色は色彩心理学で説明できない

これまでの色のとらえ方は、例えば「青」なら、「清々しい」とか「青春」「沈着」「寒い」といった心理的なものが主だった。この場合、「色彩心理学から言えば」と言った言葉が説明に使われた。では、その色彩心理学の根拠は一体どこからきているのだろうか。それは限りなく体験心理であって、極端に言えば、一人の学者の解釈にしか過ぎない。もちろん、人は冷たい水を見て、青は冷たいと体験的な情報を蓄積し、青を見ると冷たいということもあるかもしれない。しかし、この説明に疑問がある。水は青か。否である。

心理学では、赤を火に重ねて、熱い色だと言う。しかし、最も高熱なのは青い炎ではないか。人が赤を見て、熱いと感じるには、別の原因があるのではないか。ところが、誰もそこを疑うことなく、「赤は情熱」と説明する。それは、デザイナーの都合によって選ばれているのかもしれない、という疑問はないのであろうか。

近年、こうした疑問に応える、脳生理学の研究がかなり進んでいる。特に視細胞や視神経と脳との関係の究明が続いている。それは、日本でも海外でも活発である。それが、色彩の革命へとつながる。

● 色の本質

そのことに触れる前に、色についてこれまでのことを整理しておこう。色は光であり電磁波である。電磁波であるということは、素粒子（光子）の波動だということだ。これが、非常に重要である。色光であろうと、色付きの物体からの反射であろうと、それは電磁波なのである。素粒子である光子は電磁的なエネルギーを持ち、眼に入って網膜に触れると、電磁的なエネルギーに変換されて、視細胞を通り脳に伝えられる。視細胞（視神経）は、RGBのデジタル信号を受け取る。大脳でRGBの強弱により、液晶画面のようなスクリーンで映像化され、色を感じる。これが色である。色は脳に存在するだけである。これがすべてなのだ。このとき、脳の松果体が重要な役割を果たす。RGBの電気信号を受けると、その強弱によって、特定のホルモンが分泌され、各器官に伝えられ反応を起こす。例えば赤は色交換神経系を刺激し、脈拍や呼吸のための血圧の上昇を促す。赤を見て熱くなったり興奮するのは、そのためである。それは心理でなく生理的反応である。各色のそれぞれの生理的反応が確認されている。色を使うということは、生理的な反応を相手に与えることであり、これが色の本質なのである。

さらに、色は電磁波であるために、宇宙に存在する物がすべてそうであるように、時間とエネルギーを持っている。そのエネルギーは時間とともに消滅（放射）する。光子には重さがないが、量（ボリューム）がある。色が支配を受けるのはこの3つである。

■ イメージから配色まで

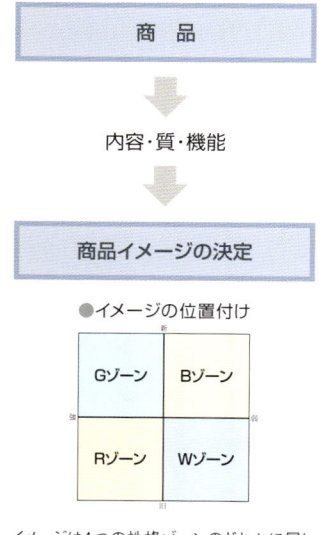

商品
↓
内容・質・機能
↓
商品イメージの決定
● イメージの位置付け

Gゾーン	Bゾーン
Rゾーン	Wゾーン

イメージは4つの性格ゾーンのどれかに属している。

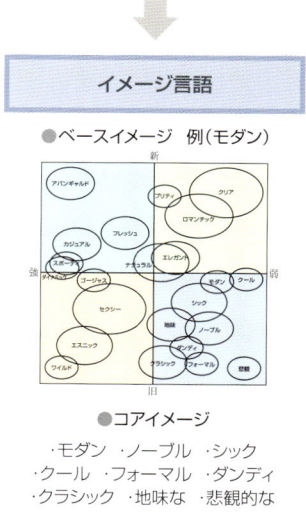

↓
イメージ言語
● ベースイメージ 例（モダン）

● コアイメージ
・モダン ・ノーブル ・シック
・クール ・フォーマル ・ダンディ
・クラシック ・地味な ・悲観的な

各ゾーンはベースイメージによって構成されており、その中にコアイメージがある。

↓
ハイブリッド
コアイメージ
● カラーパレット

9PB 3.5／11.5	3G 5.0／5.0	5BG 4.5／5.0	9PB 3.5／5.5	9PB 5.0／10.0	5Y 6.0／10.5	3GY 5.0／9.5
C90M90	C80M30Y70	C80M20Y40	C80M60Y20	C70M60	C20M30Y100K20	C60M10Y100K20
R54G38B112	R73G130B99	R67G144B151	R76G92B137	R98G98B159	R171G145	R99G141B112

5B 3.0／8.0	3PB 2.5／9.5	6RP 3.0／10.0	4R 2.5／6.0	3GY 3.5／5.0	9PB 2.0／5.0	N7.5
C100M40Y10K30	C100M60K30	C50M100Y30K10	C70M100Y50K10	C70M40Y70K30	C100M100Y50K10	K25
G82B123	G63B113	R114B73	R84G10B61	R76G93B70	R30G17B60	R200G200B200

色には一つだけのイメージがあるわけではない。一つの色が人の体に与える生理的影響が複数にわたるからである。コアイメージを形成する色の集まりをカラーパレットと呼んでいる。ここでは「ハイブリッド」の例が出されているが、カラーパレットにある色を組み合わせることで、雰囲気の異なるハイブリッドが表現できる。

■カラーイメージチャートのシステム

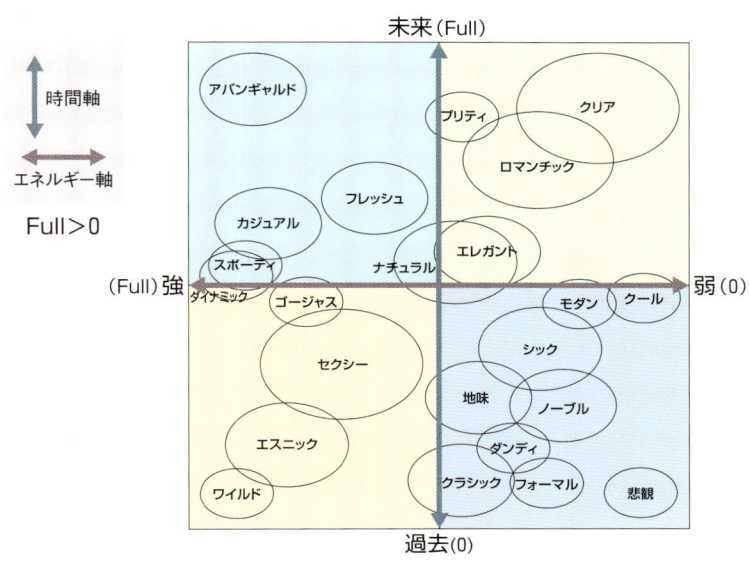

色は素粒子（光子）であり、エネルギーと時間、重さのない量の3つから成り立っている。このイメージチャートは、縦軸に時間、横軸にエネルギーをとっている。そのイメージのエネルギーの強弱、時間の新旧によって、位置する座標が決まる。ただし、これはあくまでも、イメージの性格を示すもので、イメージの良さを示すものではない。また、イメージの名称は英語にした場合の方が意味が広く、日本語にすると適切な表現にならないものが多い。

■4つのゾーン

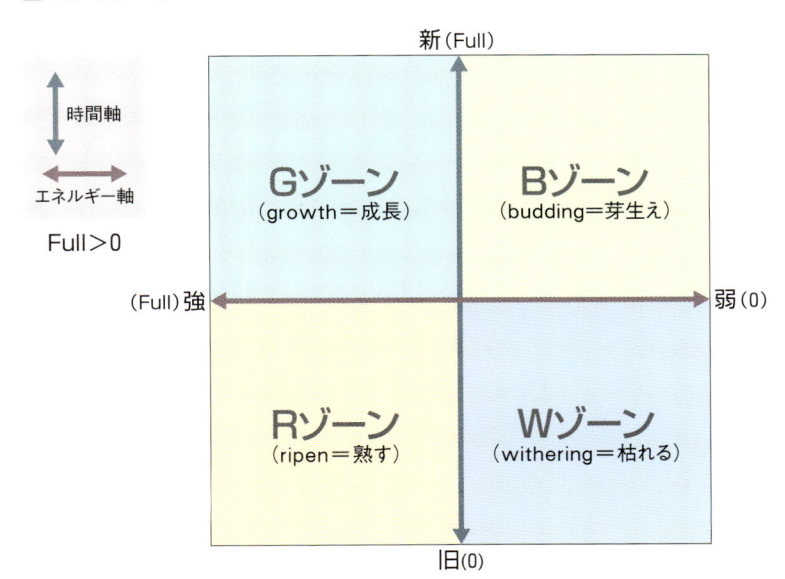

4つのイメージゾーンは、本書が採用しているイメージチャートによっている。縦軸を時間、横軸をエネルギーにし、それによって生じる4つの区域を、B（budding＝芽生え）ゾーン、G（growth＝成長）ゾーン、R（ripen＝熟す）ゾーン、W（withering＝枯れる）ゾーンと呼んでいる。
このゾーンには、標準となる23のイメージ言語が分類されており、さらにコアイメージとなる160のイメージ言語が属している。

■色相

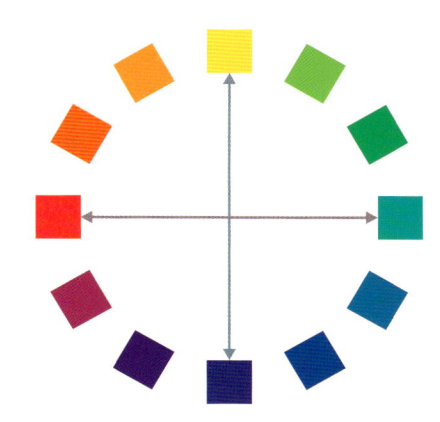

エネルギーの最も強いのが、ピュアイメージカラー（純色）であり、その色相が持つ生理的な刺激も最も強い。生理的な反応は、ピュアイメージカラーによって異なる。この色相をカラーイメージチャートに当てはめると、色相環ができる。それぞれの色の性格を対比することができる。

■明度

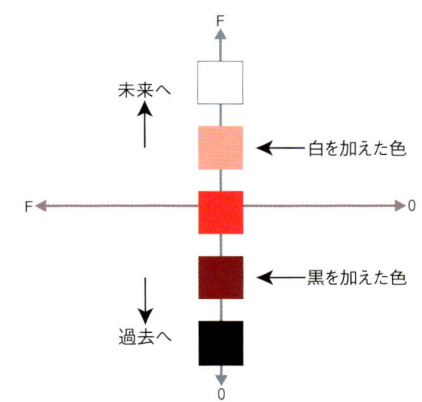

明度は時間を表している。白はRGBのすべてを含んでいる時間の無限さを表している。逆に黒はすべてを失った色である。白は未来、黒は過去を表しているが、ピュアカラーにそれぞれを混色して、新旧の調整ができる。白を混ぜれば、若さが増し、黒を混ぜれば老いる。

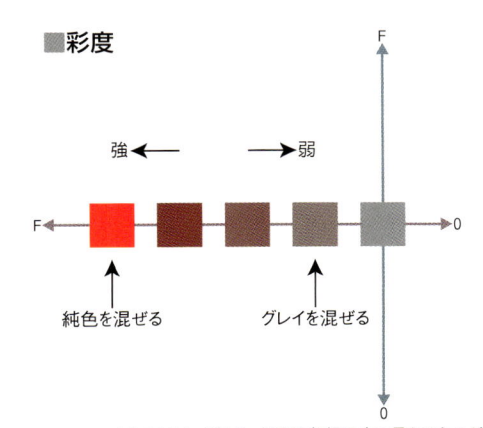

■彩度

ピュアイメージカラーはその色相の中で最もエネルギーが強い。無彩色（灰）を混ぜることによって、エネルギーの強弱が調節できる。チャートでは左右に行くほどエネルギーを増していく。

*イメージチャートを詳しく知りたい場合には、「カラーイメージチャート」（グラフィック社刊）があるので参照してください。

(3) 色彩戦略の立案

色の力とは、人の生理に及ぼすものである。
それを計画的かつ効果的に利用し、
相手に影響を与えるのが、色彩戦略である。
伝えたいものがあるから、
それをどう伝えるかという戦略が必要になる。

● まずしなければならないこと
色彩戦略は商品企画から始まる。どのような商品を作るのか、その目標（テーマ）がまず設定される。それに基づいてプロジェクトが組織される。プロジェクトは、その目標を実現するためのあらゆる努力を行う。もちろん、そこにはニーズがあるということが前提となっていることは言うまでもない。不必要なものを作る企業はない。明らかにしなければならないのは、なぜ必要かということである。言い換えれば、なぜ作るのかという根拠である。

そのテーマに対して、どのように作るかというコンセプトが作られる。このコンセプトは、このプロジェクトにかかわるすべてのスタッフが共通の認識と理解を持つためのものである。コンセプトによって、このプロジェクトに理論的な方向を与え、方針とか基本的な考え方を示すことになる。

物を作るには、素材と技術が必要である。それは研究開発部門と技術部門などが担当する。当然、このプロジェクトに与えられたテーマとコンセプトを共有している。技術部門が新しいものを開発するのと同様、色彩戦略部門が色彩に関する計画を担当する。技術部門と色彩戦略部門は同等と考えても良い。

色彩戦略部門は、2つの部門テーマを持っている。一つは、その商品に付けられる色、もう一つはそれを入れるパッケージの色。この2つは販売促進（セールスプロモーション）に直結する。広告はその一環として行われる。色彩戦略部門を構成するメンバーは、色彩の専門家、マーケティング担当者、デザイナー、エンジニア、営業担当者などである。時と場合によって社会学者や文化人類学者が加わることがある。

● カラーコンセプトの設定
プロジェクトでは、まずプロジェクトコンセプトを基に、カラーコンセプトを設定する。それによって、商品の用途、効用、機能、価値などを明快にしていく。これによって、商品像が出来上がってくる。商品の中身が決まると、商品が持つイメージを分析する。このイメージは、商品の精神、性格、価値といったものによって作られる。作成されたイメージは、この後のカラーリングに決定的な影響を与える。

この商品にふさわしい色と商品の心（精神）を伝える色を決めるために、調査や分析を行う。この2種の色は、色彩戦略の使命であり、目的となるものである。調査や分析はそのために行われる。調査は、情報収集とアンケートなどが主な内容になる。

その商品のターゲットの把握、社会動向（トレンドなど）の分析、根拠（理論）付けの研究の3つのテーマで活動が展開される。ターゲットの把握では、嗜好性、ライフスタイル、欲望傾向、購買傾向などを明らかにしていく。社会動向の分析では、カラートレンド、カラーマー

■ カラーリサーチ／カラーマーケティング

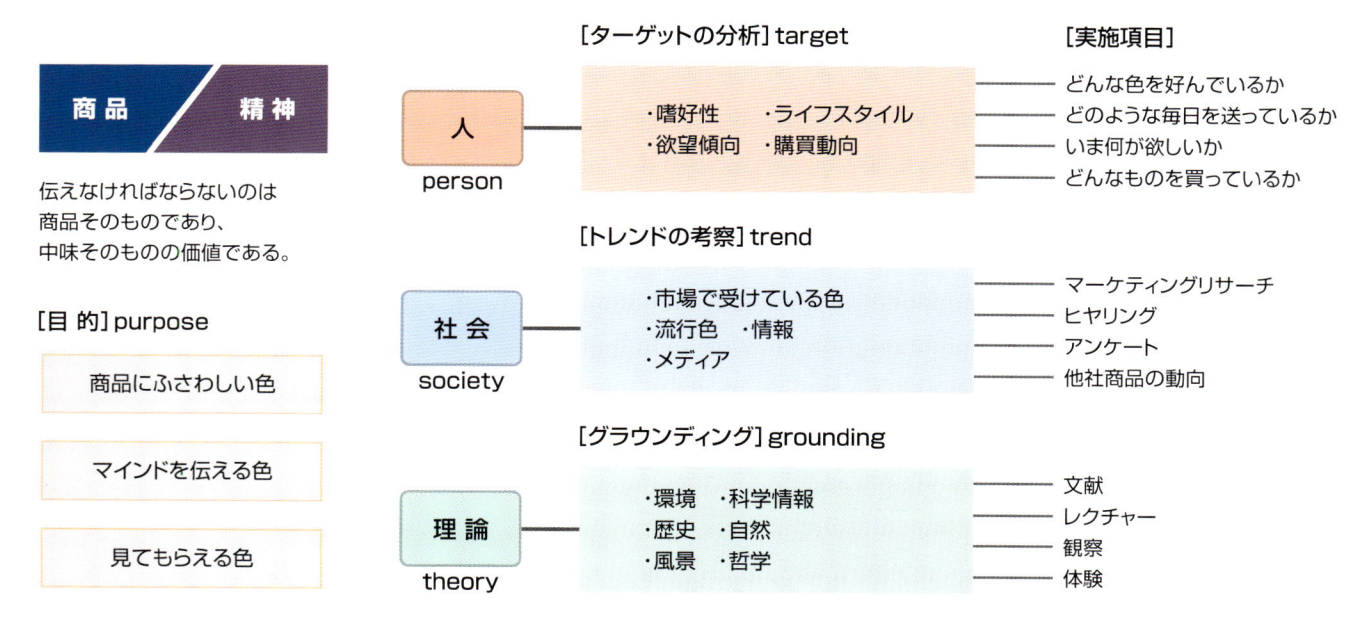

| 商品 | 精神 |

伝えなければならないのは
商品そのものであり、
中味そのものの価値である。

[目 的] purpose
- 商品にふさわしい色
- マインドを伝える色
- 見てもらえる色

[ターゲットの分析] target

人 person
・嗜好性　・ライフスタイル
・欲望傾向　・購買動向

[実施項目]
- どんな色を好んでいるか
- どのような毎日を送っているか
- いま何が欲しいか
- どんなものを買っているか

[トレンドの考察] trend

社会 society
・市場で受けている色
・流行色　・情報
・メディア

- マーケティングリサーチ
- ヒヤリング
- アンケート
- 他社商品の動向

[グラウンディング] grounding

理論 theory
・環境　・科学情報
・歴史　・自然
・風景　・哲学

- 文献
- レクチャー
- 観察
- 体験

ケティング、現場サーベイ、雑誌やテレビなどのマスコミなどから情報を得て、その分析を行う。根拠付け（グラウンディング）では、環境、科学情報（研究文献）、歴史、自然、哲学などの研究を行う。

●戦術の選択

戦術とは、戦略を実行に移すための手段である。各種調査や分析で得た結果を踏まえて組み立てられる。どんな色を好んでいるか、どのような生活（ライフスタイル）を送っているか、今何が欲しいか、何を買っているかといった、問いに答えるものを具体的に抽出し、それに適応する攻め方を組み立てる。

戦術には3つのスタイルがある。ターゲットの心理を突く、商品の必要性を説得する、話題性を構築する、の3つである。さらに細かくそれぞれを実行するための項目を設定する。

その戦術を具体化するのが、表現方法である。表現方法とは、色ぞろえ、配色法、素材色、発色法のことである。色ぞろえはカラーパレットより色を選定し、カラーバリエーションを作ること。配色法はどのように色を配色するかということ。素材色は、使用される素材が持つ色の処理をどうするかということ。発色法は、塗料、印刷インク、映像などの実際に目に触れる色材を決めること。

商品にふさわしい色を選定する時に、注意しなければならないのは、個性的という問題である。よく個性的な色を選ぶということが言われる。この場合の個性とは、商品の個性のことで、色に個性があるわけではない。個性的な商品に素直に色を付ければ、それが個性的になるのであって、色を突飛な奇をてらったものにすれば、個性が出るというものではない。

●選色の基本とは

大切なことは、自分の尺度で色を決めるのではない、ということである。自分の好みや、色に対する感覚的な思い込みは、ターゲットとのブレの原因になることが多い。前述したように、色には科学的な根拠があり、それを戦略に生かすことが基本なのである。

色はあくまでも素粒子であり、脳生理学に基づくものであることから外れることはできない。例えトレンドであろうと、それに基づかないものは、採用しないようにする。今はやっているからといって、今後もはやるとは限らない。また、トレンドを生み出しているのは、組織が発表する流行色でもなく、ユーザーの嗜好でもなく、それは商品を作っている側なのである。色は言葉であり、価値であり、それを発信しているのはメーカーであることを忘れてはならない。

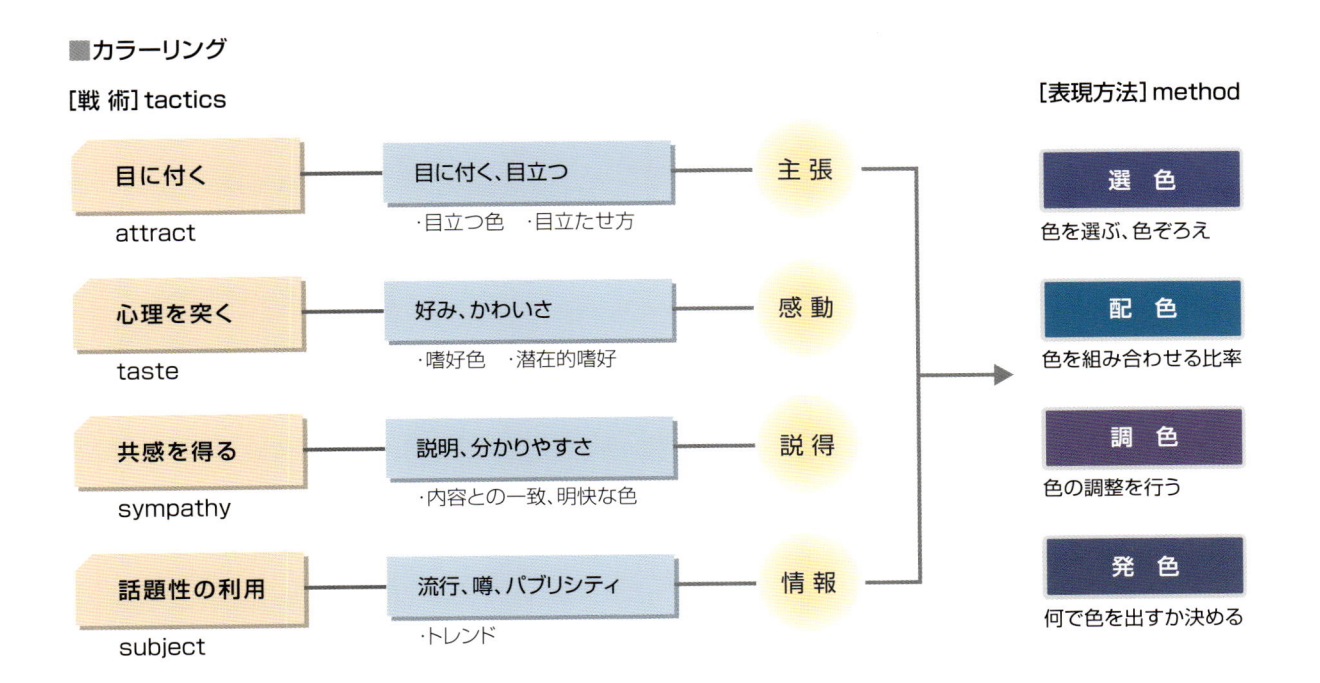

■カラーリング

[戦術] tactics

- 目に付く attract → 目に付く、目立つ ・目立つ色 ・目立たせ方 → 主張
- 心理を突く taste → 好み、かわいさ ・嗜好色 ・潜在的嗜好 → 感動
- 共感を得る sympathy → 説明、分かりやすさ ・内容との一致、明快な色 → 説得
- 話題性の利用 subject → 流行、噂、パブリシティ ・トレンド → 情報

[表現方法] method

- 選色：色を選ぶ、色ぞろえ
- 配色：色を組み合わせる比率
- 調色：色の調整を行う
- 発色：何で色を出すか決める

(4) トヨタ『PASSO』開発の軌跡

トヨタとダイハツが共同開発した小型車は、
エコロジーはもとより排出ガスのクリーン化まで達成。
単なる小型車ではなく、トヨタの中では最小のコンパクトカーなのだ。
メインターゲットは元気な女性。
PASSOの色彩戦略は、そのまま販売戦略であった。

■開発の基盤は
2004年6月画期的な小型車がデビューした。トヨタ（パッソ）とダイハツ（ブーン）が世界的な視野で開発した徹底的な生活機能車である。ダイハツが開発したストーリアは、トヨタがOEM供給を受けデュエットという名で販売された。その両社が後継車として、共同で開発に当たった。それぞれの得意とするノウハウを生かしての開発である。
「コンパクトカーの世界基準となる」ことを目標に開発が進められた。軽自動車とコンパクト2BOX、それぞれの魅力を兼ね備えた車が開発のポイントになった。コラボレートすることで、これまでになかった車を実現させる志は高く熱いものがあった。「小さな手軽さ」と「大きなゆとり」をキーワードに車を全く新しい概念の道具に変えた。

■生活を楽しむ色彩を
車両コンセプトを基に、カラーコンセプトが作成された。カラートレンドを考慮しながら、具体的な色作りを進めた。これまでになかった特徴としては、トヨタとダイハツの両社が、事前にユーザー反応を確認するためのアンケートを実施したことである。女性をターゲットとする社内アンケートによって、カラーコンセプトとの照らし合わせをしてから、関係部署との検討会に挑んだ。女性のライフスタイルに溶け込むものであり、生活が楽しくなるカラーリングという基本的な認識があったからである。

［外装デザイン］

1. 初期イメージスケッチ

2. アイディア選択会

A案（第2トヨタデザイン部案）

B案（第2トヨタデザイン部案）

C案（ダイハツデザイン部案）

D案（第2トヨタデザイン部案）

E案（第2トヨタデザイン部案）

3. 意匠選択会

A案

B案

C案

015

4. 中間審査モデル

5. 最終リファインスケッチ

6. 最終審査モデル

(4) トヨタ『PASSO』開発の軌跡

[内装デザイン]

1. 初期イメージスケッチ

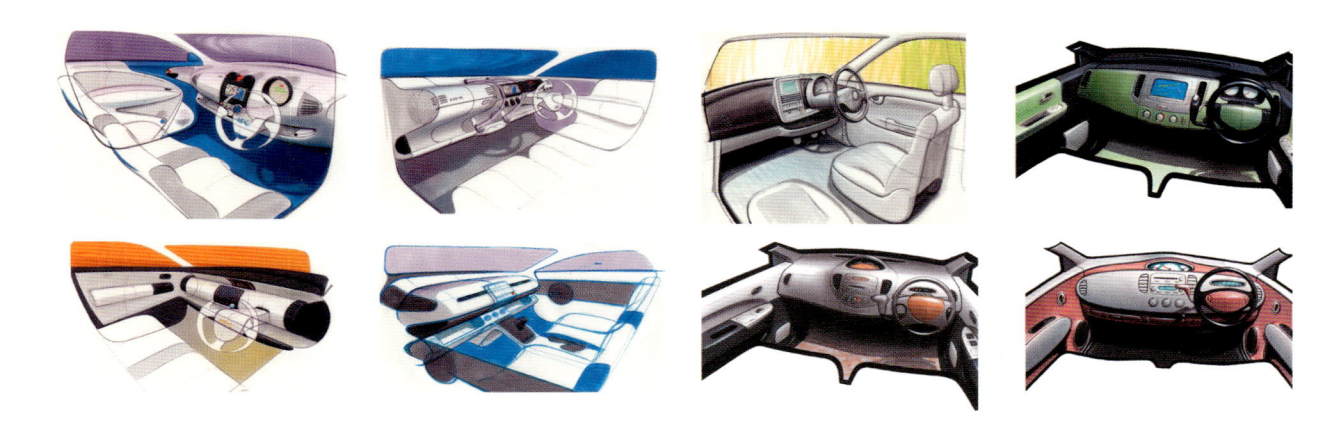

2. 室内全体イメージ

3. アイディア選択会

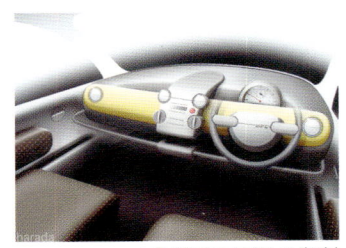

A案（第2トヨタデザイン部案） 　　B案（ダイハツデザイン部案） 　　C案（第2トヨタデザイン部案） 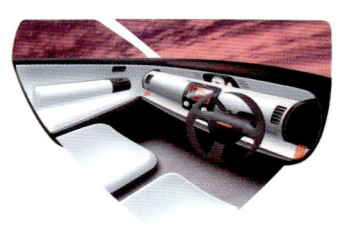　　D案（第2トヨタデザイン部案）

E案（第2トヨタデザイン部案） 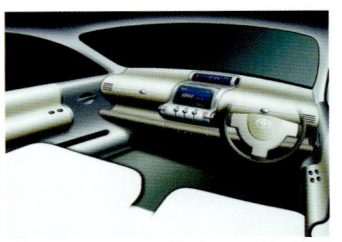　　F案（ダイハツデザイン部案） 　　G案（ダイハツデザイン部案） 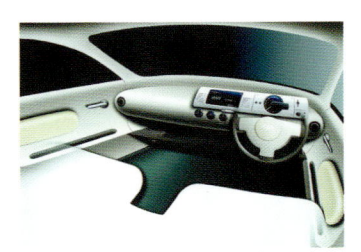　　H案（ダイハツデザイン部案）

4. 意匠選択会

A案 B案

5. 中間審査モデル

6. 最終審査モデル

(4) トヨタ『PASSO』開発の軌跡

■両社で違うメインカラー

カラーテーマは「小粋で楽しい生活」(心が癒される魅力的なカラー)とし、生活にリズムを与え、ほっとする安らぎをもたらす色が求められた。その結果、パッソでは女性ユーザーの嗜好性とライフスタイルにベストマッチする色として、「シャイニングレッド」をメインカラーに選定。一方ブーンは運転する楽しさを演出し、「小粋で街乗り感覚」を感じる色としてミントブルーを選定した。サブカラーは両社共通している。メインカラーの違いは、両社の車と生活の関係に対する考え方の違いが出ている。カラーリングのポイントを、外板色と室内色とのカラーコンビネーションに置いた。また、インテリアはシート表皮材をはじめ、室内全体の素材に対するカラーコーディネート(色とテクスチャーと光沢など)に力を注いだ。特徴的なことは、スピードメーターやオーディオなどの照明色を含めて、カラーコーディネートしたことである。その結果、室内のまとまりと上質感が演出できた。これがヒットした理由と考えられる。

ここに一つのデータがある。発表前のカラー別の販売数の予測とその結果を比較したものである。ほぼ予想に近い数値が出ている。大きく違っているのはシャンパンメタリックオパールが予想より5%も多かったことだ。そして意外にも男性にも受けたことである。

(協力:トヨタ自動車株式会社)

コンパクトにまとめられた5ドア(カシスピンクメタリック)

収納スペースの多いゆとりのある室内

■カラー別構成

	ボディカラー	カラーコード	発表前予想	発表後結果
	カシスピンクメタリック	〈R43〉	10%	7%
	ミントブルーメタリックオパール	〈B57〉	9%	11%
	ライムグリーンメタリック	〈G40〉	8%	5%
	シャイニングレッド	〈R40〉	12%	12%
	ダークブルーマイカメタリック	〈B42〉	5%	4%
	ブライトシルバーメタリック	〈S28〉	25%	23%
	シャンパンメタリックオパール	〈T17〉	13%	18%
	パールホワイトI	〈W16〉	10%	13%
	ホワイト	〈W09〉	8%	7%

■購入者年齢別構成

	M	W
20歳	5%	12%
30歳	10%	11%
40歳	11%	9%
50歳～	28%	14%
合計	54%	46%

男女合わせた合計が100

車両シンボルマーク

・データは2004年11月現在のもの
・PASSOは2004年12月現在、乗用車部門で新車登録数4位と健闘している

（5）ビクターデザイナーの色への試み

色が商品の売れ行きに大きく影響することは、誰でも知っている。
しかし、色を本格的な戦略としてとらえ、
色の専門職を置いているところは少ない。
日本ビクター（株）デザインセンターに3人のグループが誕生。
色に関する研究と情報発信をスタートさせた。

■グループ誕生の背景
日本ビクター株式会社のデザインセンターは、これまでプロダクトデザイン、グラフィックデザイン、パッケージデザイン、インテリアデザインなどを手がけてきた。「人に感動を与えるデザイン」をポリシーに、高品位技術を駆使してデザイン制作を展開している。機能、形、素材、そうしたものを結び付けるデザイン力はこれまで多くのヒット商品に生かされている。色が重要な要素になっていることは、どのデザイナーも認識していた。しかし、色は一人のデザイナーの中の能力に委ねられており、戦略として徹底的にデザインに取り組むことはなかった。色に対する認識は個々に差があり、その人の感覚的な判断によるところが多きかった。

色が商品の価値に含まれること、そして販売戦略の武器になることに気が付いていたが、それを専門に研究する余裕はない。こうした中で、色を専門に研究し、情報を発信していくグループが誕生した。「カラートレンド ワーキンググループ」は、2001年に生まれ、すでにカラー情報をセンター内に発信する活動を展開してきた。この活動は、個人では限界のあるカラー情報の収集やカラープランニングを、側面から支援するものである。

■グループの作業内容
メンバーは3人。リーダーの横山阿貴子はセンターではインテリアを担当するデザイナー。竹松良子はムービーやモバイルを担当し、小松未沙はメディアやパッケージを担当するデザイナーである。3人はまず、色とは何かを見直すことから始めた。色に対する基本的な知識、理論、流行色、そしてカラーマーケティングへとステップアップを図っている。色が身近に感じられ、作業に楽しさが増しているという。そこで得られたものを情報として発信する作業と、実際の商品に生かす作業がまず行われた。

3人とも所属する部署の仕事がある。その時間を調整して、調査やミーティングを重ねている。そこで得られたことは、「常に生活者としての意識、視点を持ち、その価値観の変化をとらえること」「流行の色に対してアンテナを巡らし、その情報を収集し、先取りすること」「色を計画的に、かつ意図的に作っていくこと」という基本的な姿

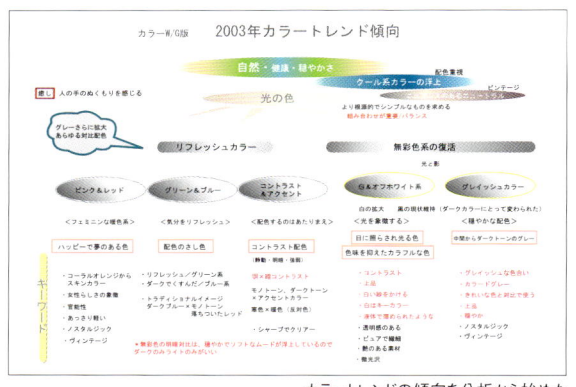

カラートレンドの傾向を分析から始めた

この3人の提案が商品に生かされた

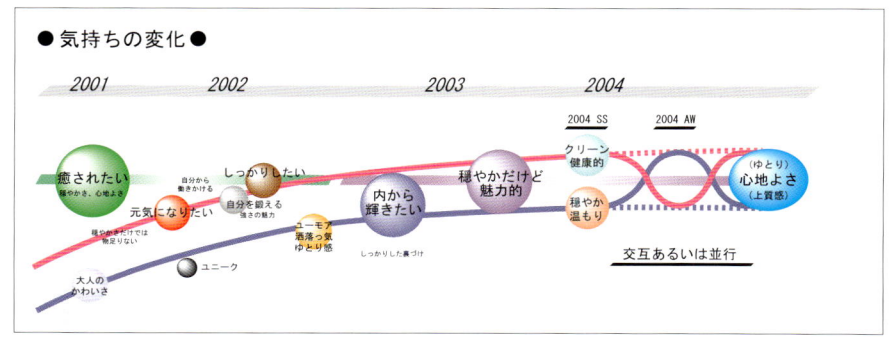

生活者の気持ちがどのように変化してきたか、そして今後を予測する

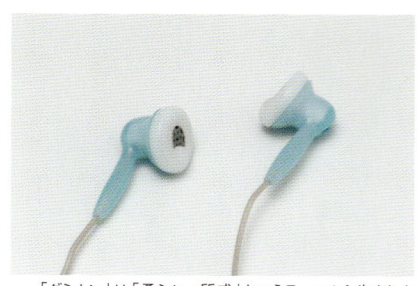

「グミホン」は「柔らかい質感」というテーマから生まれた

勢ができたことである。

■商品企画での実績

実際の商品企画でグループが協力担当したものに、ステレオヘッドホン「グミホン」がある。この商品は、菓子のグミのような柔らかさと、美味しそうな色でヒットした。色と質感を追求し、カラーラインアップを選定した。広告に頼るのではなく、店頭での注目度を高め、誘引性を引き出すものでなければ、ヒットにつながらない。

個々の色がまず、好かれるものであること。そのためにターゲットの嗜好性に注意を払い、嗜好色のチェックを行った。色数は、ユーザーに選択の幅を持たせる重要なもの。これまでのものは2～4色という少ない色数であったが、多色（8色）展開することを決める。次に、全色が集合したときにインパクトを発揮させるために、調色の回数を重ね、色を決定していった。その結果、店頭での注目度の高い商品が完成した。「グミホン」はその後、グレードをワンランクアップした「Gumy2」を開発した。グループの力が反映され、上々の実績となった。この商品企画の他に、ポータブルMDにパールカラーを提案、デジタルビデオカメラにも提案が行われた。

■グループの今後

グループでは、「カラートレンド活動」として、内部セミナーを企画し開催している。カラー情報を、ビクターデザインへの応用と開発に向けてその活用を促進させることが目的である。プロダクトカラープランニングの方法の学習と基本スキルの習得のための、オリジナルカリキュラムを作成して実施している。ターゲットを若手デザイナーに置いている。グループはまだ勉強を重ねている最中である。本格的な色彩のスペシャリストとしてどう成長していくか、今後も試行錯誤が続いていくであろうと予測される。これまでの色彩理論が変革期を迎えている時でもあり、その波に翻弄されることもあるだろう。色に対する取り組みの基盤はできた。そして何よりも「最後に色を付けるのではなく、色からの発想をする」ことを認識したことは大きな収穫である。さらに充実した組織として、発展していく可能性を持った若々しい企業内グループ活動である。

（協力：日本ビクター株式会社 デザインセンター）

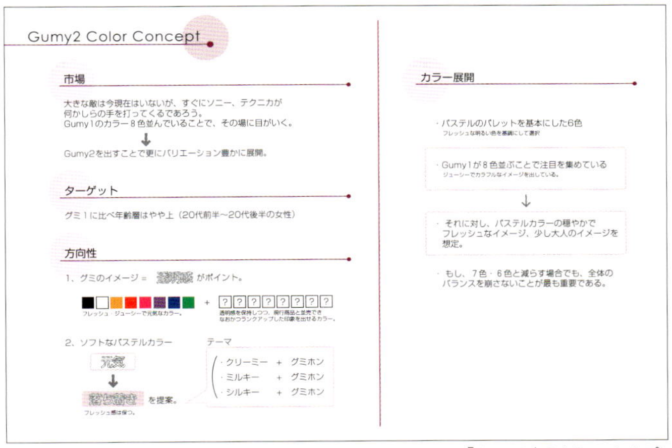

「Gumy2」のカラーコンセプト

カラーサンプルの提案

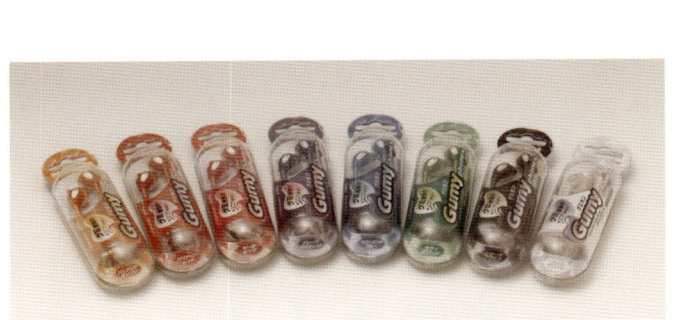

店頭に展示することを念頭に置いた色ぞろえ

「Gumy2」では高級感を付加

（6）資生堂『シノアドア』にみる色彩計画

2004年8月にこれまでの化粧品にはないコンセプトの
東洋と西洋を融合させた新ブランド「シノアドア」を立ち上げた。
発想の原点に中医学があり、新しい美容への提案となった。
シノアドアの色彩戦略は、商品開発と同時に開始され、
これまでにない画期的なものとして、注目を集めている。

■新タイプ化粧品の開発の経緯

資生堂は明治5年（1872）に西洋薬学処方に基づく調剤薬局からスタートした。社名は中国の易経よりとり、企業精神の礎としてきた。創業以来、東洋と西洋の融合を図り続けてきたが、それを「シノアドア」という形で結晶させた。2002年に中国で設立した資生堂中国研究所は、東洋の叡知「中医学」と本格的に取り組む布石だった。一方、資生堂の西洋のサイエンスに対する技術レベルの高さは自他ともに認めるところにある。この二つの流れが融合し、全く新しい化粧品が生み出された。

シノアドアの開発のきっかけになったのは、定期的に行われている自社の調査である。調査によって、現代女性は不規則でストレスフルな生活習慣から、肌に影響を及ぼし、慢性的で複合化した肌の悩みを持っていることが明らかになる。資生堂はその悩みを解決するため長年の研究の成果を踏まえ、中医学にその解決の糸口を求めた。

中国の歴史が育てた中医学は、現在世界で最も注目を集めるまでになっている。病気の部分だけを診て治療するのではなく、体全体を診て判断し治療が行われる。全身のバランスを「気・血・水」の流れでとらえ、体の不調の原因は、この不足や停滞によって不要なものが溜まるからと考えられている。体の中に溜まったものを排出させ、不足しているものを補うことによって、体のバランスを回復させ、本来の機能を正常化させることが中医学の特徴となっている。

体の内にも外にも溜めないという発想に行き着き、中医学をベースにして、スキンケアだけでなく、サプリメントも基本の手入れに組み込み、さらにツボ療法を加えたこれまでにない新美容法を完成させた。シノアドアが肌の不調の根本原因に働きかけ、慢性的な肌の悩みを繰り返さないことが日中両国内で検証された。

■ブランドコンセプトの設定

商品の開発と平行して2002年から始まったのがブランディングである。既成のものに例がないため、時間をかけての構築作業であった。検討に検討を重ねて、肌の不調の根本原因に直接働きかけ、肌の悩みを繰り返さない健康で美しい肌を実現する「溜めない美容」

Concept of package creation

二而不二

Classic × Modern
East × West

相反するものの出会いと融合を表現
仏教用語で、「二つにしてしかも二つにあらず」という意味

Color

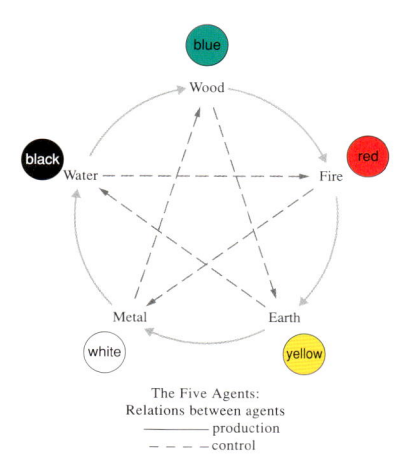

The Five Agents:
Relations between agents
——— production
- - - - control

Based on Yinyang Five Elements Philosophy

陰陽五行による色の関係

円形と格子は中国の伝統的デザイン（※参考イメージ 編集部選）提供＝世界文化フォト

黒を女性的に見せるアクセント

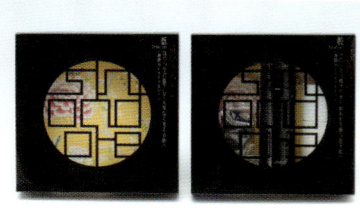

トライアルセットのデザイン（左は空の状態）

をブランドコンセプトに設定した。具体化には東洋の中医学と西洋の最先端サイエンスを資生堂のテクノロジーと感性で融合する。そこに誕生したのが、化粧品、食品、医薬品からなる、内外ケアを実現した新美容提案ブランドである。

このブランドコンセプトに基づき、デザインコンセプト「二而不二」が作られた。東洋と西洋、クラシックとモダン、内と外、方と円のように、相対するものが対立ではなく「二つにして成る」ということを意味している。それぞれ言葉はシンプルだが、意味は深い。例えば方と円で言えば、中国では方は地であり人工と知性の象徴、円は天であり自然の象徴である。後に、これらがデザインに具体的な形で反映されてくる。ネーミングは、中医学にこだわった。シノ[Sinology 中国学]＋アドア[Adore 崇拝する]、シノワ[Chinois 中国の]＋ドア[Door 扉]からシノアドア（SINOADORE）という言葉が造語された。中医学を尊敬、崇拝し、その思想と最先端技術の融合により、肌で悩む女性を迎え入れ、そして未来に対して扉を開く。シノアドアはまさに21世紀の美容の扉を開くものなのである。

デザインはその精神を具現化するものである。それによって中国の塔にはそうした哲学的なものや美学的なものが感じられる。また、建物の窓（扉）などがデザインモチーフに生かされた。

■色彩戦略とマテリアル

色彩に対してのソースとして、中国の古来からの思想である陰陽五行説を採用した。万物は陰陽によって成り立ち、お互いに相反していながら密接に関係しあい存在している。陰陽はさらに方向性も示すベクトルでもある。

陰陽はさらに五行に分けられる。五行は森羅万象が木・火・土・金・水の5要素から成り立っている。ここに、陰陽（陰は月、陽は日）を加えると曜日となる。五行は方角、季節や時刻を表しているが、さらに色も表している。この5色を基本にすることで、五行、すなわち森羅万象を表すことになる。

木は青、火は赤、土は黄、金は白、水は黒の5色が当てられている。青赤黄は色材の3原色であり、白黒を混ぜれば森羅万象をすべて表現できる。つまり、すべての色の基本になっている。ただし、この

[陰陽五行の5色]
blue　red　yellow　white　black

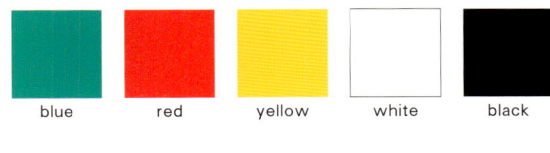

[シノアドアの5色]
blue　pink　yellow　white　black 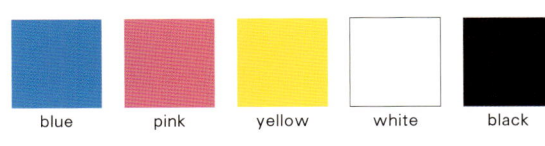

Image creation with de Gournay
このイラストはde Gournay社とイメージクリエイションしました

東西を融合するイラスト

入念な色出しが行われた

透明パッケージ

新鮮な雰囲気が漂っている

（6）資生堂『シノアドア』にみる色彩計画

5色の基準となる値が伝わっているわけではないので、色相に幅があるととらえることができる。例えばさまざまな「赤」を検討したが、黒との相性、モダンさなどからピンクを選定した。

五行説の色の意味から、シノアドアとしての考え方を作った。白は浄化と再生、永遠、調和。黒はすべてを含む、混沌（カオス）、などの他に万能、尊敬、清め。青は智慧、赤は幸福、生命。黄は土（大地を意味しすべての根源、中和する力）、中央、尊敬、権威（かつて皇帝が使用した）。この5色の他にも陰陽を表す銀と金がある。

これらの色を複合してデザインに展開することを基本にした。これまでの色彩戦略ではメインとなる色を決め、その色が特に印象に残るようにデザインされ、それがアイデンティティをつくり出すとされていたが、使用する全部の色が集まってシノアドアという世界を表出するという画期的な方法を導入した。この色決めに対しては、度重なる試行錯誤を繰り返し煮詰めていった。

もう一つの特徴は、マテリアルが持っている色を、積極的に採り入れる方向を採った。中国で愛されてきた色、例えば白磁とか青磁の材質感を生かすことが考えられた。

また、黒を女性のスキンケアのパッケージに応用するのは、ほとんど行われたことがなく、どちらかといえばタブー色に近い存在であった。その面からも大きなチャレンジであり、社内でも激論が交わされたという。

■新しい試みが目立つシノアドア

黄で使用されたイラストは、ロンドンのインテリア会社とコラボレーション制作され、上海のアトリエで中国人の職人たちが描いた。こうしたところにも融合が生かされている。化粧品に生薬がふんだんに使用されているのも画期的であるが、4つの肌（乾、低、揺、脂）と6つの体の状態を見極めてその人に適した組み合わせで対処する方法は高く評価されている。

東西の文化、科学、そして芸術の融合がシノアドアで実現した。色彩戦略においても新たな試みを提案したものとして、今後の指針となるものである。

（取材協力：株式会社資生堂 宣伝部 パッケージ制作室 三澤恵理子）

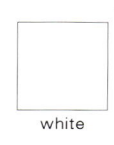

blue
pink
yellow
white
black

五行の色が織りなす世界

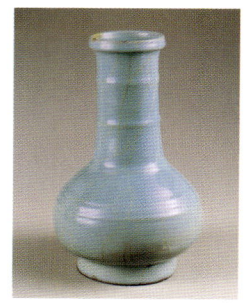

※「故宮博物院 第六巻 宋・元の陶磁」（日本放送出版協会刊）より
参考イメージは資生堂の資料に近いものを編集部が選んだものです

白磁（北宋）※
青磁（南宋）※

最終段階の色出しサンプル

中味が見える黒の容器
白磁の柔らかい輝きを採り入れている

実施例 PRACTICAL EXAMPLE

色彩戦略の最新情報

COLOR STRATEGY

色彩戦略を意識する企業や団体が増えてきた。
しかも衣食住にわたり広範な広がりを見せている。
ここ3年ほどの間に実施された例を集めると、
成功したところに優れた戦略があることが判る。
色が持つ重要性を改めて認識できる。

「ヒューマングループ」 HUMAN GROUP

BRANDING DESIGN

CD：アクサムコンサルティング
AD：アクサムコンサルティング、メタデザイン（ベルリン）
D：アクサムコンサルティング、メタデザイン（ベルリン）
CI：ヒューマン ホールディングス（株）
2003年

CD : AXHUM Consulting
AD : AXHUM Consulting, MetaDesign(Berlin)
D : AXHUM Consulting, MetaDesign(Berlin)
CI : Human Holdings Co., Ltd.
2003

「Human Selfing：自分確立のプロセスをその人の一生にわたってサポートする」というバリュープロミスを設定し、グループ全体の新しいビジョンと、市場や社会における固有のポジショニングの獲得、組織内への深い浸透と具現化を目標とし、導入が展開された。ブランドプロミスを果たす上で、最もHumanらしい「ユニークネス」を導出するために、次の言葉に集約しながら、カラームードやブランドムード（視覚的なイメージ）を描き、デザインコンセプトの設定を行った。集約した言葉は「架け橋」「感動」「親密さ」「生命感」「歓び」「啓発される」などである。カラームードとブランドムードを元に、コアエレメントを開発。シンボルマークは、人の体にエネルギーが循環するようなシルエットが採用され、コーポレートカラーシステムとしてグループ全体を全色のカラースペクトラムで表現した。

●イメージの位置付け

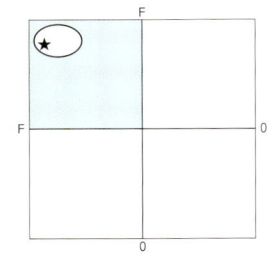

ベースイメージは「アバンギャルド」であり、コアイメージは「歓喜」と同じカテゴリーに属する「楽観的な」が付加されている。全体は、人間の生きるエネルギー的なイメージになっている。未来と伝統が程よく混ざり合ったイメージを見る人に与える。

●ブランドカラー

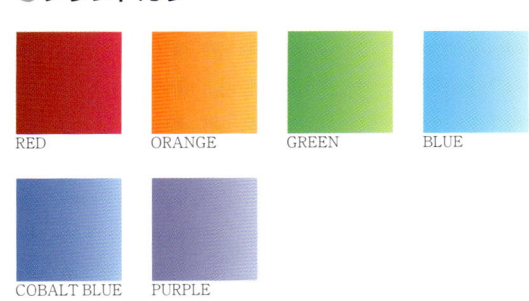

RED　ORANGE　GREEN　BLUE

COBALT BLUE　PURPLE

コーポレートカラーには、カラースペクトラムを採用し、それぞれのカンパニーをグラデーションによって配色し、ダイナミクスを表現している。またカテゴリーカラーシステムによって500に及ぶカリキュラムを管理することが出来た。

シンボルロゴ

バリュープロミス

Human SELFing
ヒューマンセルフィング

Humanは、一人ひとりのセルフィング（自分確立＝自分発見と自分開発）を、その人の一生にわたってサポートする。豊かな人の成長によって、豊かな社会を形成することに貢献する。

ヒューマングループ　ターゲットグループ

強み・パーソナリティ：
> 多種多様な商品サービス群
> カウンセリング的営業
> 全国／海外幅広いチャネル
> 産学協同ネットワーク力
> 人間味あふれる起業家精神

ターゲット・トリガー：
> コア顧客＝20~35歳の自分探し層
> 企業人事部門
> 従業員／講師群
> 社会、オピニオンリーダー、マスコミ
> 人々の自主、自立、自発。
　人生のPlanDoReview

■ブランドカラー抽出のプロセス

（1）ブランドパーソナリティの設定

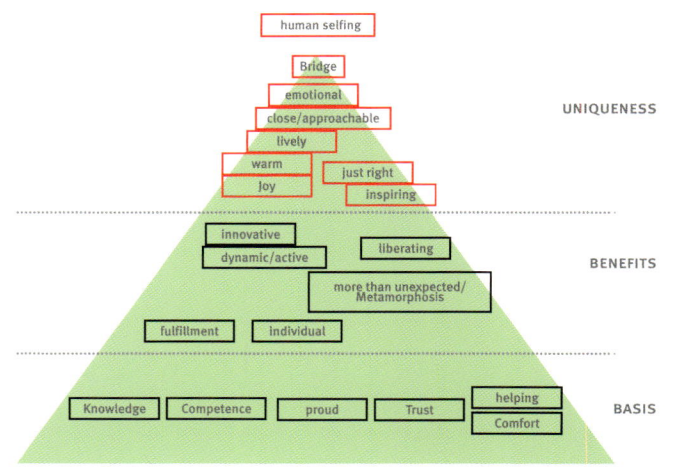

human selfing
Bridge
emotional
close/approachable
lively
warm / just right
Joy / inspiring — UNIQUENESS

innovative
dynamic/active / liberating
more than unexpected/Metamorphosis
fulfillment / individual — BENEFITS

Knowledge / Competence / proud / Trust / helping / Comfort — BASIS

© MetaDesign

（2）アイディエーション（カラー案とイメージワードの抽出）

プライマリーカラー

"新鮮なエネルギー；情熱、シャープ、血液"

"若葉、新鮮、生命感"

セカンダリーカラー

"小さな事への喜び 温かさと柔らかさ"

"安全、安心 熟考、高級、満足"

（3）ブランドカラームードの検証

カラーの組み合せ検討
カラー量との関係性を検証する

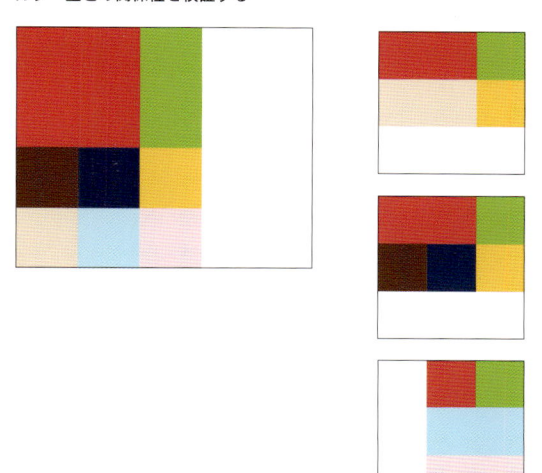

昼間・夜間のLED広告サイン（新宿）

■コーポレートカラーシステム

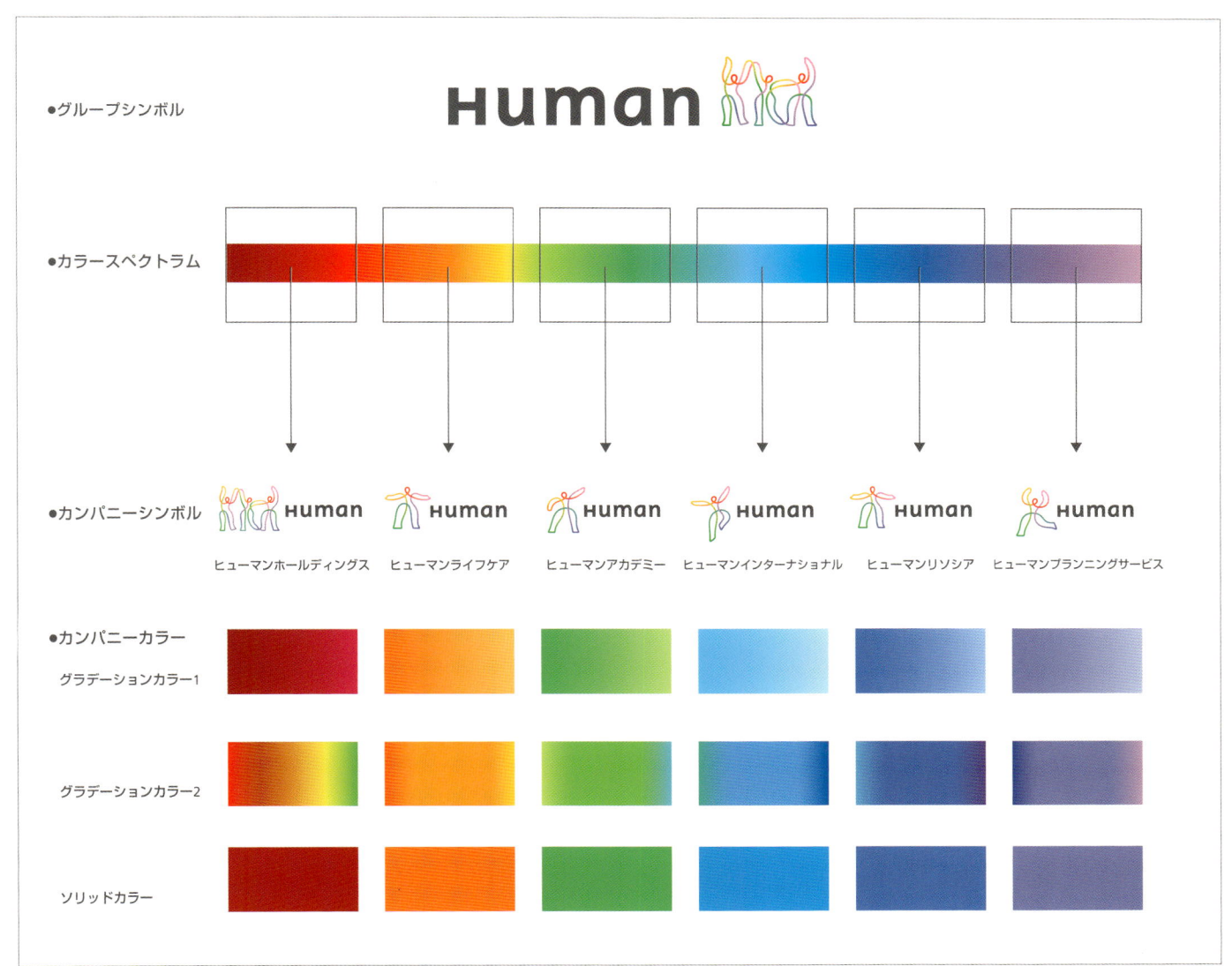

- グループシンボル
- カラースペクトラム
- カンパニーシンボル

  ヒューマンホールディングス　ヒューマンライフケア　ヒューマンアカデミー　ヒューマンインターナショナル　ヒューマンリソシア　ヒューマンプランニングサービス

- カンパニーカラー
  - グラデーションカラー1
  - グラデーションカラー2
  - ソリッドカラー

シンボルマークの光のスペクトラムを分解し、各カンパニーカラーと設定した

「ヒューマンアカデミー」HUMAN ACADEMY

BRANDING DESIGN

CD：アクサムコンサルティング
AD：アクサムコンサルティング、メタデザイン（ベルリン）
D：アクサムコンサルティング、メタデザイン（ベルリン）
CI：ヒューマン ホールディングス（株）
2003年

CD：AXHUM Consulting
AD：AXHUM Consulting, MetaDesign(Berlin)
D：AXHUM Consulting, MetaDesign(Berlin)
CI：Human Holdings Co., Ltd.
2003

「ヒューマンアカデミー」はヒューマングループの教育事業を推進するカンパニー。自分探しを求める20〜30代女性をコアターゲットとし、自分を社会で生かすための「資格取得」「専門教育」「継続教育」を事業領域としている。全国、海外に約600の教育学習プログラムを提供している国内最大手の専門教育カンパニーである。シンボルは「意志とディレクション：専門分野を選択、学ぼうとする明確な意志、人生の報告の選択」を意味している。「知の伝授」をメッセージする緑から青までのカラーエリアをカンパニーカラーに選択した。カンパニーカラーは、「生命感」と「変化」を表現するために、グラデーションを採用している。そのグラデーションが、デザイン展開でそのまま使用できる「カラーパレット」を用意している。

● カンパニーカラー

| C20Y40 | C40Y50 | C45Y70 | C75Y85 |
| C100Y100K10 | K70 | K40 | |

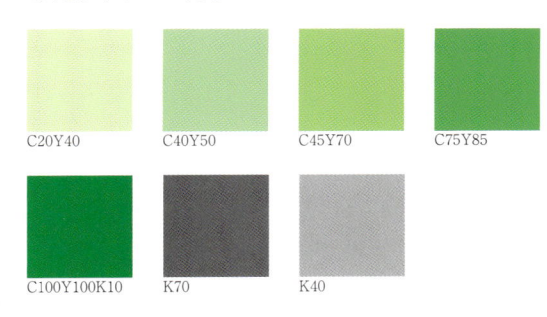

緑から青のグラデーションを中心とした配色になっている。緑が持つ心理的な作用を利用して、「生命感」をメッセージしている。グラデーションは変化を表現しているので、類似する色相で色を統一することによって、その色が持つメッセージ性を高めることが出来る。

● イメージの位置付け

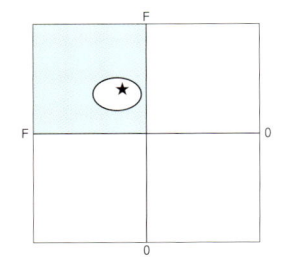

ベースイメージは「フレッシュ」である。コアイメージは「新鮮な」で、若々しさと成長をメッセージするものになっている。このイメージは心の中に、生命感を生じさせるのが特徴である。白が加わると清々しさも表現される。植物の若葉の色を感じることもあって、成長というプラス志向を植え付ける。

カンパニーシンボルロゴ

ステーショナリー

銘版

袖看板

■ 再現用パレット

グラデーションパレット
▲C75/Y85　C30/Y70▲　▼C60/Y90　C30/Y80　▼C60/Y90　C70/Y15▲　C40/Y50　C20/Y50▲

ソリッドパレット
▲C20/Y40　▲C40/Y50　▲C45/Y70　▲C75/Y85　▲C100/Y100/K10
▲K70　▲K40

■ カンパニーカラームード

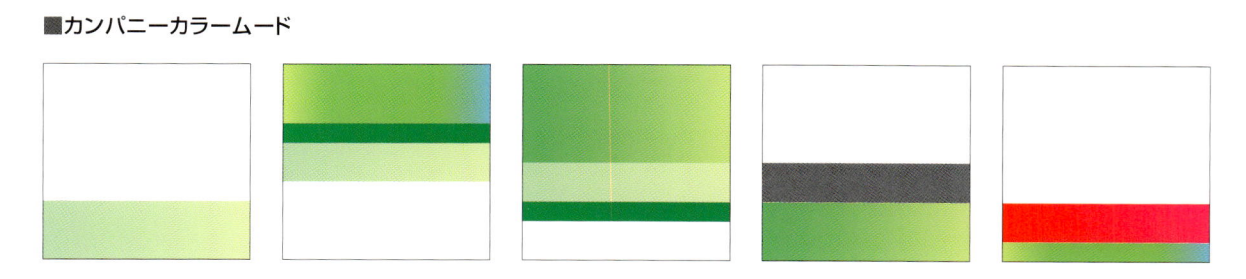

BRANDING DESIGN　　　　　　　　　　　　　　　　　　　　　　　　　　　　HUMAN RESOCIA「ヒューマンリソシア」

「ヒューマンリソシア」は人材の紹介や派遣、アウトソーシング業務を展開して急成長を果たしたカンパニーである。「リソシア（RESOCIA）」とは、「人材＝RESOUCE」を「社会＝SOCIATY」に送り出すことにより、社会を元気にするという意味で作られたコーポレートブランドネームである。顧客としているのは、企業の人事部門やそれぞれの専門部門であり、同時に派遣や紹介を求める個人である。シンボルは「受容とプレゼンテーション：人を受容する姿勢。社会に向けて自分をプレゼンテーションしようとする姿勢」を表している。人材を提供することによって得られる問題解決を象徴する青をカンパニーカラーに採用している。青から灰までのカラーエリアをグラデーションで表現している。

● カンパニーカラー

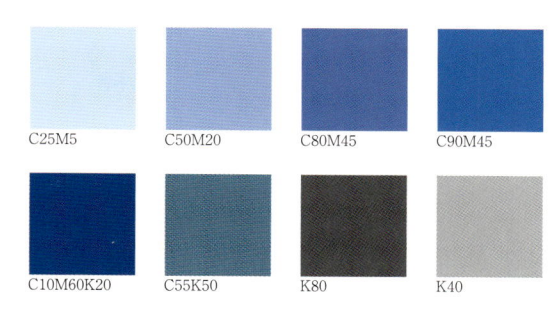

C25M5　　C50M20　　C80M45　　C90M45
C10M60K20　C55K50　　K80　　　K40

青を中心とした配色は、寒色系が持つ性格である興奮を静める力を持っている。冷静を促すための配色には、理性が感じられる。白との配色によって清潔感とピュアなイメージがメッセージされている。ピュアな配色は「高い吸収性」を感じさせ、どんなものでも受け入れる雰囲気がある。灰との配色によって、さらになじみの良いものにしている。

CD：アクサムコンサルティング
AD：アクサムコンサルティング、メタデザイン（ベルリン）
D：アクサムコンサルティング、メタデザイン（ベルリン）
CI：ヒューマン ホールディングス㈱ 2003年

CD：AXHUM Consulting
AD：AXHUM Consulting, MetaDesign(Berlin)
D：AXHUM Consulting, MetaDesign(Berlin)
CI：Human Holdings Co., Ltd. 2003

● イメージの位置付け

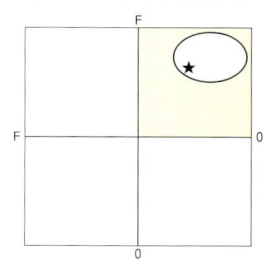

ベースイメージは「クリア」で、コアイメージは「純粋な」である。純粋さには、拒否するよりも受け入れるというイメージが強い。そのため受容の意味がある。このイメージに、無彩色が加わることでクールなイメージが付加され、落ち着きと理性的な雰囲気がかもし出される。

Human
ヒューマンリソシア

カンパニーシンボルロゴ　　　　　　　　　　　　　　　　ステーショナリー

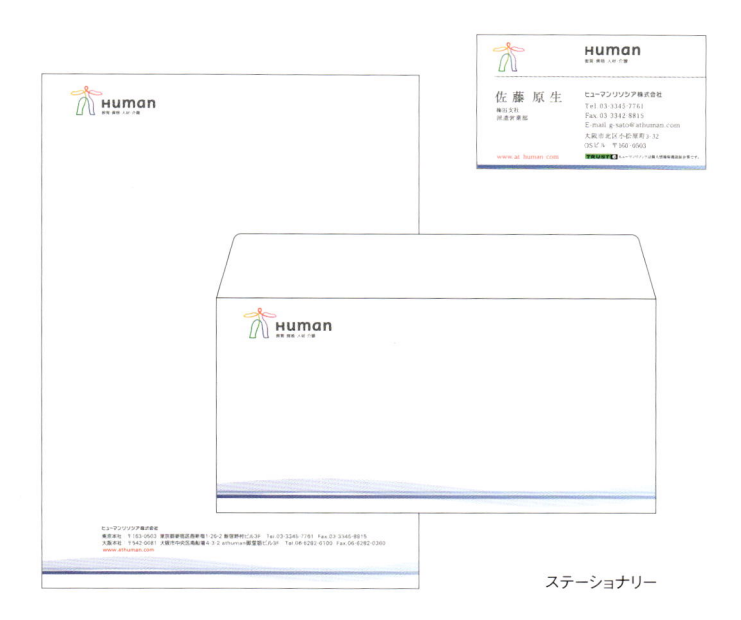

■ 再現用パレット

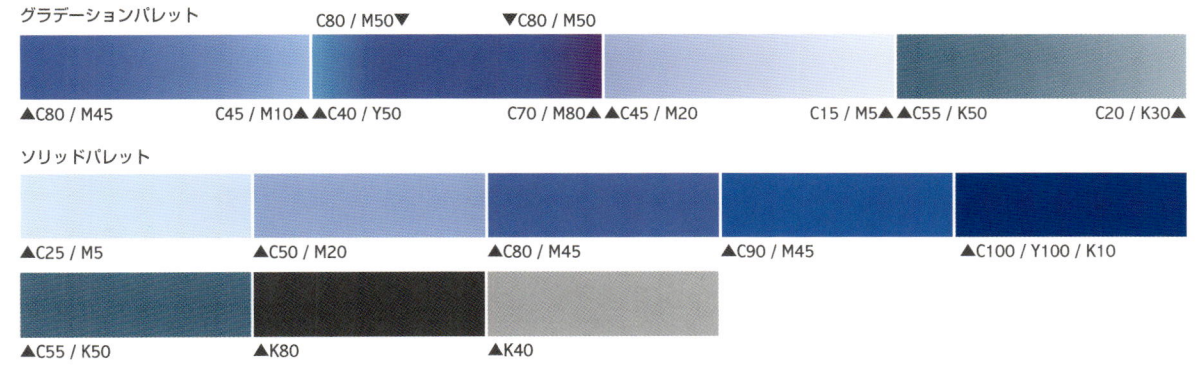

グラデーションパレット
C80 / M50▼　　▼C80 / M50
▲C80 / M45　C45 / M10▲　▲C40 / Y50　C70 / M80▲　▲C45 / M20　C15 / M5▲　▲C55 / K50　C20 / K30▲

ソリッドパレット
▲C25 / M5　▲C50 / M20　▲C80 / M45　▲C90 / M45　▲C100 / Y100 / K10
▲C55 / K50　▲K80　▲K40

■ カンパニーカラームード

029

「TSUTAYA TOKYO ROPPONGI」 TSUTAYA TOKYO ROPPONGI

BRANDING DESIGN

CSV：中上寛基
CD：佐藤可士和
AD：佐藤可士和
ColorD：佐藤可士和
D：奥瀬義樹
AP：町田靖
DF：(株)サムライ
A：(株)フロンテッジ
CI：カルチュア・コンビニエンス・クラブ(株)
2002年

Creative Superviser :
Hiroki Nakagami
CD : Kashiwa Sato
AD : Kashiwa Sato
ColorD : Kashiwa Sato
D : Yoshiki Okuse
AP : Yasushi Machida
DF : SAMURAI
A : Frontage Inc.,
CI : Culture Convenience Club Co.,Ltd
2002

ビデオ・CD・DVDのレンタル会社として一大企業として発展してきたTSUTAYAが、六本木に新しい時代の確固たるブランドを確立するために、佐藤可士和氏を起用しブランディングを行ったものである。これまでのTSUTAYAのイメージを継承しながらも、これからの進むべき、次世代のTSUTAYAのシンボルを構築することを目指している。種々の色の組み合わせにもトライしたが、TSUTAYAのイメージから遠く離れてしまうことから、これまでのTSUTAYAのカラーをリフレッシュさせる方向で定着させた。黄と紺がそれぞれに持つ色の強さを、いかにバランスよく組み合わせるかに苦心の跡が見られる。大人のための上質なカルチャーコンテンツが一同に揃う、複合型コンセプトショップへの可能性を広げるようなロゴタイプを開発し、店内で使われる全てのアイテムをメディアとしてとらえ、イメージの統一が図られている。

● メインカラー

| C100M72K6 | Y100 | K38 | K100 |

メインカラーは黄と紺。それと灰と黒の無彩色。特に重要な役割を果たしているのが黄と紺である。この2色は補色の関係にありコントラストが非常に強くなっている。そのため、遠くからの視認性も高い。これに無彩色がプラスされると、アート性が高まり、文化的なメッセージになる。この選色には微妙な調整が施されており、色同士の反発を抑えつつ、その性格を最大限に引き出す配色となっている。

● イメージの位置付け

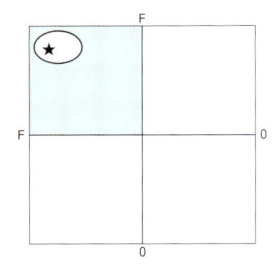

この黄と紺の組み合わせは「アバンギャルド」であり、コアイメージも同じ「アバンギャルド」。アバンギャルドの意味は前衛であり、時代の先端を表現している。文化的な前衛であり、清新な雰囲気を伝えている。ロシアンアバンギャルドとは全く別物である。無彩色との組み合わせで上品さが加味される。

TSUTAYA TOKYO ROPPONGI

レンタル返却ボックス

店内

B2判ポスター

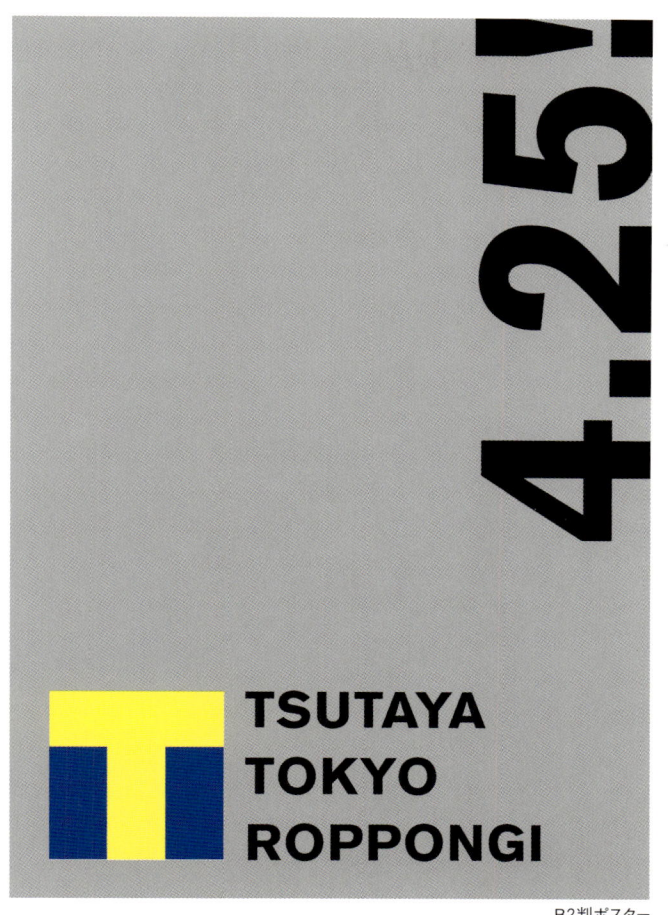

ラッピングペーパー

ラッピングリボン

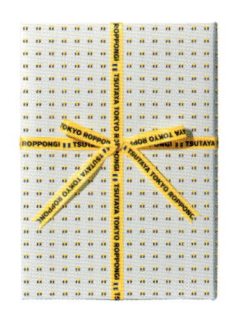

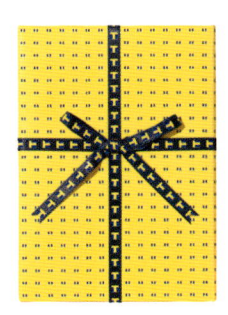

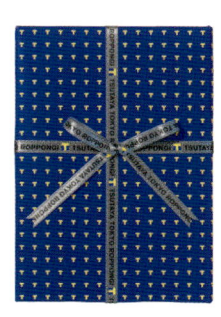

ラッピング

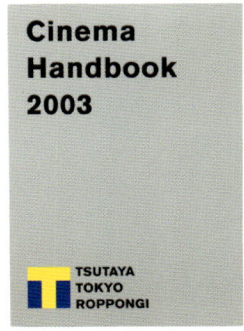

会員証

シネマハンドブック

シネマハンドブック（CD-ROM）

「レックスマーク」LEXMARK

BRANDING DESIGN

CD：鎌田孝史
Pr：関智世、小熊直人、船戸貞伸
AD：江口カエ
D：辻杏介、藤網希美江
CW：宮坂雅春
DF：㈱浪漫堂
A：島津アドコム㈱
CI：レックスマーク インターナショナル㈱
2004年

CD : Takashi Kamada
Pr : Tomoyo Seki,
Naoto Oguma, Sadanobu Funato
AD : Kae Eguchi
D : Kyosuke Tsuji,
Kimie Fujitsuna
CW : Masaharu Miyasaka
DF : Romando Co., Ltd.
A : Shimazu Adcom Co., Ltd.
CI : Lexmark International Co., Ltd.
2004

レックスマークは1991年にIBMから独立した世界最大のプリンター専業メーカーである。日本での認知度を高めるため、店頭を中心としたブランディング戦略を展開。テーマとして"Printing Smart"を設定し、コーポレートカラーであるレックスマークレッドを徹底的に使用している。レックスマークレッドは、スマートで都会的な印象を与える、やや青みを加えたレッドを制定。先行メーカーとの差別化を図り、誘引性の向上をねらった。店頭で、レックスマークの印象付けに成功している。

●メインカラー

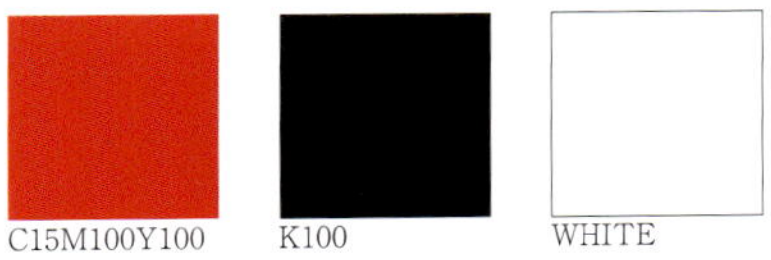

C15M100Y100 / K100 / WHITE

レックスマークレッドは、いわゆる金赤に15％の青（シアン）を加えた色になっている。赤が持つ情熱的なエネルギーに、冷静さを導く青を少量混色することで、ただ目立つだけの発色にせず、都会的なイメージを伝えるものにしている。白と黒は、その効果を明確に高めるためのもので、それ自身では意味を持っていない。レックスマークレッドと白黒の配色によって、透明感のある明晰なイメージを伝達することができる。

●イメージの位置付け

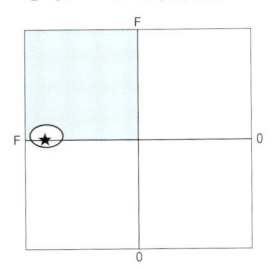

ベースイメージは「ダイナミック」である。そのため赤だけの場合は、激しい躍動感を与える。白黒が配色されることによって「衝撃的な」カラーイメージになっている。見る人に対してのインパクトは最大限に発揮される。赤が少量の青を含んでいることから、「都会的な」イメージが加わっている。青は知覚されないが、潜在的に洗練された雰囲気を与える。無彩色の白黒が加わると、透明感を増し繊細な印象を与える。

LEXMARK ™
ブランドマーク

●配色比

0　46　54　100

レックスマークレッドと黒との比は13：1になっている。このロゴマークでは、レックスマークレッドがポイントカラーになっているが、アクセントとしての役割をも果たしている。

●配色比

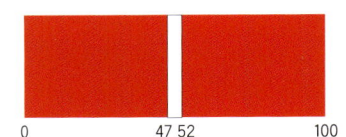

0　47　52　100

レックスマークレッド20に対して白が1の割合になっている。そのため圧倒的な赤のイメージがある。しかし、白が凝縮されアクセント的に目立つようになっている。

Printing Smart **LEXMARK**
ポスター

カタログ(表1)

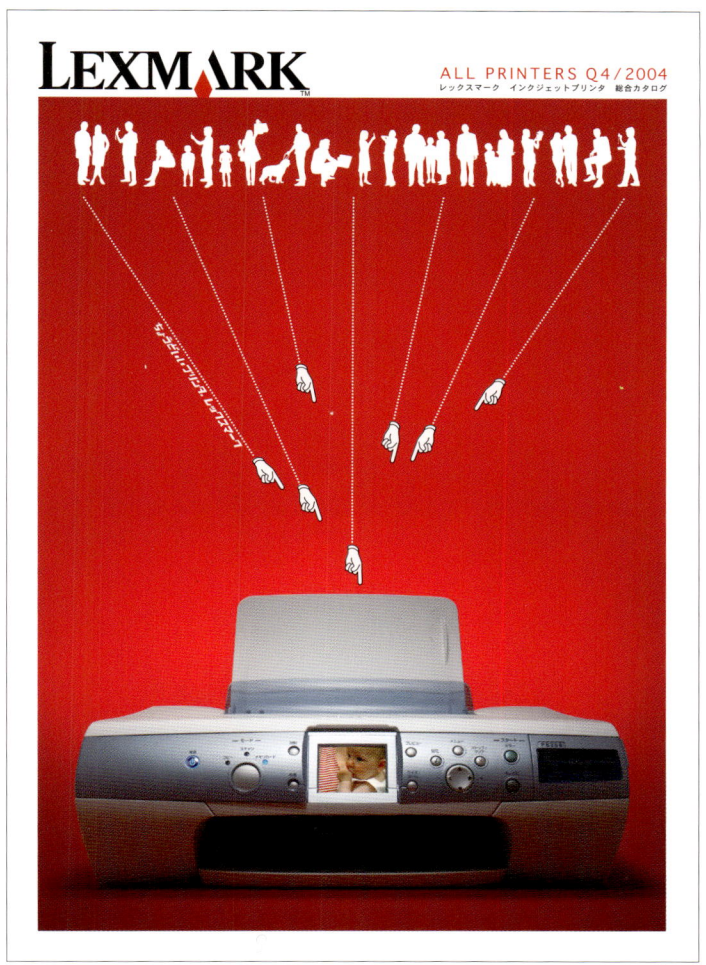

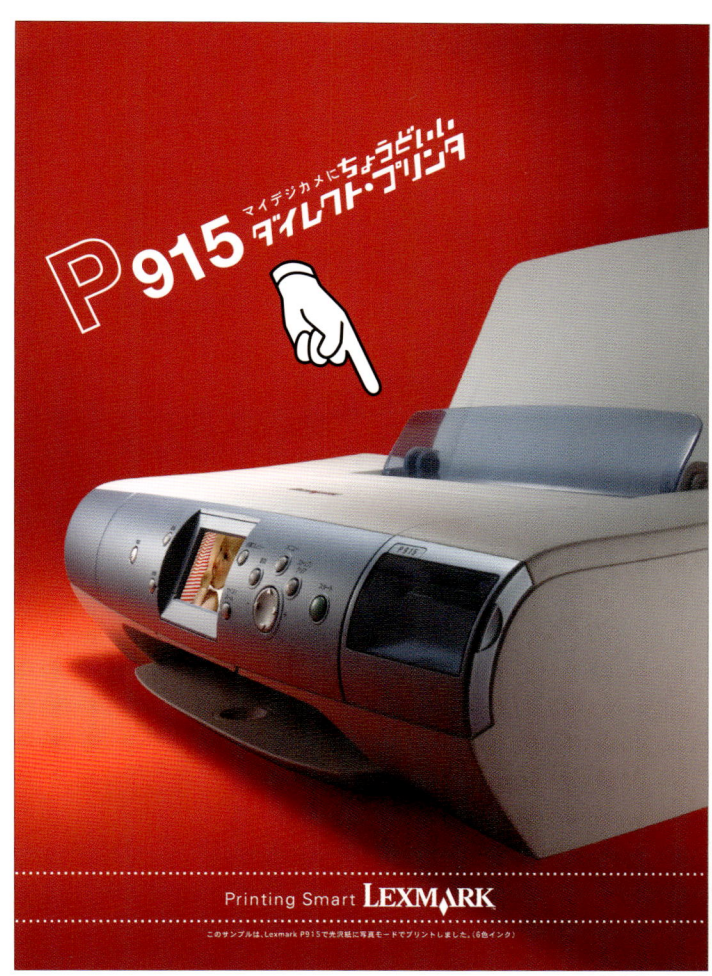

P915 リーフレット

車内中吊り広告

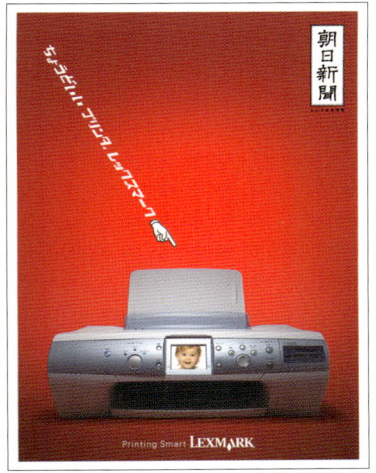

「レックスマーク」LEXMARK

BRANDING DESIGN

新聞広告（表面）

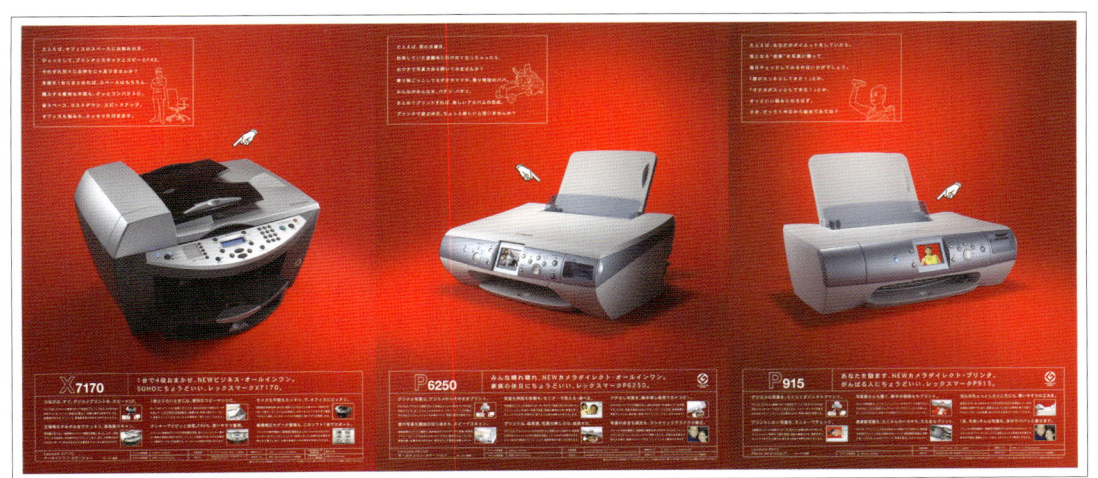

新聞広告（中面）

スマートカートリッジ読本

ショッピングバッグ

● 配色比

0　46　55　100

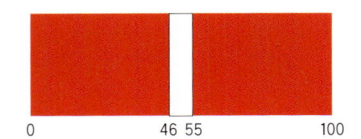

袋の正面における配色比。レックスマークレッド12に対して白は1になっている。白の面積が大きくなった分、赤よりも誘引性を高める効果になっている。

Tシャツ（表）

Tシャツ（裏）

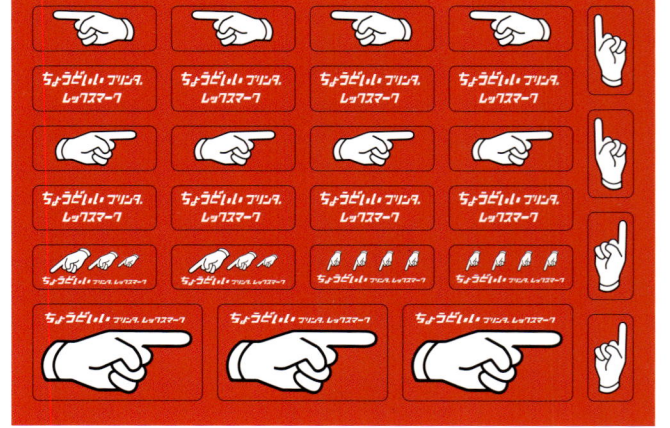

指シール

店舗柱一体型ディスプレイ

レックスエクスプレスシール（全機種共通）

X2250 スタンド

X2250 メインシール

035

「名古屋ふらんす」NAGOYA FRANCE

BRANDING DESIGN

AD：村田匡一郎
CD：伊東聡
Pr：黒澤圭子
DF：(株)浪漫堂
CI：井桁堂(株)
2004年

AD : Kyoichiro Murata
CD : Satoshi Ito
Pr : Keiko Kurosawa
DF : Romando Co., Ltd.
CI : Igetado Co., Ltd.
2004

●イメージの位置付け

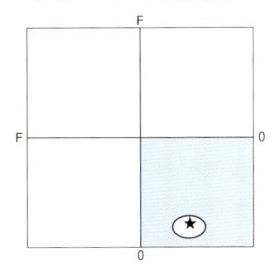

「名古屋ふらんすブルー」と白の配色はフォーマルイメージに属す「正式な」に当てはまる。伝統的なイメージでありながら、風格と清潔さが漂っているのが特徴。「正式な」イメージには、この他に信頼性のある雰囲気がある。このイメージとお菓子を結び付けた場合、清潔感が前面に押し出されてくるため、好感が持たれるものになる。

「名古屋の新しい銘菓を作る」をテーマに、商品企画から取り組み、誕生したのが「名古屋ふらんす」である。空港、キオスクなどのお土産コーナーには、赤、橙、黄などの暖色系が多く、その中でいかに目に留まりやすく、印象に残りやすくするかという観点からカラーを検証。ネーミングの「ふらんす」からくるフレンチブルーを採用した。しかし、そのままでは、やや浅く、売り場でのインパクトに欠けるので、フレンチブルーのイメージを損なわず、かつお菓子としてのシズル感を損なわないようにするため、やや濃いめのブルーを「名古屋ふらんすブルー」とした。売り場では、徹底的にこのブルーで演出。他社にはない売上げを記録したデビュー販売では、「名古屋ふらんす」を強く印象付けた。

●メインカラー

C95M55Y2K6 　 WHITE

●サブカラー

K30

ブランドカラーはいわゆるフレンチカラーよりも深みのある色に調整している。ネイビーブルーにやや近く、清潔感に富んでいるのが特徴となっている。この色と白を配色することによって、コントラストを高め、印象に残りやすいものにしている。白には、相手の色の効果を高める性格がある。また、清潔感と清々しさが基本的なイメージとなっている。サブカラーのグレイも同様の性格を持っており、グレーが入ることによって全体のイメージはソフトになる。

ブランドマーク

●配色比

0　　89　100

「名古屋ふらんすブルー」8に対して白が1という比例になっている。圧倒的にブルーが占めているので、白の印象が強烈になる。そのため白の性格が見る人に印象付けられる。

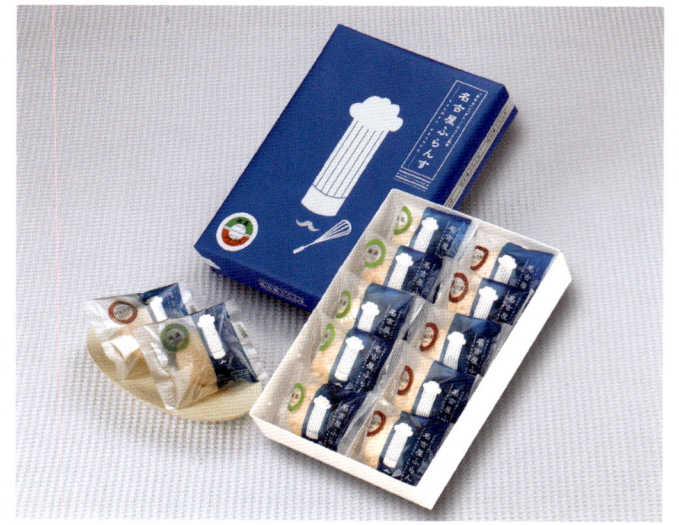

パッケージ

屋台

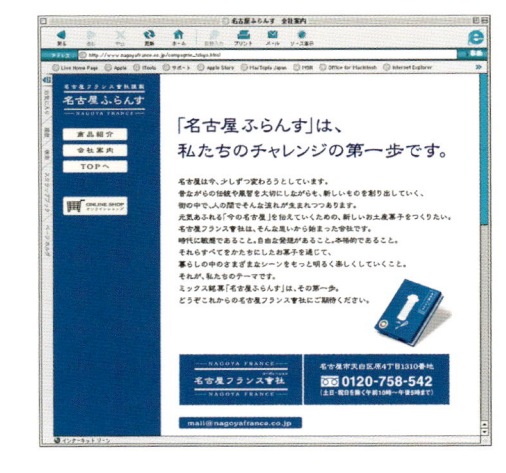

商用車

プライスカード

紙袋

ホームページ

「キヨズ・キッチン」 KIYO'S KITCHEN

BRANDING DESIGN

CD：倉垣光孝
Pr：関智世
AD：生駒由紀夫、青柳星美
D：野口純代
CW：北條薫、牧佳、
（高山広告編集所）
DF：(株)浪漫堂
CI：(株)キヨズ キッチン
2003年～

CD : Mitsutaka Kuragaki
Pr : Tomoyo Seki
AD : Yukio Ikoma,
Hoshimi Aoyagi
D : Sumiyo Noguchi
CW : Kaoru Hojo, Kei Maki
(Takayama Kokoku Henshujo)
DF : Romando Co., Ltd.
CI : KIYO'S KITCHEN Co., Ltd.
2003～

キヨズキッチンの料理は「からだがよろこぶ」ごはん。そのポイントは、基本食材を5つのグループで構成し、メニューづくりに活かしている点である。5つの食材とは、穀類、豆類、根菜、葉菜・果菜、そして動物性たんぱく質のこと。本来、人間のからだは、その時に必要な栄養をバランスよくとることで満足を感じ、必要以上のカロリー摂取を自ら抑制するはたらきを持っている、というのが整体指導師でもあるオーナーシェフ南原貴氏の考え。その考えをもとに生まれたのがキヨズキッチン流5つの食材グループと5色のルール。
キヨズキッチンでは、5つの食材グループにそれぞれを象徴するイメージカラーを採用し、栄養のバランスが、見てすぐにわかる展開を行っている。ナチュラルカラーが、一般的な多くの健康・自然食をテーマとするレストランなどに対して、コンセプトも表している、5色のイメージカラーの展開によって印象度の高いカラーコミュニケーションを目指した。

★注 イメージカラー：穀類＝エンジ／豆類＝イエロー／根菜＝オレンジ／葉菜・果菜＝グリーン／動物性たんぱく質＝ピンク

●イメージの位置付け

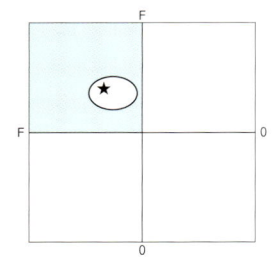

メインカラーの5色が属しているベースイメージは「フレッシュ」である。若々しい雰囲気をたたえている代表的なイメージである。選ばれた5色はその中の「健康な」を構成する配色となっている。このイメージの特徴は、健康的で楽しい食欲をメッセージするところにある。メインカラーに、サブカラーを加えると、「堅実な」イメージも生じてくる。そのため誠実なレストランのイメージが強調され、信頼を得る原因になる。

●メインカラー

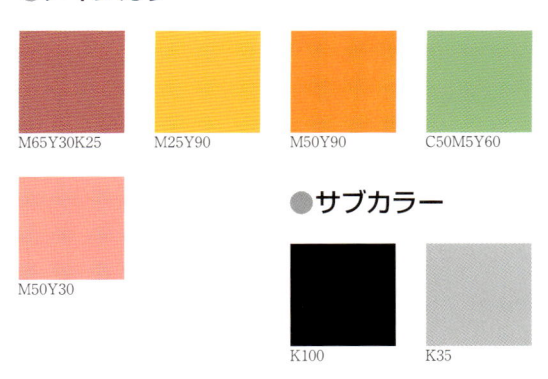

M65Y30K25　M25Y90　M50Y90　C50M5Y60
M50Y30

●サブカラー

K100　K35

ブランドカラーの5色は彩度を高めしながら落ち着いた雰囲気を作り上げている。基本的に新鮮なイメージだが、4色を暖色系にすることによって、温かみを感じさせるものにしている。同時に、橙を中心に食欲を刺激する配色を採用している。基本的なカラーイメージは「フレッシュ」になっている。ブランドコンセプトにしっかり適合していることが分かる。サブカラーの2色が加わると「堅実な」イメージを加味することができる。

●配色比

0　19　38　57　76　95 100

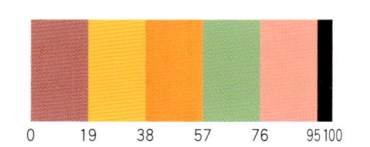

ロゴマークにおける配色比の特徴は、5色の性格が強く印象付けられていることである。ロゴの黒が全体のイメージにメリハリを与えている。黒は全体から見るとわずか（全体の5％）だが、その効果は大きい。

ブランドマーク

●配色比

0　47.5 52.5　100

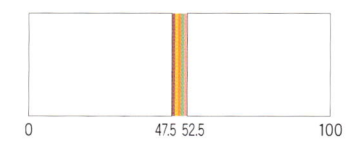

この場合、スクーターのボックスの面積が影響する。ボックスは白になっているので、メインカラーの発色を高める効果を発揮している。ブランドカラー1に対して白は19になっている。

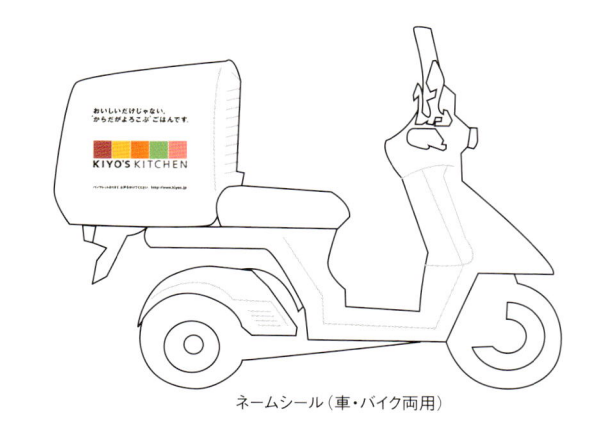

箸袋（上：表面／下：中面）

ネームシール（車・バイク両用）

ポスター

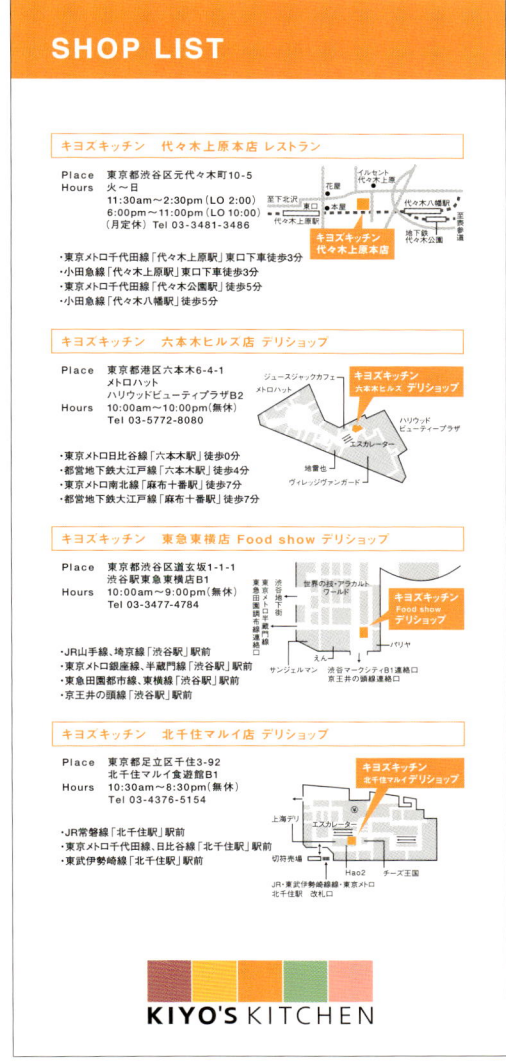

おいしいだけじゃない。
"からだがよろこぶ"ごはんです。

"からだがよろこぶ"ほんとうのおいしさのために
素材選びから、お客さまにお出しするまで、
すべてのプロセスを大切にし、基本となる5つの食材グループの
バランスに気をつけたメニューづくりをしています。

KIYO'S KITCHEN

http://www.kiyos.jp

SHOP LIST

キヨズキッチン　代々木上原本店 レストラン
- Place　東京都渋谷区元代々木町10-5
- Hours　火～日
  - 11:30am～2:30pm(LO 2:00)
  - 6:00pm～11:00pm(LO 10:00)
  - (月定休) Tel 03-3481-3486
- 東京メトロ千代田線「代々木上原駅」東口下車徒歩3分
- 小田急線「代々木上原駅」東口下車徒歩3分
- 東京メトロ千代田線「代々木公園駅」徒歩5分
- 小田急線「代々木八幡駅」徒歩5分

キヨズキッチン　六本木ヒルズ店 デリショップ
- Place　東京都港区六本木6-4-1
  - メトロハット
  - ハリウッドビューティプラザB2
- Hours　10:00am～10:00pm(無休)
  - Tel 03-5772-8080
- 東京メトロ日比谷線「六本木駅」徒歩0分
- 都営地下鉄大江戸線「六本木駅」徒歩4分
- 東京メトロ南北線「麻布十番駅」徒歩7分
- 都営地下鉄大江戸線「麻布十番駅」徒歩7分

キヨズキッチン　東急東横店 Food show デリショップ
- Place　東京都渋谷区道玄坂1-1-1
  - 渋谷駅東急東横店B1
- Hours　10:00am～9:00pm(無休)
  - Tel 03-3477-4784
- JR山手線、埼京線「渋谷駅」駅前
- 東京メトロ銀座線、半蔵門線「渋谷駅」駅前
- 東急田園都市線、東横線「渋谷駅」駅前
- 京王井の頭線「渋谷駅」駅前

キヨズキッチン　北千住マルイ店 デリショップ
- Place　東京都足立区千住3-92
  - 北千住マルイ食遊館B1
- Hours　10:30am～8:30pm(無休)
  - Tel 03-4376-5154
- JR常磐線「北千住駅」駅前
- 東京メトロ千代田線、日比谷線「北千住駅」駅前
- 東武伊勢崎線「北千住駅」駅前

KIYO'S KITCHEN

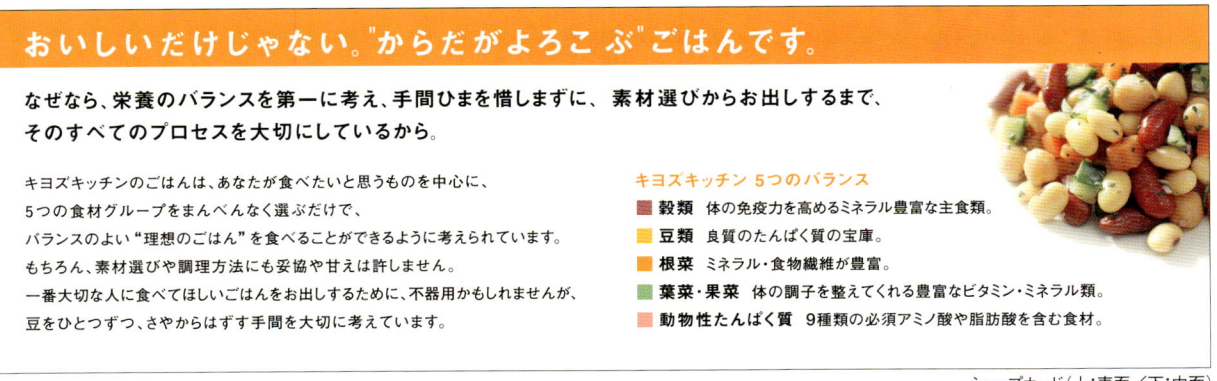

ショップカード（上：表面／下：中面）

キヨズキッチン　代々木上原本店 レストラン
- Place　東京都渋谷区元代々木町10-5
- Hours　火～日
  - 11:30am～2:30pm(LO 2:00)
  - 6:00pm～11:00pm(LO 10:00)
  - (月定休) Tel 03-3481-3486

キヨズキッチン 六本木ヒルズ店 デリショップ	キヨズキッチン 東急東横店 Food show デリショップ	キヨズキッチン 北千住マルイ店 デリショップ
六本木ヒルズ ハリウッドビューティプラザB2 10:00am～10:00pm(無休) Tel　03-5772-8080	渋谷駅東急東横店B1 10:00am～9:00pm(無休) Tel　03-3477-4784	北千住マルイ食遊館B1 10:30am～8:30pm(無休) Tel　03-4376-5154

KIYO'S KITCHEN

http://www.kiyos.jp

おいしいだけじゃない。"からだがよろこぶ"ごはんです。

なぜなら、栄養のバランスを第一に考え、手間ひまを惜しまずに、素材選びからお出しするまで、
そのすべてのプロセスを大切にしているから。

キヨズキッチンのごはんは、あなたが食べたいと思うものを中心に、
5つの食材グループをまんべんなく選ぶだけで、
バランスのよい"理想のごはん"を食べることができるように考えられています。
もちろん、素材選びや調理方法にも妥協や甘えは許しません。
一番大切な人に食べてほしいごはんをお出しするために、不器用かもしれませんが、
豆をひとつずつ、さやからはずす手間を大切に考えています。

キヨズキッチン 5つのバランス
- ■ 穀類　体の免疫力を高めるミネラル豊富な主食類。
- ■ 豆類　良質のたんぱく質の宝庫。
- ■ 根菜　ミネラル・食物繊維が豊富。
- ■ 葉菜・果菜　体の調子を整えてくれる豊富なビタミン・ミネラル類。
- ■ 動物性たんぱく質　9種類の必須アミノ酸や脂肪酸を含む食材。

「ニューヨーク デリ」new york DELI

BRANDING DESIGN

CD：萩原房史(エフインク)
AD：萩原房史(エフインク)
D：萩原房史、宮下幸子(エフインク)
Ar：斉藤秀基(Office PMD)
DF：(株)エフインク
A：田辺眞一(ライロ)
CI：タカラ食品工業(株)
2003年

CD : Fusashi Hagihara(f-inc.)
AD : Fusashi Hagihara(f-inc.)
D : Fusashi Hagihara, Sachiko Miyashita(f-inc.)
Ar : Hideki Saito(Office PMD)
DF : f-inc.
A : Shinichi Tanabe(LAILO)
CI : Takara Shokuhin Co., Ltd.
2003

「毎日を慌ただしく過ごす、都市で生活する人々に、おいしい料理を楽しんでもらいたい」、New York DELI は「都市生活者への思いやり（おばあちゃんの思いやり）」をコンセプトに、心がこもった身体に優しいおいしさをテーマに展開している。計量販売メニューのすべてを試食可能にした。従来の対面販売に試食を媒介して直接接する販売形式を導入。そのため、前面を開口したショーケースを設置した。視覚的にインパクトのあるグラフィックパネルをブースの3面に配置し、デパ地下でのアイキャッチを図った。
3つのテーマワード「思いやり」「新鮮」「健康」を設定し、それぞれに適した色彩の設定を行った。テーマカラー（メインカラー）を利用してビジュアル展開をすることで店舗空間を構成した。デパ地下での出店が中心となるので、テーマカラーは必ず壁面表示し、印象付けを目指した。

●イメージの位置付け

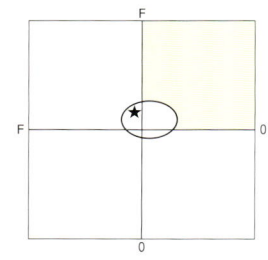

テーマカラーの3色の特徴は「ナチュラル」である。コアイメージは、「親密な」であり、見る人により強い親近感を与えるイメージである。この3色に白と黒を加えることによって、清潔感（白）と信頼感（黒）が表現されている。また、どことなくエスニックなイメージを包含する色の構成となっている。

●メインカラー

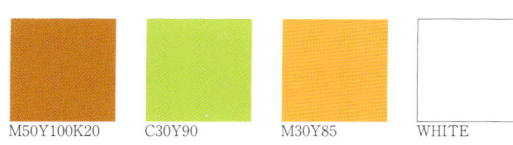

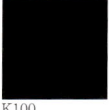

| M50Y100K20 | C30Y90 | M30Y85 | WHITE |

K100

メインカラーは「思いやり」「新鮮」「健康」の3テーマを表す3色と新鮮な効果を高める白とロゴの黒を加えている。それらは、基本的には料理に関連した色である。それとは別にロゴに使用されている赤も店舗空間の活性化と「Try Meee!（トライミー）＝食べてみて！」を促すために利用している。出店が数を増しても、常に露出させる色を統一することによって、アイデンティティを打ち出し、各店の相乗効果を上げることができる。

---

new york **DELI** Try Meee!
by Bütz Delicatessen

ブランドデザイン

new york **DELI**
by Bütz Delicatessen

New York Style
Delicatessen

Do you remember the taste of your grandmother's dishes?
The familiar savor that warms you up through body and mind.
We offer the taste of NY to city dwellers with the concept of warmth.

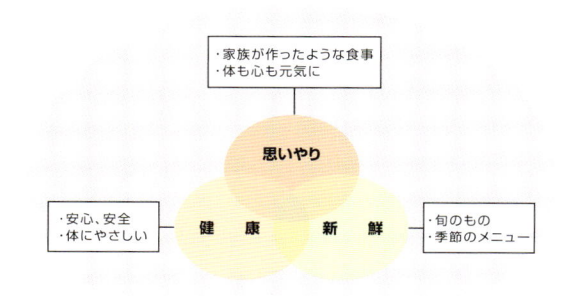

・家族が作ったような食事
・体も心も元気に

思いやり

・安心、安全
・体にやさしい

健康　新鮮

・旬のもの
・季節のメニュー

ブリックオレンジ　　　　ライムグリーン　　　　マスタードイエロー

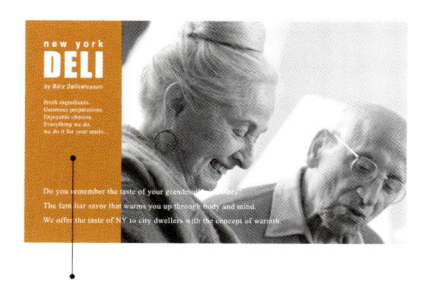

思いやり
ブリックオレンジ
お祖母ちゃんの思いのつまったレシピ・いたわりメニュー
グラフィックイメージ：お祖母ちゃんの笑顔

新鮮
ライムグリーン
旬の食材、トレンドレシピ、季節のメニュー
グラフィックイメージ：新鮮野菜シズル感

健康
マスタードイエロー
健康な食材、安全、安心
グラフィックイメージ：大地の恵み

店舗デザイン

商品開発

「プレジュール」Plejour

BRANDING DESIGN

CD：萩原房史(エフインク)
AD：萩原房史(エフインク)
D：萩原房史、内海裕子、
辰巳真美子(エフインク)
S：吉尾良里
DF：(株)エフインク
CI：(株)フローリィネット
2001年

CD : Fusashi Hagihara(f-inc.)
AD : Fusashi Hagihara(f-inc.)
D : Fusashi Hagihara,
Yuko Utsumi, Mamiko Tatsumi(f-inc.)
S : Rari Yoshio
DF : f-inc.
CI : FLOWERY NET
2001

都市生活者に向けた、全く新しいタイプのフラワーショップ「Plejour」は2001年に誕生した。英語の「Pleasure=楽しみ」と仏語の「Jour=一日」の造語で、「毎日の生活を楽しむ、新しい花のスタイル」を意味している。「買ってきた花を、そのまま部屋に飾れる」をテーマに、楽しく、気軽に、花と生活できるライフスタイルの提案になっている。

既存のフラワーショップと全く違うスタイルの店舗を目指し、これまでにない独自性の高い色彩設定を行った。控えめな色彩であるが、街中に近似する色彩の店舗がないため、出しゃばることなく誘目性の高い店舗を展開するのに成功した。また彩度の低い色彩で展開することで、商品である花の色合いが効果的に見せられるよう色彩を設定した。

● ブランドカラー

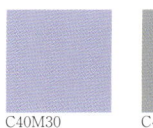

| C40M30 | C45M30Y25 | WHITE | SILVER |

ビビッドな色彩を避け、彩度の低い紫、中間の灰、それと白をメインカラーに据えた。この配色は、ビビッドな色彩が目立つ街中にあって、逆に目立つ効果がある。銀はそれらを助け、現代的なシャープさを必要とする部分に使用する。紫はプレジュールパープルとし、優しい上品さを感じさせ、白との配色によって清潔感を引き立たせている。全体的に主役である花を目立たせる地色としての役割を果たしている。これまでになかった独自性の高いカラーリングになっている。

● イメージの位置付け

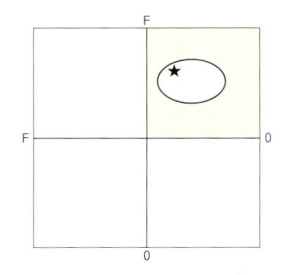

ベースとなっているイメージは「ロマンチック」で、コアイメージ「進歩的な」になっている。汚れのない優しさと同時に、進歩的な新しさを感じさせるイメージになっている。ナチュラルイメージに近いが、夢を感じさせるという性質が強く、それとは区別される。使用されている青紫は決して派手ではないが人を引き付ける魅力に富んだ雰囲気を演出できる色である。

● 配色比

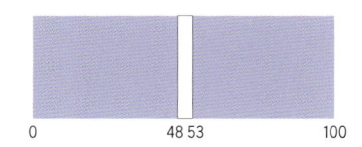

0　48 53　100

プレジュールパープル95に対して白5の割合になっている。2色対比の場合は、色のメッセージがシンプルに伝わる。それだけ印象に残る。プレジュールパープルが持つ優しくロマンチックな発色が全体を占めている。ロゴを白にし、その割合を5%に抑えることによって、緊張感を生み出している。

Plejour

We offer a variety of flower arrangemants for everyoccasion.
　We stand ready to serve our customers and enrich their lives
　　by Sharing beautifully arranged flowers with their friends and families.

A bouquet of flowers brings a gentle touch of spring
　to your home every day.

A bouquet of flowers,full of warm
　colors and fragrances,brings a gentle
　　touch of spring to your home every day.

Take back with you a bouquet or
　an arrangement of flowers, to the place
　　where a smile of your loved one awaits.

Enjoy our daily life.

店舗

商品パッケージ

リーフレット

商品ラベル

「インフォブリオ」 INFOBRIO

BRANDING DESIGN

CD：萩原房史(エフインク)
AD：萩原房史(エフインク)
D：萩原房史(エフインク)
DF：(株)エフインク
CI：NTTデータインフォブリオ・セキュリティコンサルティング
2001年

CD : Fusashi Hagihara(f-inc.)
AD : Fusashi Hagihara(f-inc.)
D : Fusashi Hagihara(f-inc.)
DF : f-inc.
CI : NTT DATA INFOBRIO INC.
2001

●イメージの位置付け

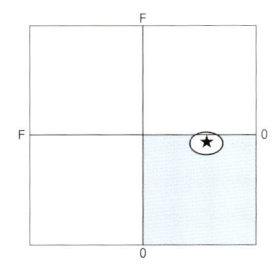

ベースイメージは「モダン」である。コアイメージは「機械的な」で、先進的なイメージと堅実なイメージが同居している。同時に、規則正しいというイメージがあり、そこに信頼を得るための心理効果が存在している。インテリ風の賢さが潜在的に感じられるイメージである。

株式会社NTTデータインフォブリオ・セキュリティコンサルティングのブランドシンボルは、「情報セキュリティが企業や組織を活性化させ、事業活力を創り出していくこと」「情報を共有し、活用することにより、新たな価値創造が導かれること」を表現するために制作された。INFOBRIOは、「IT社会の健全な発展」に資すること、および「IT時代の新たな文化創造」に貢献することを理念とする造語である。
infomation(情報)+Brio(活力、快活/情報セキュリティの確保)＝INFOrmative BRIght Organization(情報を共有する賢明な組織)
INFOBRIOは、客に提供するバリューのコーポレートブランドになっており、カラープランニングの基本である。

株式会社 NTTデータインフォブリオ
セキュリティコンサルティング

NTT DATA INFOBRIO INC.

ロゴマーク

●メインカラー

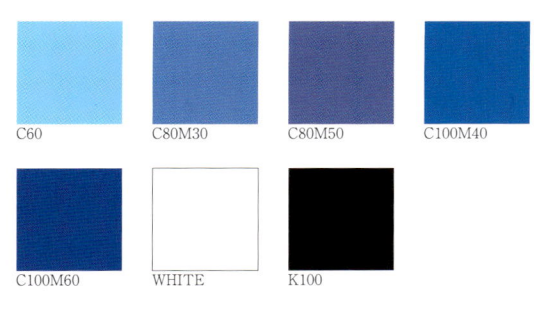

| C60 | C80M30 | C80M50 | C100M40 |
| C100M60 | WHITE | K100 | |

●サブカラー

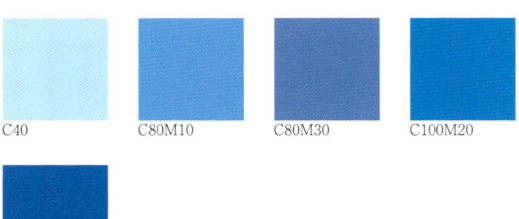

| C40 | C80M10 | C80M30 | C100M20 |
| C100M40 | | | |

ブランドシンボルの中心は社名のイニシャルで、新たな価値創造を象徴する「i」を表現した。この「i」を立体的かつ空間的に表現するためのコーポレートブランドカラーとして複数のブルーを設定した。印象としてはこのブルーが強く残るよう配色を配慮している。また、ポジ(背景色が白)の場合とネガ(背景色が黒)の場合に、それぞれが同一のカラーイメージとして認識できるように、カラー調整を行った。

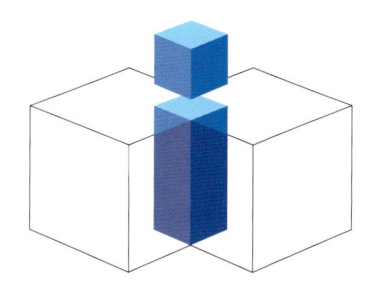

●配色比

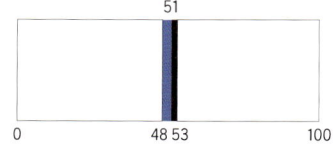

0　48 53　51　100

このロゴの配色効果を測定するには、白の発色がかなり大きく影響を与えているため、地(背景)の白の面積を限定しなければならない。右ページ上のロゴの枠線を利用して、比率を出した。また、青の部分は複数の色が含まれているが1色のグループとして処理した。白95、青3、黒2になり、青と黒が緊張感を高めて配色されているのが分かる。

INFOBRIO®
NTT DATA INFOBRIO
SECURITY CONSULTING

INFOBRIO®
NTT DATA INFOBRIO
SECURITY CONSULTING

ブランドマーク

C60%

C80% M30%

C80% M50%

C100% M40%

C100% M60%

INFOBRIO®
NTT DATA INFOBRIO
SECURITY CONSULTING

C40%

C80% M10%

C80% M30%

C100% M20%

C100% M40%

INFOBRIO®
NTT DATA INFOBRIO
SECURITY CONSULTING

●配色比

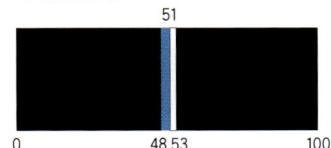

0　　　　48 53　　　　100
　　　　　　51

黒地のロゴは上段のロゴの反転表示である。比率もそれに準じている。黒95、青3、白2である。ただし、ここでは白のイメージが強くなっている。無彩色の中では、メインカラーになっている青のイメージに変化はない。

「アビームコンサルティング」 ABeam Consulting

BRANDING DESIGN

CD：石澤昭彦（ADK）
AD：萩原房史（エフインク）
D：萩原房史、松本和史（エフインク）
DF：(株)エフインク
A：(株)アサツー ディ・ケイ
CI：アビーム コンサルティング(株)
2003年

CD : Akihiko Ishizawa(ADK)
AD : Fusashi Hagihara(f-inc.)
D : Fusashi Hagihara,
Kazuhito Matsumoto(f-inc.)
DF : f-inc.
A : ADK
CI : ABeam Consulting Ltd.
2003

●イメージの位置付け

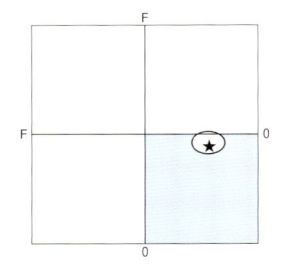

ベースイメージは「モダン」である。コアイメージは「インテリ風」で、思考や理性を感じさせる現代的な雰囲気を感じさせるものである。組み合わせによって宇宙的な広がりをイメージさせることができる。黒との組み合わせによって紳士的なイメージが強く出てくるのもこのイメージの特徴である。

ブラクストン株式会社（旧デロイト トーマツコンサルティング）が2003年11月に「アビームコンサルティング株式会社」と社名変更を行い、それに際して導入されたブランディングである。社名となった「ABeam」は、アジアから世界へと展開していくグローバルコンサルティングファームとしての「Asian Beam（アジアの光線＝力）」を意味している。またヨットセーリング用語「横風を力に変えて速く進む」というニュアンスもあり「どんな時でもクライアントのビジネスを支えていく」という企業理念を表現している。この理念をカラーリングする基本として「新しい夜明けと新しい旅立ちを象徴する」ことに置いた。ここには時間と広がりという要素があり、色彩の設定のカラーコンセプトに据えた。

●メインカラー

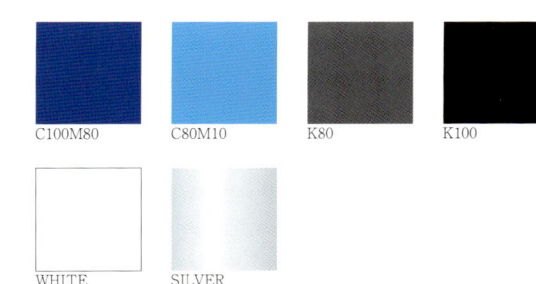

| C100M80 | C80M10 | K80 | K100 |
| WHITE | SILVER | | |

ブランドカラー（メインカラー）はABeam Ocean BlueとABeam Sky Blueを選定。時間の流れと空間の広がりを表現するために、この2色間のグラデーションを採用した。グラデーションの設定は、単に2色のものではなく、地全面にスカイブルーの100％を引き、その上にオーシャンブルーのグラデーションを乗せることで、シームレスで深みのある表現を実現した。また、白と黒を利用することで、インパクトのあるメリハリの効いた表現にしている。

ブランドマーク

●配色比

0　74　86　100

ロゴマークの特徴は青地の部分がメインになっているので、右側のアルファベットの地（白）は除いて割合を出した。青の地はグラデーションになっているが、それを1つのカラーグループとしてとらえた。黒は右側のアルファベットの部分を含めている。その結果青74、白12、黒14の割合になっている。白が鮮明に印象付けられるのが特徴。

アビーム コンサルティング株式会社

ABeam Consulting Ltd.

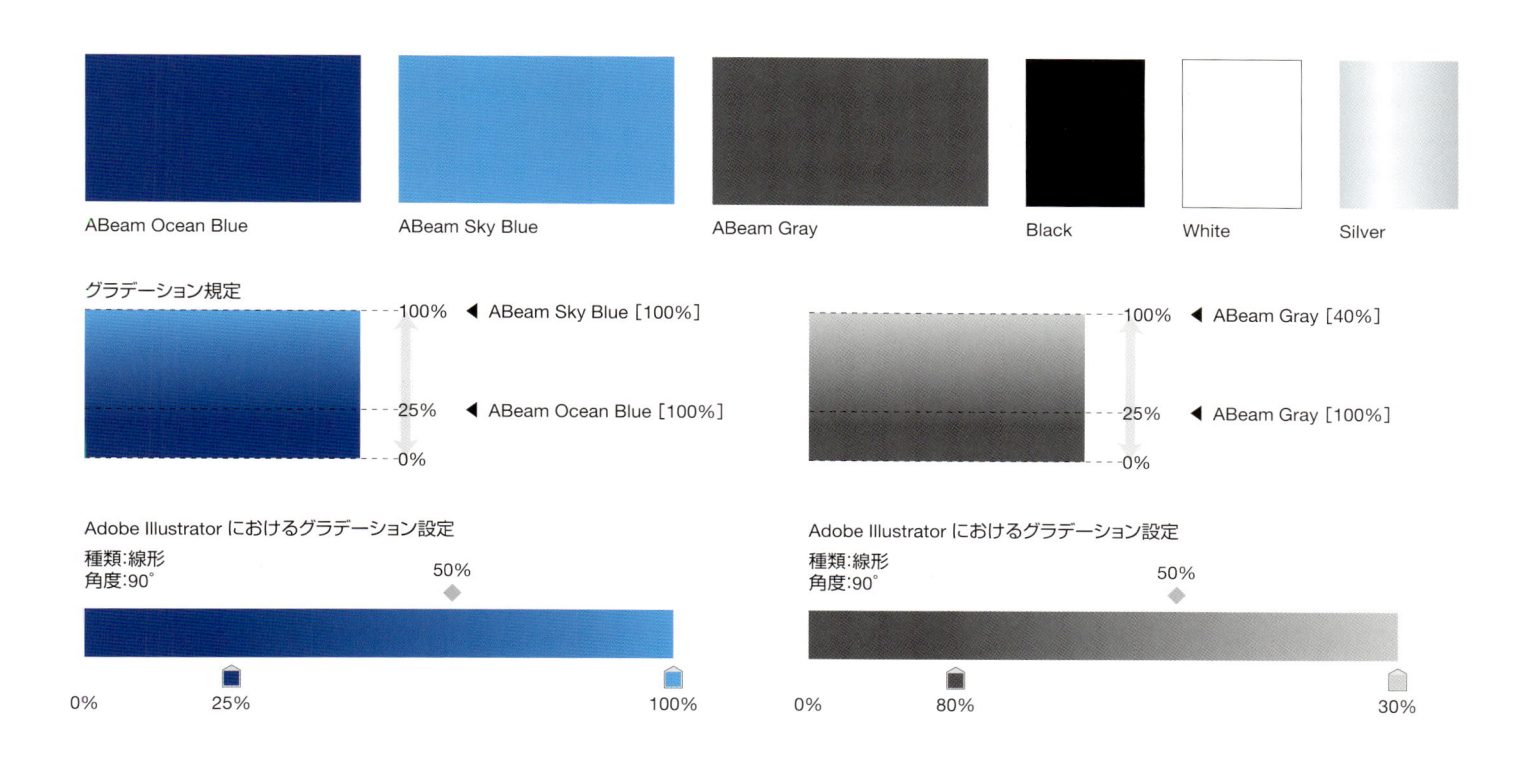

ABeam Ocean Blue　　ABeam Sky Blue　　ABeam Gray　　Black　　White　　Silver

グラデーション規定

100% ◀ ABeam Sky Blue［100%］
25% ◀ ABeam Ocean Blue［100%］
0%

100% ◀ ABeam Gray［40%］
25% ◀ ABeam Gray［100%］
0%

Adobe Illustrator におけるグラデーション設定
種類：線形
角度：90°
50%
0%　25%　100%

Adobe Illustrator におけるグラデーション設定
種類：線形
角度：90°
50%
0%　80%　30%

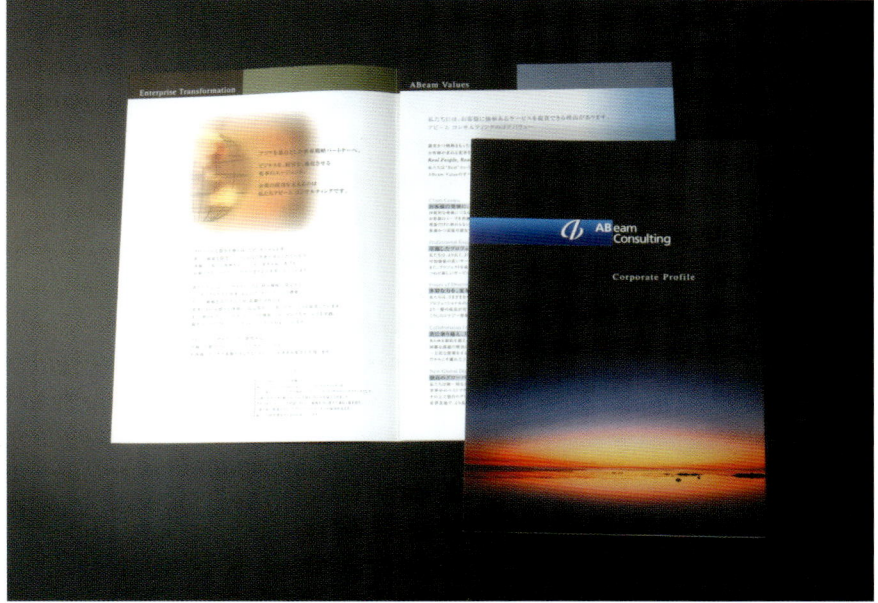

会社案内

タトウ 　　　　　　　　　　　　　　　DM

047

「麻婆豆腐『辣』」 *Mápódòufu"Là"*

BRANDING DESIGN

DD：中川憲造
D：延山博保、森上暁、清水証
DF：(株)NDCグラフィックス
CI：近沢レース店
2004年

DD : Kenzo Nakagawa
D : Hiro Nobuyama,
Satch Morikami, Akirara Shimizu
DF : NDC Graphics Inc.
CI : Chikazawa Lace
2004

●イメージの位置付け

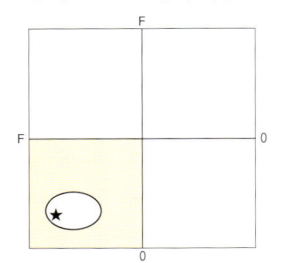

この配色はベースイメージは「エスニック」、コアイメージは「辛い」である。イメージとしては深みのある味を感じさせる。辛さを感じさせるのに赤は不可欠で、このイメージの中心的な色になっている。ただし、単に辛いだけではショップのイメージを表せないので、赤のトーンを落としている。赤の発色を落としたことで、全体的に落ち着きのある雰囲気になっている。そのため辛さにおしゃれなイメージが付加され、さらに深みが増した。

元町の老舗「近沢レース店」が中華街に出店している麻婆豆腐専門店のトータルデザインである。テイクアウトもできる麻婆豆腐の専門店としてのアイデンティティとして「おいしさ＋親しみやすさ＋おしゃれな感じ」を基本コンセプトに置いた。デザイン展開としては、ショップの内装、サイン、グラフィック全般と広汎にわたった。ショップに必要な箸袋やメニュー、営業に必要な名刺に至るまで、コンセプトを重視した。色彩のコンセプトとしては、「辛さ」のイメージカラーである「赤」に、ほとんど即決に近い状態で選定した。カラー選定で気を付けたのは「おしゃれな感じ」を損なわないということである。そこで「渋めの赤」が選ばれた。また、メインカラーとして「紺」を選定したが、赤と紺のバランスに最も注意を注いだ。このカラーリングは横浜中華街の新しいショップとして、制作したブランドマークの造形とともに評判となっている。

●メインカラー

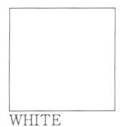

PANTONE187 / PANTONE282 / WHITE

●サブカラー

GOLD

多少渋みのある赤と派手さを抑えた紺のコンビネーションは、辛さを感じさせる配色の代表である。一般的には辛さだけを表現するのに白は含まれていない。ここで白を加えることによって、明快さを前面に押し出し、赤と紺の持つ性格を際立たせることになる。それだけでなく、古さではなく新しさのイメージが強まり、いつ見ても新鮮な印象を与える。サブカラーの金は、高品質と優雅をメッセージする色として採用された。ビアラベルと店内のエンブレムのエッチング加工にも生かされ、効果を発揮している。

●配色比

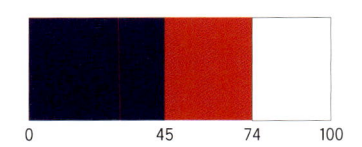

0 45 74 100

ブランドマークの配色は赤と紺と白になっているが、紺45、赤29、白26の割合になっている。赤も紺も明度が低いため、白とのコントラストが強く、印象に残す効果となっている。

基本ブランドマーク

ブランドマークのバリエーション

テイクアウトカップ

ビアラベル

ショップカード

店舗外観

049

「第10回 南道食べ物文化フェスティバル」 The 10th Namdo Food Festival

CI DESIGN

CD：キムキョンギュン
AD：キムキョンギュン
ColorD：キムキョンギュン
D：申東天
P：鄭三照
Cal：黄金鍾
DF：情報工学研究所
CI：全羅南道庁
2003年

CD : Kim Kyoung Kyun
AD : Kim Kyoung Kyun
ColorD : Kim Kyoung Kyun
D : Shin Dong Chun
P : Jung Sam Jo
Cal : Hwang Gum Jong
DF : Intelligence Technology institute
CI : Governor of Jeollanam-do
2003

このイベントは全羅南道庁が毎年主催して行われている。食べ物を文化の切り口で行っているフェスティバルのグラフィック展開したものである。テーマを5つに分け、天、地、水、火、風を追求した。それぞれに関係する食べ物を選定し、カリグラフィーでの表現を試みた。表現するに当たって、そのテーマに相応しい色を決め、その色を前面に出したビジュアルを作成した。食べ物だけではなく、その文字が持つ表情を、風景などを複合し、その雰囲気を高めた。食べ物が単に料理ということだけではなく、その歴史や風土を同時にメッセージするメディアにすることに力点を置いた。カリグラフィーを採用することによって、配色とともに東洋の美意識を特に強調し、中でも、赤（朱）と黒（墨）は東洋を象徴する色として基調に置いた。

● メインカラー

| M100Y100K15 | C100Y100K30 | K100 | WHITE |

● サブカラー

| M25Y100 | C50Y100 | C80M10 | C100M100Y20 |

カラー展開の基本となるのは、赤と黒の2色、それに緑を加えた3色をメインカラーとした。書道の雰囲気を生かすため、赤は朱肉の色に近いもの、黒は墨の代わりにそれぞれ採用した。緑は自然、食べ物を象徴している。サブカラーは、黄、黄緑、青を選定し、区別化するために使用する。白は紙の白さを象徴している。ポスターなどで白地にする時は、紙をそのまま表している。これとは別に濃い紫を伝統を表現するのに使用している。

● イメージの位置付け

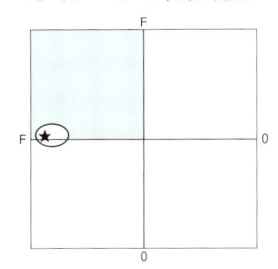

ベースイメージは「ダイナミック」である。コアイメージも同じ。このイメージはエネルギーを大胆に発散し、見る人をアクティブにする。このイメージの中で重要な役割を果たしているのが黒。黒、あるいは明度の低い暗い色との配色は地に足を着けたダイナミックさを感じさせる。小面積で使うよりポスターなどの広い面積で使用するとよりインパクトを強める。

● 配色比

0　　75　87　98100

このロゴマークの特徴は白地がかなり重要な意味を持っている。白75、黒12、赤11、緑2の割合になっている。このため白と黒のコントラストを赤が締めるという配色になっている。

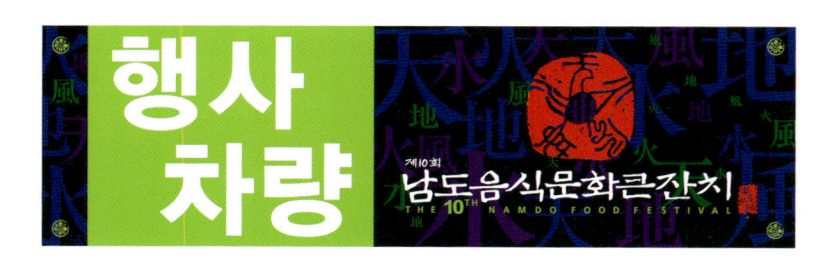

イベントマーク

車のステッカー

ポスター（水）

ポスター（風）

ステージメイン

●配色比

ロゴマークの白地を橙と入れ換えてデザインしている。そのため圧倒的に橙の性質が全体を支配している。この橙は食欲を刺激する。橙62、青紫29、赤3、黒3、赤紫2、白1という割合になっている。黄と緑は0.5以下なので省略した。韓国の風土が感じられる配色である。

プラカード

051

「ダヴィンチ」daVinci

CI DESIGN

CD：クレイグ ヤマシタ
D：クレイグ ヤマシタ
DF：シー・ワイ・デザイン
CI：(株)ダヴィンチ・アドバイザーズ
2000年

CD : Craig Yamashita
D : Craig Yamashita
DF : SeeWhy Design
CI : K.K. DaVinci Advisors
2000

投資顧問会社であるダヴィンチ・アドバイザーは1998年に設立された。会社設立以来「投資家とともに成長する」という経営方針から不動産ファンドの組成、運用、その管理を中心に事業展開している。経営理念を具現化するために2000年にCIを導入。さらにブランディングを展開し、ダヴィンチ・ブランドの充実を図っている。トレードマークは頭文字の「d」とビルを組み合わせ、遠方からでも見えるようシンプルでインパクトの強いものにした。現代のルネサンスのイメージをデザインしている。レオナルド・ダ・ヴィンチが好んだ色使いをイタリアンカラーより選定した。

● メインカラー

C53M89Y100K11   C35M50Y100K9   C11M22Y37K75

レオナルド・ダ・ヴィンチが好んだ色使いという着眼点がユニークである。シエナ(黄褐色)とオーカー(黄土色)、そして暗い灰をメインとしているが、いずれも明度が低い。そのため色味が微妙となっている。その配色はヨーロッパ的である。明度が低いので、クラシックなイメージになっているが、白との対比で、形を明快に見せる一方で、重厚感のある温かみを感じさせている。遠方からは形、近づいてみるとクラシックなイメージをそれぞれメッセージしている。

● イメージの位置付け

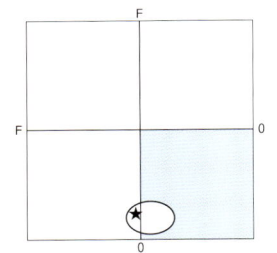

ベースイメージは「クラシック」で、コアイメージは「重厚な」である。クラシックの持つイメージは完成した重々しさが特徴である。軽さがない分、信頼できる雰囲気がある。レオナルド・ダ・ヴィンチの時代の香りがするヨーロッパ的なイメージである。

● 配色比

0 19   73   100

シエナ19％、白54％、オーカー27％になっている。白を有効に活用し、形を明快に見せるようにしていることが分かる。色味を感じさせるためのぎりぎりの面積にしている。これ以上狭いとただの黒に見えてしまう。

トレードマーク

daVinci

ブランドマーク

ダヴィンチ原宿正面イメージ

ダヴィンチ原宿FACE外観イメージ

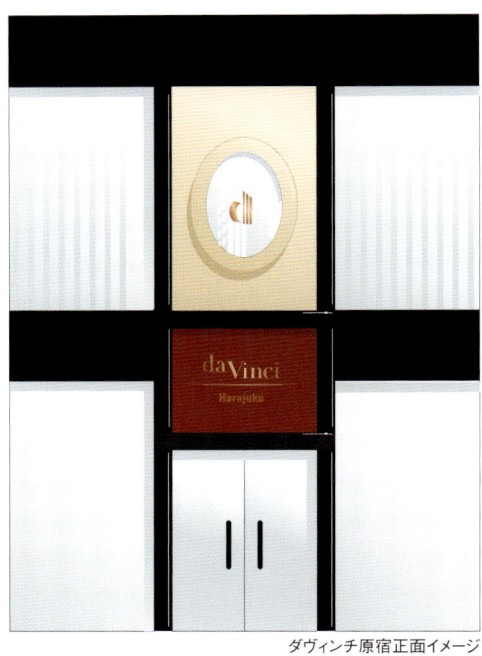

ステーショナリー

CI DESIGN　　　　　　　　　　YURAKUCHO MULLION 20 anniversary「有楽町マリオン 20 アニバーサリー」

「有楽町マリオン」は、西武と阪急という2つの百貨店、5つの映画館、ホールやレストラン、銀行が入っている複合施設ビル。独特で個性的な業種の配置が目立つ。公共通路を挟んで2つの百貨店が向かい合い、通行する人に新鮮な刺激を与え続けている。ベージュ色のマリオンクロック前は象徴的な空間になっている。誕生20周年を記念しキャンペーンが展開された。その際に制作されたマークである。マリオンの建築からその形をとり、縦線が目立つデザインにしている。色は赤と白をメインにすることによって、いわゆる紅白のめでたさを表現している。

●カラーバリエーション

RED（グラデーション）　K45　WHITE

赤は活発なエネルギーを感じさせ、見る人を情熱的にする。白はその赤の性格をさらに高める働きをする。コントラストが強いので、遠方からでも視認性がある。赤と白は日本では祝い事の際に用いられる。赤の線をただのベタにせず、陰影となるグラデーションを施すことによって、立体感を与えポールに見せている。グラデーションの陰影を付けることで暗くなるのを避けるため、微妙な調整が行われている。

CD：永井一史
AD：永井一史
D：小野勇介
DF：HAKUHODO DESIGN
CI：(株)朝日新聞社、松竹(株)、東宝(株)
2004年

CD : Kazufumi Nagai
AD : Kazufumi Nagai
D : Yusuke Ono,
DF : HAKUHODO DESIGN
CI : The Asahi Shimbun Company, Shochiku Co.,Ltd., Toho Co.,Ltd.
2004

●配色比

0　63　95 100

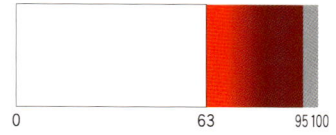

紅白を意識しているマークなので地の白を入れて比率を出した。白が63％で大半を占めているが、それに対して赤は32％になっている。ロゴの灰色は5％である。白と赤の比はほぼ2:1になっている。赤が飛び出し過ぎないよう計算されている。

ブランドマーク

●イメージの位置付け

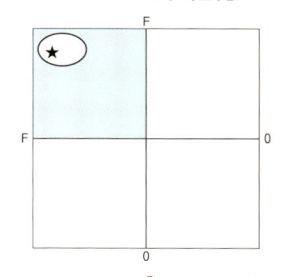

ベースイメージは「アバンギャルド」で、コアイメージも同じ「アバンギャルド」である。前衛的な雰囲気が漂っている。そのため、新しいイメージがあり、ドキドキするような刺激を与える。灰が少量加わるとその雰囲気を強める。

有楽町マリオンエントランス・オブジェ ライトアップ

有楽町マリオン内観

有楽町マリオンエントランス・オブジェ

「フェニックス シーガイア リゾート」 PHOENIX SEAGAIA RESORT　　　CI DESIGN

CD：永井一史
AD：永井一史
ColorD：永井一史
D：小野勇介、橘賢一
DF：HAKUHODO DESIGN
CI：PHOENIX RESORT KK.
2004年

CD : Kazufumi Nagai
AD : Kazufumi Nagai
ColorD : Kazufumi Nagai
D : Yusuke Ono, Kenichi Tachibana
DF : HAKUHODO DESIGN
Ci : PHOENIX RESORT KK.
2004

● イメージの位置付け

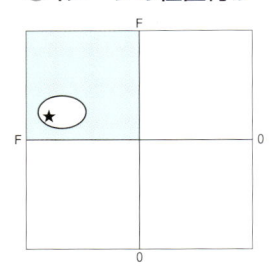

ベースイメージは「カジュアル」で、コアイメージは「楽しい」である。親しみやすい気軽さと、楽しさを持ち合わせたイメージである。暖色系を中心に配色した時、光と暖かさが強調される。背景色に白がくると輝きが生まれる。

フェニックス・シーガイア・リゾートは1988年に設立され、その後、幾多の変遷を重ね世界屈指のリゾートに成長した。九州各地にはいくつかの大型リゾート施設があり、その中でもシーガイアは、国内最大級の施設を整備してきた。最近では「温泉」をテーマに幅広い客層を取り込むことで、長期滞在客を招致する方向にある。露天風呂、貸し切り温泉、高級スパなどを備えた天然温泉「松泉宮(しょうせんきゅう)」がオープンしたのもその一環である。亜熱帯パラダイスといわれており、ホテル、ゴルフ場はもちろん、プールにエステ、乗馬やテニス、各種レストランなどがある。ホテルの40階から見下ろすとシーガイア全体が見られ、遠く日向灘に輝く太陽がさんさんと照る抜群のロケーションが美しい。新たな温泉施設は、シーガイアの今後の発展を支えるものとなる。CIを展開するにあたり、太陽をモチーフに橙と黄をベースにした。宮崎という土地が、天照大神の伝説に始まり、多くの神話の発祥の地として知られていること。また、日照時間が長く、暖かい気候ということを意識してデザインしている。マークを構成するエレメントは、海や川で丸く削られた石や神話性に基づき、和をイメージした。個別のファシリティが集まる複合施設として全体の輝きやその多様性を不ぞろいの形と色で表現している。

● メインカラー

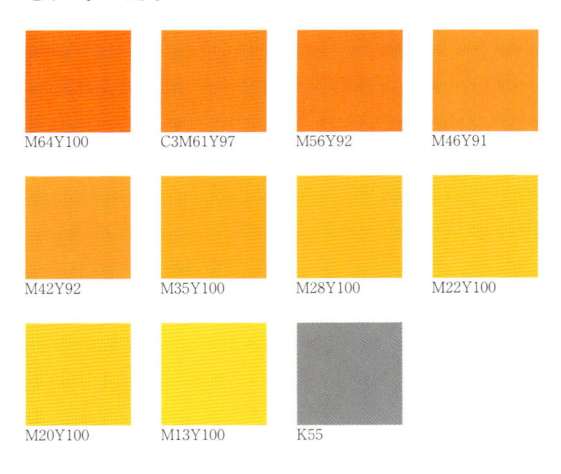

M64Y100	C3M61Y97	M56Y92	M46Y91
M42Y92	M35Y100	M28Y100	M22Y100
M20Y100	M13Y100	K55	

● サブカラー

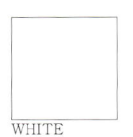

WHITE

メインカラーとなっているのは、橙から黄の10段階の色である。それは施設の多様性や自然(光)の豊かさを表現する色として選定されている。暖色系の色であるが、白地との関係で輝いて見える。黄はもともと喜びや笑いに共振する色である。そのため、来る人を暖かく迎えてくれる配色になっている。この配色にロゴの灰が加わることで上品な雰囲気をつくり出している。全部異なる色でありながら、バランスがしっかり取れており、グレードの高さを感じる。

PHOENIX SEAGAIA RESORT　ロゴマーク

ステーショナリー

封筒

名刺

ファイルとレターヘッド

紙袋

「サントリー 新CI」 SUNTORY New CI

CI DESIGN

サントリーCI 選定委員会
選定委員：葛西薫（選定委員チーフ／サン・アド）、安藤隆（サン・アド）、加藤芳夫（サントリー デザイン部）、浅倉正（サントリー デザイン部）、坪松博之（事務局長／サントリーコーポレートコミュニケーション本部）
海外選定委員：マシュー・カーター（アメリカ）、小林章（ドイツ・ライノタイプ・ライブラリ社）
海外協力会社：
ライノタイプ・ライブラリ社
（日本地域顧問・高岡昌生）
ロゴタイプデザイン：水口洋二
（サントリー デザイン部）（協力者：Karl Leuthold、牛島志津子）
CI：サントリー（株）
2005年

SUNTORY New CI
Selection Committee
Members of the committee : Kaoru Kasai(The chief of the committee/Sun-Ad Company Limited),Takashi Ando(Sun-Ad Company Limited),Yoshio Kato(Suntory Limited DesignDepartment),Tadashi Asakura(Suntory Limited Design Department),Hiroyuki Tsubomatsu(The administration chief/Suntory Limited Corporate Communication Division)
Members from overseas : Matthew Carter(from U.S.A), Akira Kobayashi(from Germany/Linotype Library GmbH)
The cooperative company : Linotype Library GmbH
(The consultant for Japanese area : Masao Takaoka)
The designer of the logotype : Yoji Minakuchi(Suntory Limited Design Department)(Cooperated with : Karl Leuthold/Shizuko Ushijima)
2005

サントリーは、2005年1月より、昨年4月すでに発表していた新ロゴタイプの本格的導入を開始した。これは社内公募によって集まった膨大な作品の中から選ばれたもの。自分の会社のロゴタイプを自分自身で考える、という試みは、サントリーの社員自身が会社の現在、過去、未来についてあらためて考える契機となった。企業のロゴタイプは社会において機能するのはもちろん、企業の内部においても意識の活性化につながるものであることを実証した。

新ロゴタイプ導入のひとつの理由は、製品、業態ともにより多様化するサントリーとサントリーグループを、統一されたイメージで束ねることにあった。デザインのモチーフになったのは「水」。自然の恵みぬきでは成り立たないサントリーという企業を「水」で象徴した。水のように自由にかたちを変え、水のようにフレッシュで柔軟でありたい、という企業のあり方まで「水」に込められている。色はウォーターブルー、つまり水の色。ここに至るまで赤、緑などの候補も残し、さまざまな試作検討を経たが、最後は水色＝ウォーターブルーに決定。文字どおりフレッシュなロゴタイプの誕生となった。

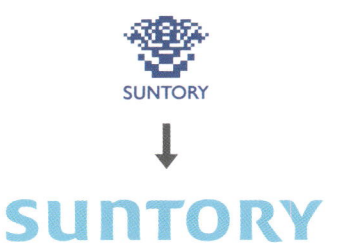

● コーポレートカラー

C60Y13

● サブカラー

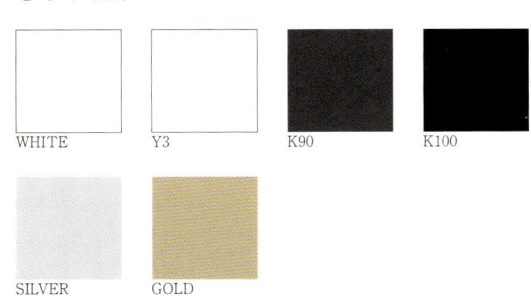

| WHITE | Y3 | K90 | K100 |

| SILVER | GOLD |

メインカラーはみずみずしい「ウォーターブルー」。サントリーのコーポレートメッセージ「水と生きる」に同調している。同じ水色でもかなりセンシティブな色が選定されており、感じやすく、印象に残りやすい。そのためコーポレートカラーとしての認知度も高まる。発色としては、明朗さ、若さ、現代性がメッセージされるものになっている。コーポレートカラーは基本的にはオフィシャルな場に使用し、個々の商品やその広告における色彩は自由とするルールを設けている。

● イメージの位置付け

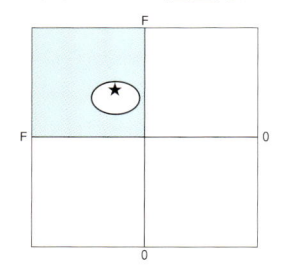

ベースイメージは「フレッシュ」、コアイメージも同じく「フレッシュ」である。メインカラーと白の組み合わせのとき、そのイメージは最高に効果を発揮する。このイメージはただ新しいのではなく、明日に向かう若いエネルギーを感じさせるのが特徴となっている。

SUNTORY
↓
SUNTORY

[新SUNTORYロゴタイプ]

SUNTORY

[標準タイプ]

SUNTORY

[ディスプレイタイプ]

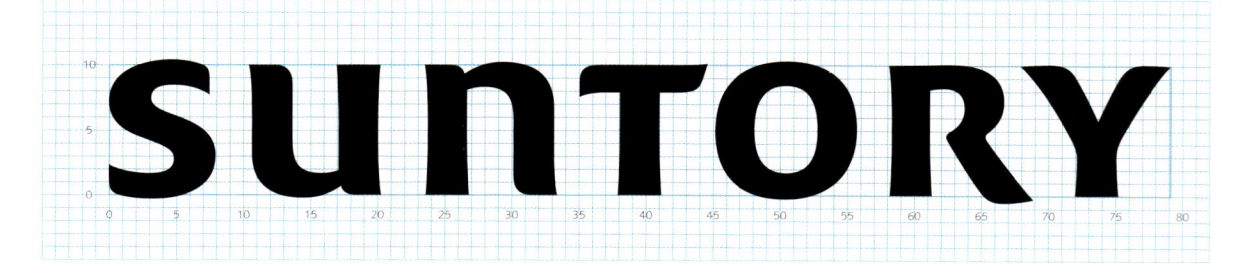

SUNTORY

[保護エリア]

0.7h

0.7h

h

h h

× SUNTORY
SUMMER GIFT CATALOGUE

× SUNTORY

エリア内に文字などの要素を入れないこと。

[コーポレートカラーの使用例]

[ロゴタイプがウォーターブルーの場合]

ベースが白で、ロゴタイプがウォーターブルー

ベースがオフホワイトで、ロゴタイプがウォーターブルー

[ベースがウォーターブルーの場合]

ベースがウォーターブルーで、ロゴタイプが白

ベースがウォーターブルーで、ロゴタイプが黒

[ロゴタイプにサブカラーを使用した場合]

ベースが白で、ロゴタイプが濃グレー

ベースが白で、ロゴタイプが黒

ベースが白で、ロゴタイプが銀

ベースが白で、ロゴタイプが金

[ベースにサブカラーを使用した場合]

ベースが濃グレーで、ロゴタイプが白

ベースが黒で、ロゴタイプが白

ベースが銀で、ロゴタイプが白（または黒）

ベースが金で、ロゴタイプが白（または黒）

057

「サントリー 新CI」 SUNTORY New CI

CI DESIGN

［ステーショナリー］

封筒横型（表）

封筒横型（裏）

封筒縦型（表）

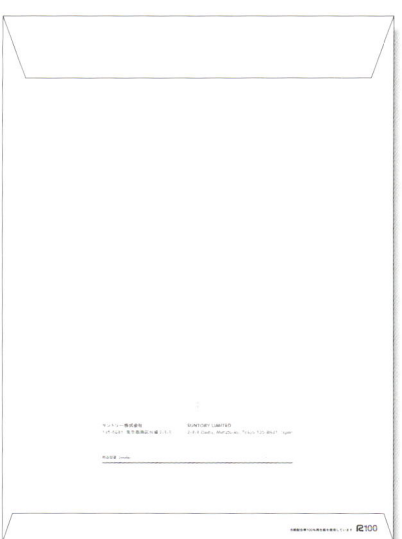

封筒縦型（裏）

レターヘッド1

レターヘッド2

［社員証］

サントリー株式会社
SUNTORY LIMITED
台場 郁蔵
Daiba, Ikuzo
2004.8.00

社員証（表）

1. このカードは他人に貸与または譲渡することはできません
2. 勤務中はこのカードを常時携帯して下さい
3. このカードを紛失、破損した場合はすみやかに届け出て下さい
4. 退職またはカードを更新した際はすみやかに返却して下さい

サントリー株式会社　〒530-8203 大阪市北区堂島浜 2-1-40
　　　　　　　　　〒135-0091 東京都港区台場 2-3-3

Edyバリューのチャージ（入金）上限額は50,000円です
Edyの表示のある加盟店でご利用いただけます
残高はカードリーダ・ライタで表示されます
折り曲げたり、汚したりしないでください
Edyサービス利用約款をよく読んでご利用ください

株式会社UFJカード　東京都千代田区大手町2丁目6番1号

Edy NO. 1004 1234 1234 3456

社員証（裏）

サントリー株式会社
SUNTORY LIMITED
台 場 喜 多 代
DAIBA, Kitayo
2004.8.00

社員証（表）

1. このカードは他人に貸与または譲渡することはできません
2. 館内ではこのカードを常時携帯して下さい
3. このカードを紛失、破損した場合はすみやかに届け出て下さい
4. 退館の際はすみやかに返却して下さい

サントリー株式会社　〒530-8203 大阪市北区堂島浜 2-1-40
　　　　　　　　　〒135-0091 東京都港区台場 2-3-3

社員証（裏）

[ロゴタイプの応募案とその色展開試作案（水）]

ウォーターブルーはコーポレートメッセージ「水と生きる」に同調する

[ロゴタイプの応募案とその色展開試作案（太陽）]

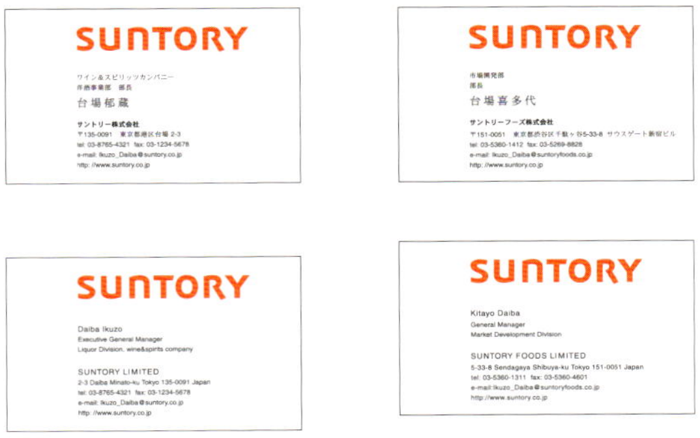

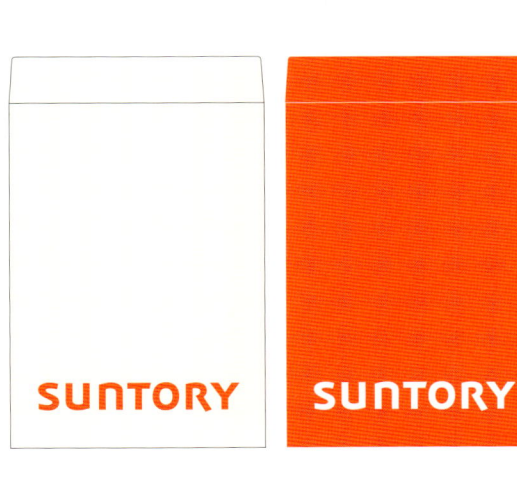

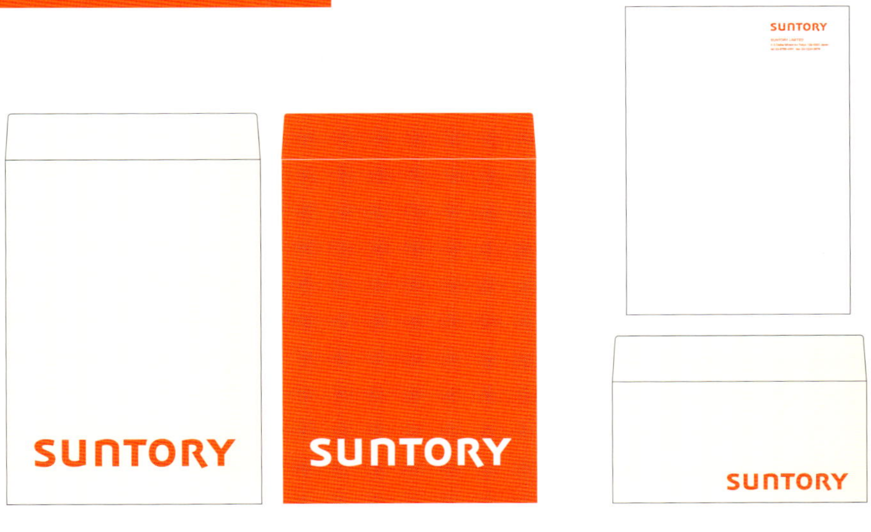

太陽はサントリーのもう一つのシンボルである

「サントリーコーヒー『ボス』レインボーマウンテンブレンド」 SUNTORY COFFEE BOSS RAINBOW MOUNTAIN BLEND   PRODUCT PLANNING

CD：藤田芳康
DD：加藤芳夫
ColorD：石浦弘幸、片岡啓介
D：石浦弘幸、片岡啓介
CI：サントリー（株）
2004年

CD : Yoshiyasu Fujita
DD : Yoshio Kato
ColorD : Hiroyuki Ishiura, Keisuke Kataoka
D : Hiroyuki Ishiura, Keisuke Kataoka
CI : SUNTORY LIMITED
2004

●イメージの位置付け

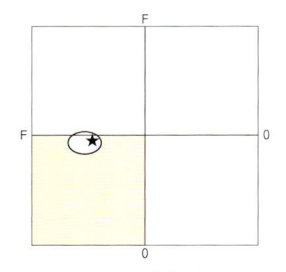

ベースイメージは「ゴージャス」、コアイメージは「ぜいたくな」と「派手な」である。ぜいたくな雰囲気と目立つイメージになっている。派手というのは、明るく元気な様子であり、このイメージを見る人は、ゴージャスな中に希望を感じ取る。

1992年に誕生した「BOSS」は「サントリー缶コーヒーの新ブランドを立ち上げる」という目標の下、2年の歳月をかけ製品化された。ターゲットを男性勤労者に絞り、「働く男の相棒コーヒー」をコンセプトに、その後アイテム展開された。初代「BOSS」はネイビーブルーをベースカラーに、白抜きのロゴというデザイン。ネイビーブルーは当時、コーヒーらしくない色とされていたが、あえて選定し、サントリーの缶コーヒーの色と言われるまでになった。

誕生以来さまざまな新アイテムを開発してきたが、2003年に全面リニューアルされた。さらに2004年、原点に立ち戻り、品質をテーマに新アイテム「レインボーマウンテンブレンド」を開発した。色を決めるに当たって、味と色をミックスすることによって、ユーザーの満足を得ることができるという考えの下に、カラーイメージが決められた。「レインボーマウンテンブレンド」に使用されているコーヒーは、ガテマラの7つの産地の異なる味わいを持つコーヒー豆をブレンドして作られた。それをコンセプトにレインボーカラーが採用された。

●メインカラー

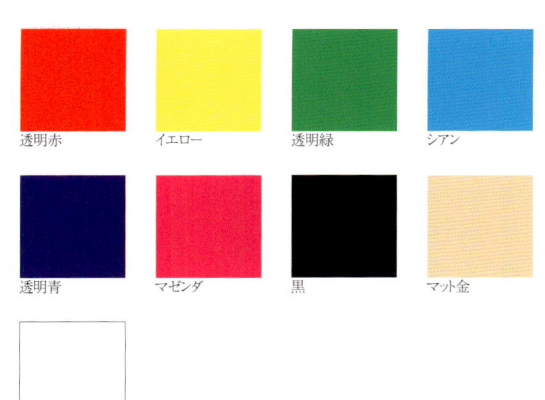

透明赤 / イエロー / 透明緑 / シアン
透明青 / マゼンダ / 黒 / マット金
白

スペクトルの7色を採用することによって、味と希望を感じさせようとするねらいは達成されている。7色は彩度を下げずに明度を下げ、全体の調和を図っている。それによってゴージャスな感じ＝ぜいたくな味がメッセージされており、高度なカラーリングが実施されていることが分かる。これによって、今までにないレインボーカラーの缶コーヒーとして、発売以降トップブランドのアイテムに成長した。コーヒーの品質が良く表現されており、定番になる可能性が大である。

1992年の誕生時に制作されたBOSSのロゴマーク
BOSSの人柄を象徴している

BOSS レインボーマウンテンブレンド

BOSS（レインボーマウンテンブレンド）版下

BOSS（深煎り）

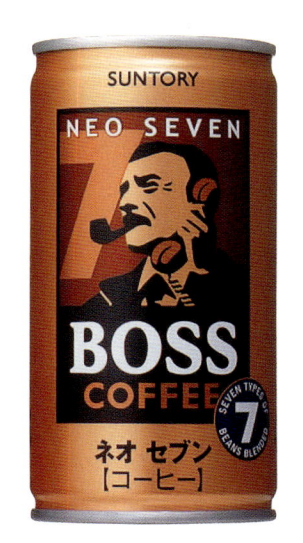

BOSS（ネオ セブン）

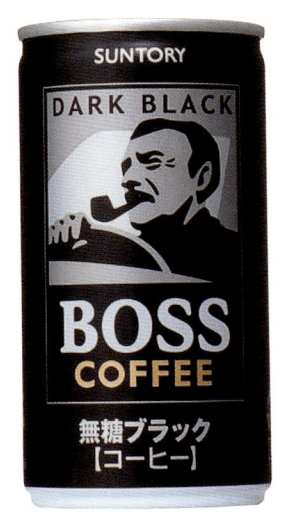

BOSS（無糖ブラック）

BOSS（カフェオレ）

BOSS（モカ＆ブラジル）

BOSS（赤道ブレンド）

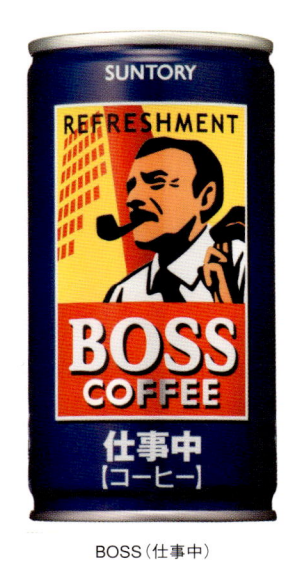

BOSS（仕事中）

BOSS（休憩中）

「サントリーC.C.レモン」 SUNTORY C.C.LEMON

PRODUCT PLANNING

CD：加藤芳夫
DD：前田英樹
ColorD：前田英樹
D：前田英樹
CI：サントリー(株)
1994年

CD : Yoshio Kato
DD : Tsuneki Maeda
ColorD : Tsuneki Maeda
D : Tsuneki Maeda
CI : SUNTORY LIMITED
1994

● イメージの位置付け

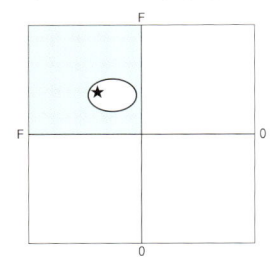

ベースイメージは「フレッシュ」、コアイメージは「若々しい」である。いかにも元気が出て、若返るようなイメージになっている。フレッシュなイメージには、清々しさがあり、見る人の心をクリーンにする力がある。

レモンをまるごと食べたようにビタミンCがたっぷり入っていながら、飲み心地はすっきりさわやか、それが微炭酸飲料「C.C.レモン」である。「C.C.レモン」は1994年に発売以来、毎年のようにマイナーチェンジをしながら、定番商品として誰もが知っているという存在を確保してきた。商品コンセプト「ビタミンCたっぷりのレモン系健康微炭酸飲料」は、そのネーミングでも分かるように、Cを2回繰り返すことで「ビタミンC」が2倍入っているイメージである。

戦略的に色を商品の記号として成立させるために、他の要素をぎりぎりまで削り、黄に集中したデザインを展開している。缶では黄をベースカラーに、ペットボトルは中身の黄を生かせるように、ラベルも黄の展開を行っている。モチーフを使わず色だけでレモンを感じさせるという冒険的なデザインが成功している。

● メインカラー

| Y100 | M100Y100 | C80M25Y80K25 | WHITE |

グラデーション

レモンとビタミンCを表現する黄は、誘引性も高く、見る人の心を和やかにする。サブカラーの緑はレモンのナチュラルなイメージを表現している。赤はアクセントとして配色され、全体のイメージに活力を与えている。ペットボトルでは、中身の色を積極的に利用するカラーリングとなっている。発売から一貫して、レモンやシズル感を用いずにデザイン展開してきており、黄＝C.C.レモンという記号性の獲得に成功している。

ロゴマーク

6缶ケース

350ml缶

500mlペットボトル

[C.C.レモンのマイナーチェンジ史]

1994年3月8日発売

2000年1月25日発売

2002年3月19日発売

2003年4月15日発売

「サントリーなっちゃんオレンジ」 SUNTORY natchan ORANGE

BPRODUCT PLANNING

[natchan ORANGE]
PM：サントリー(株)
DD：石浦弘幸
ColorD：柴戸由岐子
D：柴戸由岐子
M：グンゼ包装システム(株)
2003年

PM : SUNTORY LIMITED
DD : Hiroyuki Ishiura
ColorD : Yukiko Shibato
D : Yukiko Shibato
M : GUNZE PACKAGING SYSTEMS Co.,Ltd.
2003

[GIFT SET]
PM：サントリー(株)
DD：加藤芳夫
ColorD：柴戸由岐子
D：柴戸由岐子
M：東洋製罐(株)、レンゴー(株)
2002年

PM : SUNTORY LIMITED
DD : Yoshio Kato
ColorD : Yukiko Shibato
D : Yukiko Shibato
M : TOYO SEIKAN,RENGO Co.,Ltd.
2002

[Premium]
[HAPPY BUCKET CAMPAIGN]
[TRUNK CAMPAIGN]
PM：サントリー(株)
ColorD：柴戸由岐子
A：東急エージェンシー(株)
2000～2001年

PM : SUNTORY LIMITED
ColorD : Yukiko Shibato
A : TOKYU AGENCY INC.
2000～2001

「なっちゃん」は、サントリーが1998年発売以来ロングセラーを続けている飲料水。商品コンセプトは「夏休みに出会う田舎のイトコ」で、そこから生まれたのが元気な女の子「なっちゃん」である。果汁系飲料水オレンジに「なっちゃん」という人格を与えたブランドとして定着した。ベースカラーにはオレンジの色をストレートに採用した。その色はキャラクターとなっている顔と共にその存在感をアピールしている。顔は笑顔で正面向きにし、印象が強くなるようにしているため、店頭でのインパクトも強い。「なっちゃん」はオレンジ果汁のイメージをストレートに伝えるだけでなく、元気でさわやかな笑顔をデザインし、そのバリエーション展開を可能にした。ちなみに中味が変わると衣替えをする。色が商品と密接に結び付いて展開された成功例としては珍しい。

● メインカラー

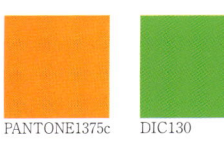

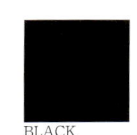

| PANTONE1375c | DIC130 | DIC60 | BLACK |

WHITE

再度の高い橙をベースカラーにしているが、それがそのままメインカラーになっている。反対色の緑系の色をアクセント的に使うことによって生き生きとした効果を作っている。ロゴを白抜きにしているが、そこに清潔で健康的なイメージが出来上がっている。色をシンプルに使用することによって、印象に残りやすくしている。また500mlペットボトルでは、6つの表情が用いられており、より人格を感じる楽しい展開となっている。

● イメージの位置付け

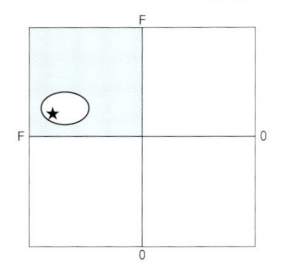

ベースイメージは「カジュアル」、コアイメージは「楽しい」である。人懐っこさと楽しさが特徴のイメージである。このイメージには明度の低い色（ここでは黒）が加わることで、ただ楽しいだけでなく、現実的なインパクトを生み出すことができる。

ロゴマーク

なっちゃんには6つの表情がある

[ギフトセット]

ギフトセット（18缶セット）

[キャンペーングッズ]

ハッピーバケツキャンペーン 　　　トランクキャンペーン

[プレミアムグッズ]

携帯ストラップ 　　メモスタンド 　　扇風機 　　トートバック

プラスチックカップ 　　目覚まし時計 　　電卓

「アサヒ本生ブランド」 ASAHI HONNAMA　　　　　　　　　　　　　　　　PRODUCT PLANNING

PM：アサヒビール(株)
DD ：(株)日本デザインセンター／久保亨
ColorD：
久保亨（日本デザインセンター）
D：久保亨（日本デザインセンター）
2001〜2005年

PM : ASAHI BREWERIES Ltd.
DD : NIPPON DESIGN CENTER /Toru Kubo
ColorD : Toru Kubo
(NIPPON DESIGN CENTER)
D : Toru Kubo
(NIPPON DESIGN CENTER)
2001-2005

アサヒビールの発泡酒は他社より遅く2001年に発売された。そのためにクオリティーの高いものを追求し、大麦エキスと海洋深層水を使用することで、キレが良く、しっかりうまい本格的な味感を実現した。最初に発売されたのが本生（赤ラベル）。その後、青の「アクアブルー」、緑の「オフタイム」、「ゴールド」を開発した。赤を採用した背景には、楽しさ・カジュアル感を表現したことと、当時の不景気感を乗り越えるための心の元気、楽しく飲んでほしいという気持ちから選色した。最初にテーマカラーの赤を決め、デザイン展開を図った。赤には、積極性や攻撃性があって、誘引性が高いという特徴もある。試作段階では白地に赤と現行のものとが最後まで競い合った。消費者調査で支持は少なかったが支持者に熱烈支持が多かったので現行パッケージに決定した。発売時のインパクトは強く、今では赤ラベルの発泡酒として定着している。

●メインカラー

RED　BLUE　GREEN　GOLD

●サブカラー

BLACK　WHITE

最初に発売された「本生」の赤は、冒険のように見えるが、実際には「カジュアル」をコンセプトにした商品のイメージとピタリとあった。戦略的に正しかったことは、売上げの伸びで証明している。アクアブルーとオフタイムの健闘も光っている。今回ゴールドの投入によって、アサヒの発泡酒に飲み応えのあるアイテムが加わる。有力なラインアップが出来上がり、色彩戦略的「カジュアル」路線が強化され、より親近感が増した。ブランドロイヤリティの高い発泡酒として成長を続ける。

●イメージの位置付け

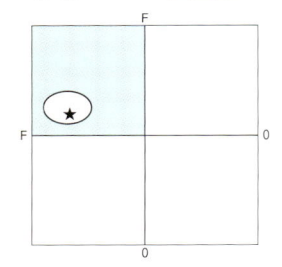

ベースイメージは「カジュアル」、コアイメージも「カジュアル」である。気軽さと普段着のような親しみを感じさせるイメージである。赤は一見派手に見えるが、白との組み合わせで手軽で身近というイメージが強く出ている。その後の色の展開もこのイメージに属している。

●配色比

0　48 56 59　100

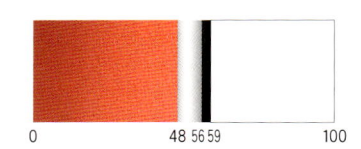

缶を正面から見た場合の比率である。圧倒的に赤の面積が広いように見えるが、実際には赤48％、白41％、メタリック8％、黒3％で、白も広い面積をとっている。赤のインパクトは強い。

親しみのあるカジュアルで定着したアサヒの本生ブランド

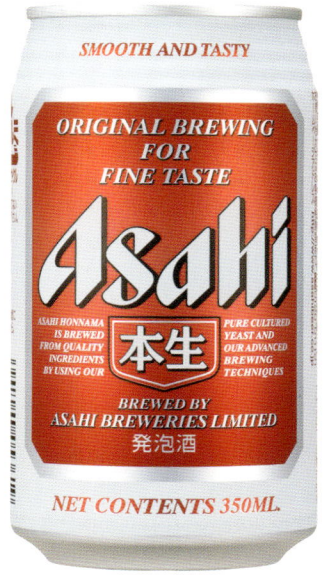

本生 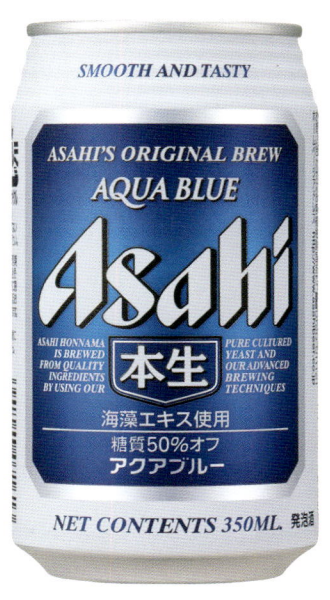   本生 アクアブルー    本生 オフタイム 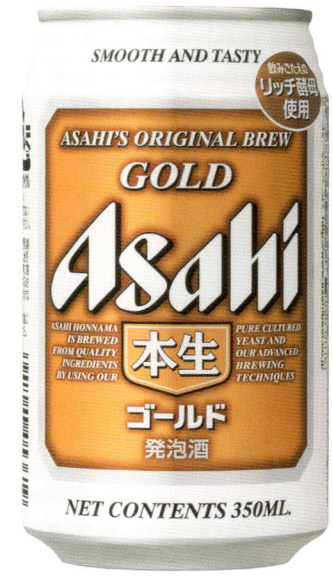   本生 ゴールド

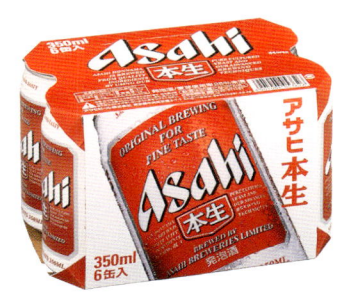

本生 6缶ケース

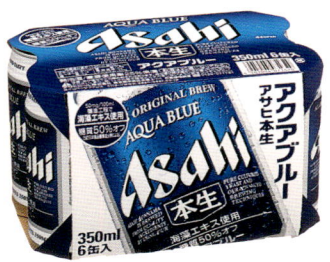

本生 24缶ケース

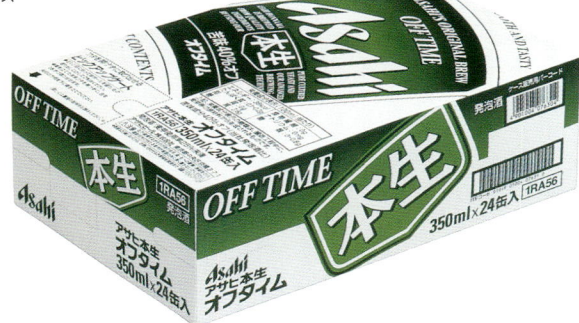

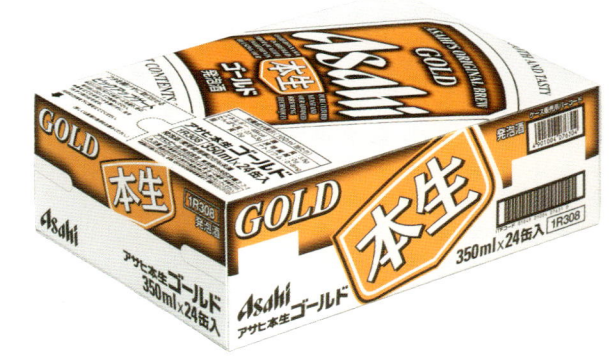

「アサヒ本生ブランド」ASAHI HONNAMA　　　PRODUCT PLANNING

ポスター（本生）

キレがよくて、
しっかりうまい。

新 アサヒ本生
大麦フレーク新採用

ポスター（本生 アクアブルー）

おいしい、
糖質50％オフ！※1

海洋深層水と
大麦エキスに加え、
海藻エキスを使用。

アサヒ本生
アクアブルー

※1：5訂日本食品標準成分表による 1.8g/100ml　※2：醸造工程で酵母をイキイキと働かせるために最適な量を使用。
※3：醸造工程で50mg/100ml使用。

ポスター（本生 オフタイム）

ポスター（キャンペーン）

「キヤノン デジタルカメラ IXY DIGITAL L²」 Canon Digital Camera IXY DIGITAL L²

PRODUCT PLANNING

PM：キヤノン(株)
DD：信乃亨
ColorD：四方さゆり
D：磯本正隆
E：DCP開発センター
M：キヤノン(株)
2004年

PM : Canon Inc.
DD : Touru Shinano
ColorD : Sayuri Shikata
D : Masataka Isomoto
E : Digital Consumer Products Development Center
M : Canon Inc.
2004

キヤノンの「IXY DIGITAL」は「スタイリッシュ・コンパクト」デジタルカメラとして、広く浸透しているネーミングである。「IXY DIGITAL L²」は、「もう一つの」IXY DIGITALラインを築くために前年に発売された「IXY DIGITAL L」の後継機として開発された。500万画素CCDや高画質レンズにより妥協を許さない高画質を実現したほか、これまでの2：3の縦横比から転換した1：2のスリムなシルエット、キヤノンの小型デジカメ初の4色バリエーションなど、初代モデルの特長を継承しながら、最新のトレンドを据えた斬新で訴求力の強い色を選定した。

●カラーバリエーション

Platinum Silver / Star Garnet / Midnight Blue / Flannel Gray

低明度で高彩度の色が生み出すノーブルな感覚が、単なるファッション性を排して、宝石のような価値の高い雰囲気をつくり出している。「都会派・大人のムード」「他のコンシューマー商品では全く見られない色」「おしゃれ感を演出したい20代、30代女性層と、モノへの自分流のこだわりを持った男性層が、持つことで喜びを感じ自分を主張できるような色」をキーワードに色が選定された。「機能するアクセサリー」として、発売と同時に高い人気を博している。

●イメージの位置付け

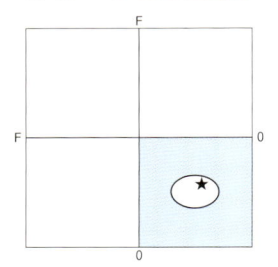

ベースイメージは「ノーブル」、コアイメージは「格調のある」である。このイメージはシルバーとの併用により、洗練された都会人の雰囲気が出てくる。気品の高さは、持っている人におしゃれな感覚を味わせる。程よい光沢は、宝石のようなイメージにすることができる。

Platinum Silver

Star Garnet

Midnight Blue

Flannel Gray

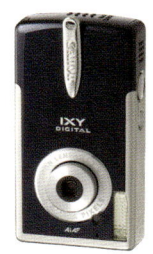

店頭効果も配慮した4色

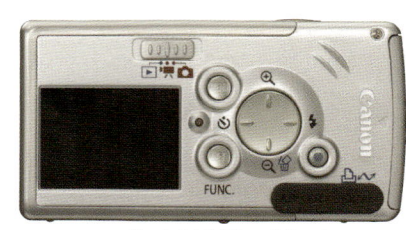

使いやすさを考えてデザインされている

070

PRODUCT PLANNING　Canon Digital Single-Lens Reflex Camera EOS Kiss Digital「キヤノン デジタル一眼レフカメラ EOS Kiss Digital」

キヤノンの「EOS Kiss Digital」はデジタル一眼レフを広く一般に普及することをねらいに企画された。「快速・快適・高画質」というEOS共通のコンセプトに加え、小型、軽量、簡単操作、低価格というフィルムカメラのEOS Kissシリーズのコンセプトを引き継ぐものである。アマチュアからプロまでの高画質を求める層に支持されている。ボディの色として、シルバーとブラックを採用している。シルバーモデルはチタンカラーをイメージして調色され、特に女性ユーザーやファミリー層から支持されている。ブラックモデルは、特殊顔料による深く濃い黒を採用しており、中・上級者からの評価も高い。

● カラーバリエーション

BLACK　SILVER

本体色以外の部分、グリップと側面のサイドカバーには、ゴム調塗装の黒を配色し、ソフトでマットな印象を与えている。また、ブラックモデルの場合、ロゴの白がアクセントの役割を果たし、磨かれた熟練の雰囲気が漂う。シルバーモデルは、黒とシルバーの強いコントラストで、先進的で斬新なイメージをアピールした。赤のロゴは唯一の有彩色でもう一つのアクセントになっているが、使用時に手で隠れない場所で、本体との質感も変え視認性を高めている。

PM：キヤノン(株)
DD：杉山義昭
ColorD：小美濃誠一
D：小美濃誠一
E：カメラ開発センター
M：キヤノン(株)
2003年

PM : Canon Inc.
DD : Yoshiaki Sugiyama
ColorD : Seiichi Omino
D : Seiichi Omino
E : Camera Development Center
M : Canon Inc.
2003

● イメージの位置付け

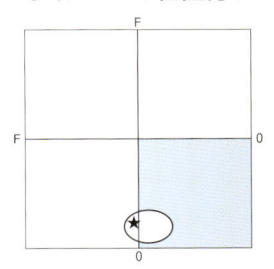

ベースイメージは「クラシック」、コアイメージは「重厚な」である。格調高い伝統を感じさせ、重厚で深みを感じさせるイメージである。丁寧な仕上げと、同じ黒でも材質感の違う黒を配色することによって、豊かさを感じさせる。そこには、圧倒的な信頼感が生まれる。

カメラとして風格を備えたEOS Kiss Digital

一眼レフカメラとしてのボリューム 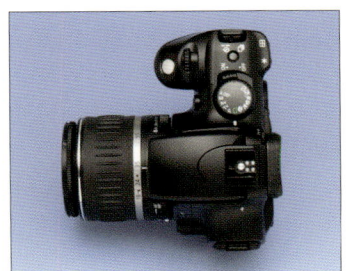　　分かりやすい表示 　　アクセントとしてロゴが付けられている

主に銀塩一眼レフからのユーザーが支持（ブラック） 　　主に女性、ファミリーユーザーが支持（シルバー）

操作性を考えた背面 　　シルバー背面

「キヤノン プリンタ PIXUS iP8600」 Canon Printer PIXUS iP8600

PRODUCT PLANNING

PM：キヤノン(株)
DD：佐野博
ColorD：田代直樹
D：田代直樹
E：インクジェット事業本部
M：キヤノン(株)
2004年

PM : Canon Inc.
DD : Hiroshi Sano
ColorD : Naoki Tashiro
D : Naoki Tashiro
E : Inkjet Products Operations
M : Canon Inc.
2004

キヤノンの超高画質プリンタで最高の写真画質を提供する「PIXUS iP8600」である。PIXUSシリーズにおけるフラッグシップモデルになっている。多様なプリントニーズや設置環境に応えられるよう、デザインを洗練させたコンパクトで多彩なプリント機能が凝縮されている。PIXUSシリーズは、2002年製品を契機にデザイン戦略を見直し、現在に至っている。その際重視したデザインスペックは「室内でいかに美しく、機能的であるか」に定め、カラーリングはその実現の一翼を担う重要なファクターであった。今回の製品は「モノトーン」＋「光沢」で室内空間を意識したものになっている。

●イメージの位置付け

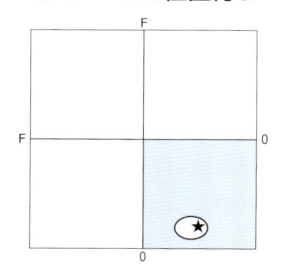

ベースイメージは「フォーマル」、コアイメージも同じ「フォーマル」である。完成された美的なものを感じさせる。ここではシルバーが加わり、高級感と存在感を増している。無彩色は、どんな空間に置かれても、調和する性格を持っている。

●メインカラー

Black / Silver

「PIXUS iP8600」では、グレード感が求められ、ブラックに関しては、明度調整とともに、若干赤みを感じる方向へ色相を振るなどの微調整を繰り返して選定した。また、シルバーとのコントラストは入念な検討が加えられた。ブラックとの組み合わせはシャープさを表現し、最高機種が持つべき機能感を直感させる。加えて、キュービックな形との相乗効果で脱プリンタを実現し、リビングルームにおいては、静かでかつでやかな存在感を持つ高級感が得られた。ねらい通りの評価を得ている。

モノトーンとシルバーの絶妙なコントラスト（A4 Flagship/Super Photo Model）

商品ロゴ

自動両面ユニット内蔵

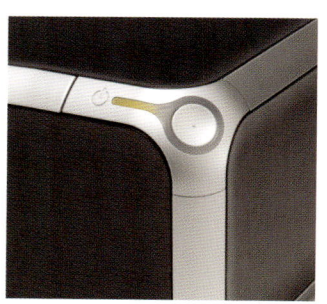

電源ボタン

室内にあって調和し、しかも存在感のあるデザイン PIXUS iP 8600

PRODUCT PLANNING　　　HITACHI VACUUM CLEANER「日立かるワザクリーナー　たつまきサイクロン」

日立の強力掃除機「たつまきサイクロン」は、「少しでもラクに早く、楽しみながらお掃除できる掃除機」をコンセプトに開発された。美しさとりりしさを融合させたクリアビューフォルムのデザインになっている。家事の中でも掃除は敬遠されがちであり、そのイメージの転換を図る。本体の透明部からゴミのたまり具合が一目で分かり、部屋がきれいになっていくことが実感できる。カラーリングでは、機能とキャラクター付けを表現し、展開した。手入れが必要な箇所には共通色を持たせた。質感の表現により高級感を出したのは、チタンゴールド。青は、クリーンなイメージにより主流となっている。赤を加えることで選択肢を広げた。

● カラーバリエーション

チタンゴールド　シルバーレッド　シルバーブルー　ホワイトブルー

「たつまきサイクロン」は新開発された「高性能ハイパワーモーター」と「オートクリーニング機構」を採用している。除菌消臭の衛生機能と、と、紙パック不要のクリーナーとして人気を呼んでいる。このクリーナーに対して、機器として信頼性のある色が選ばれている。チタンゴールドは材質感を持たせ、シルバーレッドとブルーには灰をあわせている。ホワイトブルーには白をあわせて、それぞれのキャラクターを生かした。インテリアとのコーディネートを考慮してのカラーリングになっている。

PM：日立ホーム＆ライフソリューション(株)／石井吉太郎
DD：(株)日立製作所／西山高徳
ColorD／D：(株)日立製作所／梅澤功一
E：日立ホーム＆ライフソリューション(株)／小田原博志
M：日立ホーム＆ライフソリューション(株)　2004年

PM : Yoshitaro Ishii／Hitachi Home & Life Solutions,Inc.
DD : Takanori Nishiyama／Hitachi,Ltd.
ColorD／D : Koichi Umezawa／Hitachi,Ltd.
E : Hiroshi Odawara／Hitachi Home & Life Solutions,Inc.
M : Hitachi Home & Life Solutions,Inc. 2004

● イメージの位置付け

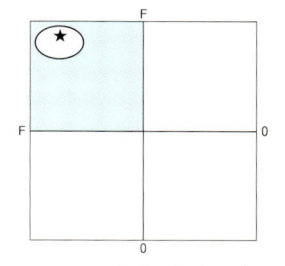

ベースイメージは「アバンギャルド」、コアイメージは「エポック」である。アバンギャルドは前衛的という意味であり、エポックは画期的な時代を表している。ここにシルバーが入り、現代的なシャープさが加味される。強力クリーナーと最新型のイメージとして的確である。

手の届かないところでも

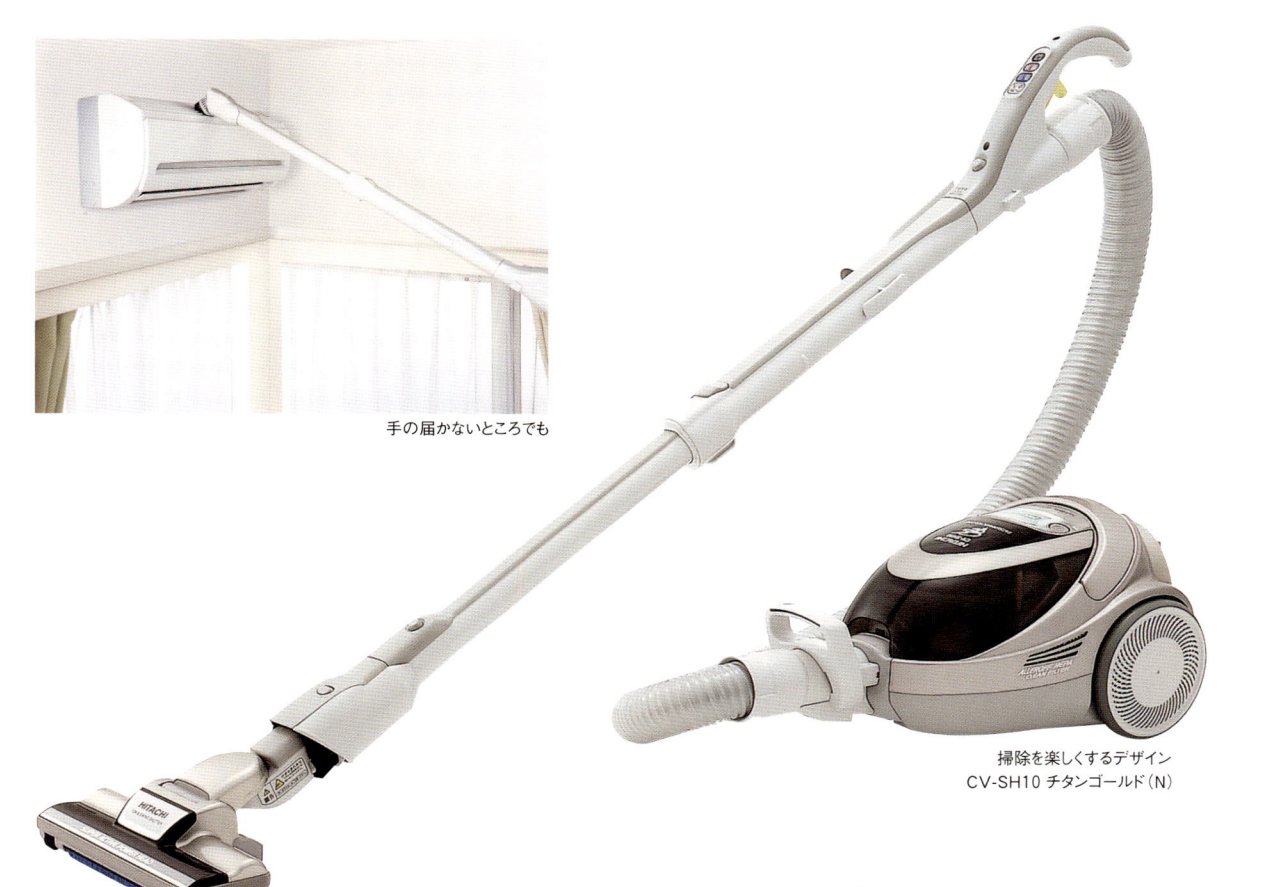

掃除を楽しくするデザイン
CV-SH10　チタンゴールド(N)

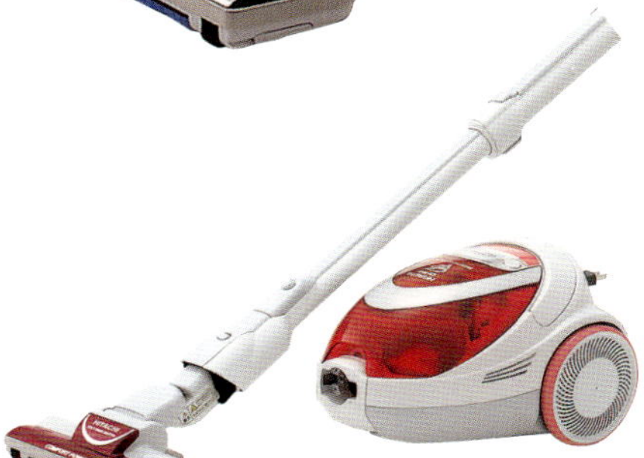

CV-SH9　シルバーレッド(R)

CV-SH9　シルバーブルー(A)

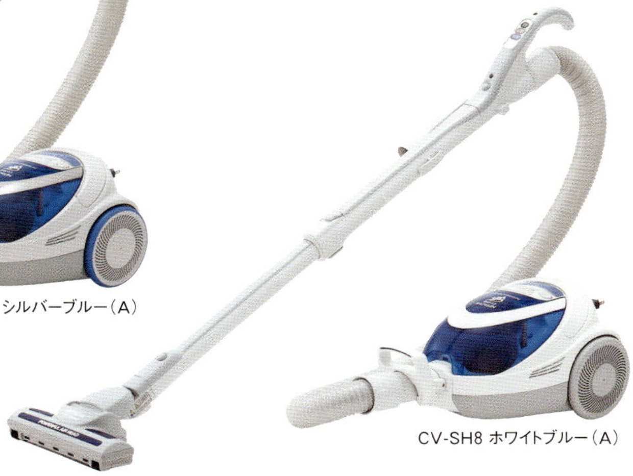

CV-SH8　ホワイトブルー(A)

「日立 パーソナルコンピューター PriusAirNote AN37KT」 HITACHI Personal Computer PriusAirNote AN37KT　　PRODUCT PLANNING

PM：(株)日立製作所 インターネットプラットフォーム事業部 開発本部 本部長／原信彦
DD：(株)日立製作所 デザイン本部 ホームソリューションデザイン部 デザインプロデューサー／須曽公士
ColorD/D：(株)日立製作所 デザイン本部 ホームソリューションデザイン部／中島一州
E：(株)日立製作所 インターネットプラットフォーム事業部 開発本部 モバイル開発部／米永斉
M：(株)日立製作所
2004年

PM : Nobuhiko Hara/General Manager,Ubiquitous Information Appliance Development Operation,Internet Systems Platform Division,Hitachi,Ltd.
DD : Koji Suso/Design Producer, Home Solution Design Department, Design Division,Hitachi,Ltd.
ColorD/D : Issyu Nakajima/Designer,Home SolutionDesign Department,Design Division, Hitachi,Ltd.
E : Hitoshi Yonenaga/Mobile Development Department, Ubiquitous Information Appliance Development Operation, Internet Systems Platform Division, Hitachi,Ltd.
M : Hitachi,Ltd.
2004

日立のパソコン「PriusAir」は、操作が分かりやすいという定評がある。2004年11月に発売された「PriusAirNote AN37KT」はさらに進化した。「生活空間に溶け込む空気のような心地よいパソコン」をコンセプトにデザインされた。見た目や操作の複雑さを、徹底的に排除した長く使っても飽きのこないデザインを意図し、設置環境に溶け込むピュアな表情を追求したものである。色彩計画はパールホワイトとシルバーのライトなコンビネーションによるニュートラルな配色を基本にしている。色味だけでなく、表面仕上げの質感にもこだわりが見られ、完成度の高さが感じられる。

●メインカラー

パールホワイト　シルバー

デザインは「シームレス」をキーワードに電子機器のイメージを払しょくしたものにしている。空間に過度に主張しないで、設置環境に溶け込むようデザインされている。白とシルバーとのコンビネーションによって安っぽくならないよう配慮されている。質感にもこだわり、パールの含有度合いやシルバーの粒子感を調整し、ヘアラインを施したメタリックなシートや白い面を透過する光を効果的に活用しているのが特徴。インテリア志向のPCとして好評を得ている。

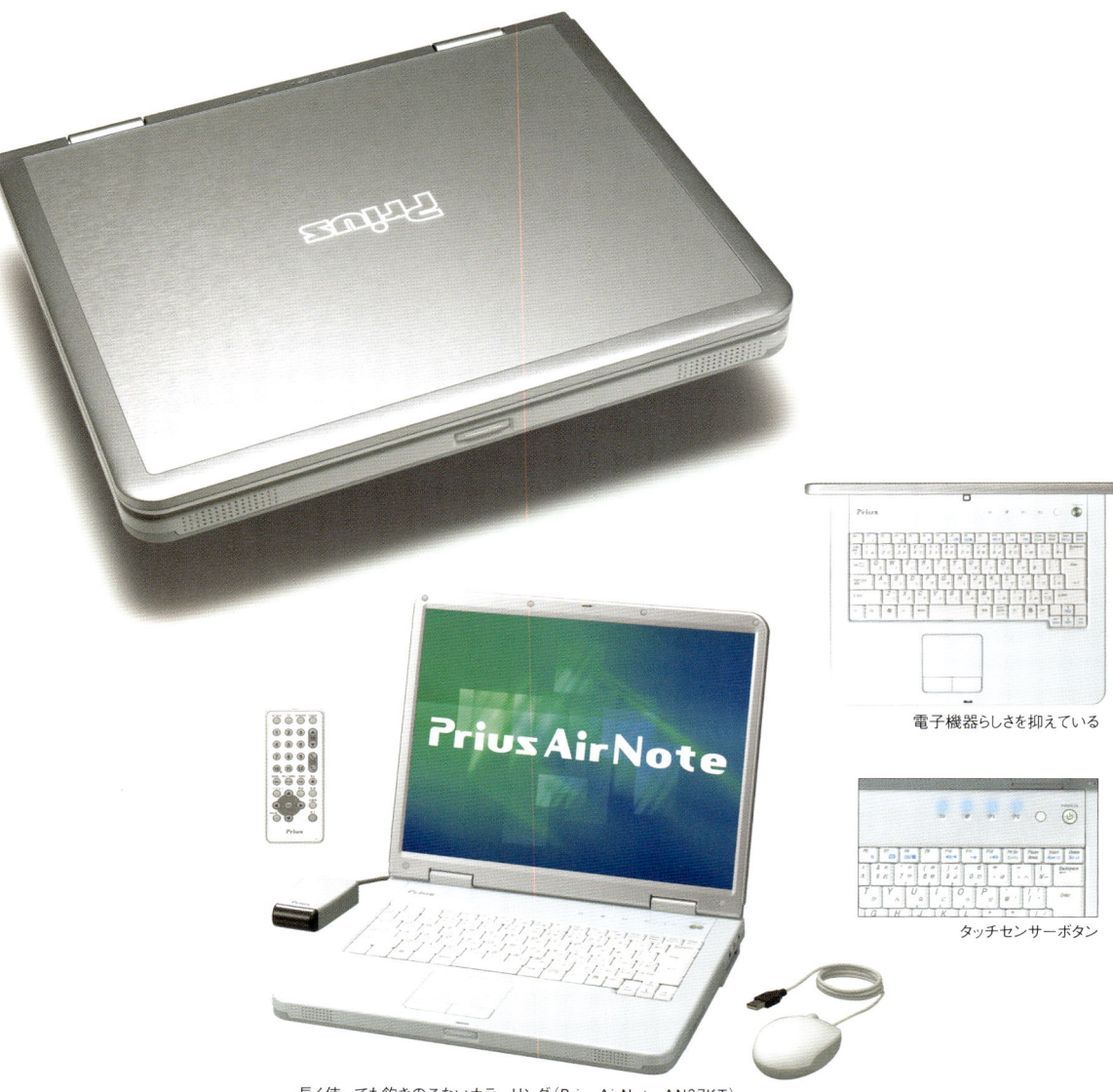

●イメージの位置付け

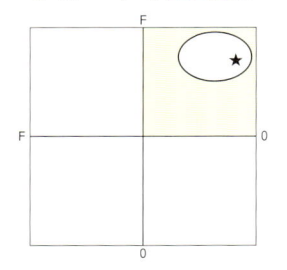

ベースイメージは「クリア」、コアイメージは「あっさりとした」である。清潔感のあるイメージで、どんな空間にもなじむ性格がある。癖のない、ピュアな雰囲気を持っている。したがって飽きがこないイメージの代表でもある。黒が加わると、モダンで知的なイメージが生まれる。パールの発色は、上品さをかもし出す。

電子機器らしさを抑えている

タッチセンサーボタン

長く使っても飽きのこないカラーリング（PriusAirNote AN37KT）

PriusDeck Note Style　　PriusNote　　PriusGear GN75KT　　PriusGear GN33K

PRODUCT PLANNING　　　HITACHI Plasma TV 7000 series「日立 プラズマテレビ Wooo7000シリーズ」

日立製作所がプラズマテレビシリーズの第4弾として開発した。2001年4月に32V型プラズマテレビを業界に先駆けて発売し、一般家庭に普及するきっかけとなった。今回のシリーズでは、前機種のイメージを踏襲しつつも、さらに進化の状況を的確に伝えるよう、力が注がれている。薄型による室内空間でのスペースメリットを生かしながらも、高画質映像を鮮明に再現するデジタルフラットパネルテレビの特徴を進歩させた。カラーリングでは、最近の室内空間が「明るく白っぽい空間の傾向にある」と位置付け、それに適合するシルバーメタリックを基調としている。

● メインカラー

シルバー　　藍色　　アルミピース

家庭内のインテリア空間に収まる大型テレビとして、過度な主張をしないカラーリングが行われている。あくまでも目立つのは高画質であることに注意が払われた。それは画面を引き立たせるために、画面周囲に藍色の枠を巡らしていることにも表れている。全体的には空間に溶け込むことを重視したデザインである。ただし、高額AV商品としての高品質感を損なうことがあってはならないので、アルミ材のアクセントピースを上下に通すなどの工夫が施されている。

PM：(株)日立製作所 ユビキタスプラットフォームグループ ブロードバンド機器本部 デジタルメディア事業部 商品企画部 部長／吉野正則
DD：(株)日立製作所 ユビキタスプラットフォームグループ デザイン企画部 主任デザイナー／村井龍生
ColorD/D：(株)日立製作所 デザイン本部 ホームソリューションデザイン部 デザイナー／山本俊
E：(株)日立製作所 ユビキタスプラットフォームグループ デジタルメディア事業部 映像メディア本部 主任技師／松澤俊彦
M：(株)日立製作所
2004年

PM : Masanori Yoshino/
Department Manager,
Marketing and Products
Planning Department,Ubiquitous
Platform Systems Digital Media
Division,Hitachi,Ltd.
DD : Tatsuo Murai/
Senior Designer,Ubiquitous
Platform Systems,Hitachi,Ltd.
ColorD/D : Takashi Yamamoto/
Designer,Home Solution Design
Department,Design Division,
Hitachi,Ltd.
E : Toshihiko Matsuzawa/
Ubiquitous Platform Systems
Digital Media Division,Hitachi,Ltd.

室内で存在を主張するのではなく、調和することが目標 42V型ハイビジョン プラズマテレビ W42-P7000（撮影協力：ミサワホーム株式会社）

● イメージの位置付け

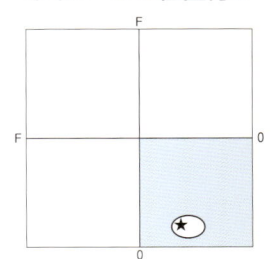

ベースイメージは「フォーマル」、コアイメージは「シリアス」である。フォーマルは完成された伝統的なものを意味している。自己主張するわけではないが、存在感があるイメージである。シリアスは真面目な雰囲気を感じさせるイメージである。空間に対するときは派手さはないが、空間のメリハリとして機能する。

画面回りの藍色が画像をくっきり見せる

「ニコン デジタルカメラ COOLPIX SERIES」 NIKON Digital Camera COOLPIX SERIES　　PRODUCT PLANNING

PM：(株)ニコン
1997年～2004年

PM : NIKON CORPORATION
1997～2004

● イメージの位置付け

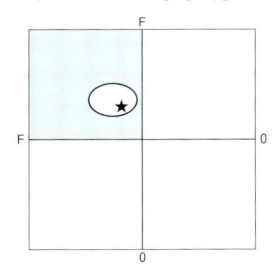

ベースイメージは「フレッシュ」、コアイメージは「堅実な」と「進化」である。斬新さの中にある堅実さは、信頼に結び付く。カメラが持つ機能や性能に対する信頼は、それ自身が商品価値としてとらえられる。ミント系の色やコバルトブルー系の色は進歩的なイメージを与える。

ニコンの「COOLPIX」シリーズは、その手軽さから、多くのユーザーに支持されてきたデジタルカメラ。誰にでも使えることを目指し、コンパクトなボディと使いやすさを追求し、さらに高性能で高画質を実現した。その基本となるのは「初めて購入する人でも簡単に操作でき、持ちやすく、扱いやすい」であり、これがニコンのコンセプトでもある。例えば、コンパクト銀塩カメラからの買い換えであっても違和感を感じさせないものは、このコンセプトから生まれてくる。カラーの展開は、マーケットの要望に基づき、デザイナーが数種類のサンプルを作成、その提案を販売サイドと協議して決定した。最終的に、ベーシックなトレンドカラー（明るいシルバー）と個性的で店頭効果が期待できる色が選択されている。

● カラーバリエーション

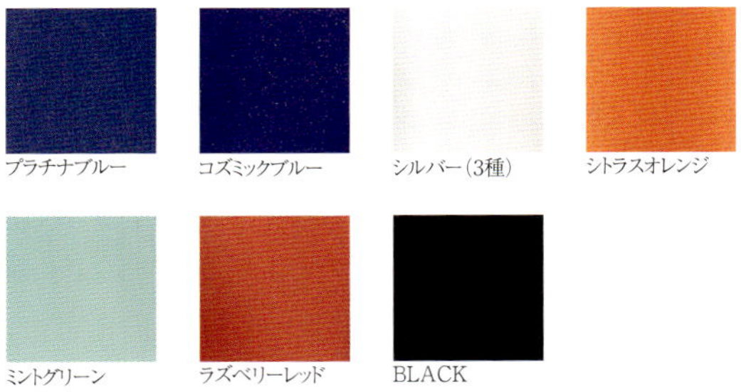

プラチナブルー　コズミックブルー　シルバー（3種）　シトラスオレンジ

ミントグリーン　ラズベリーレッド　BLACK

今最もトレンディーなのはメタリックカラー（有彩色のものも含む）であり、中でもシルバーはほとんど定番化している。シルバーの色の設定に、微妙な調整が行われている。有彩色の色ぞろえは、新鮮な感じを与えるとともに、進化を感じさせる色（ミントグリーンとプラチナブルー）を選定。進化は単なる進歩とは異なり、前にあったものが、時代に適応した形に変化することで、デジタルカメラに応用している点がポイント。また、店頭効果を考えての色ぞろえとして大きな成果を上げている。

COOLPIX5200（プラチナブルー）

COOLPIX5200（プライムシルバー）

先端をいく操作性が光る（COOLPIX5200/4200）

クロムシルバー　　コズミックブルー

シトラスオレンジ　　ミラーブラック（限定モデル）

400万画素で、簡単、多機能（COOLPIX4100）

パールシルバー

ラズベリーレッド　　ミントグリーン

初めての人にも使いやすい（COOLPIX3200）

PRODUCT PLANNING NIKON Digital Camera D SERIES「ニコン デジタルカメラ D SERIES」

ニコンがプロユーザーのために開発したデジタルカメラがこのDシリーズである。シリーズを構成する機種はそれぞれに特徴を持っている。1,240万画素を誇るのがD2X、D2Hは高速撮影専用、D1Xは優れた表現力、D100は抜群の機動力、D70は誰もが高解像度画像を楽しむために開発された。中でもD2Xは、「真のプロ画質へ」をコンセプトに開発され、これまでのデジタルカメラの概念を変えると言われている。デザインは、オーソドックスな一眼レフカメラをベースにしており、安心感を与えるものになっている。赤をアクセントにして粋な効果を出している。

●カラーバリエーション

RED　BLACK　WHITE

メインカラーは黒であるが、レザー風の仕上げにより、抑えられた光沢が出ている。上部のファインダー部分の平らな光沢と、レンズの金属的な黒、これらがコーディネートされ黒に深みをもたらしている。ロゴの白が、カメラとしての風格を感じさせる役割を持っている。切り込みのように赤を入れているが、これが粋を絶対的なものにしている。カメラが目立つのではなく、カメラマンがプロとしてのかっこよさを見せるための色になっている。

PM：(株)ニコン
1999年〜2004年

PM : NIKON CORPORATION
1999〜2004

●イメージの位置付け

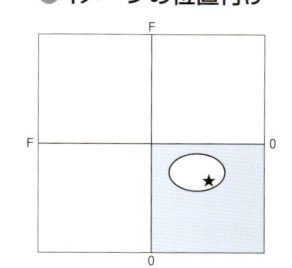

ベースイメージは「シック」、コアイメージは「粋な」である。黒はクラシックでもフォーマルでも当てはまるイメージであるが、微妙な光沢を与えることによってシックなイメージになる。また、色味を極力抑えることで、粋な感じを見る人に与える。使用しているロゴの白との関係で、さらにプロとしての粋を作り上げている。

1,240万画素を誇る（D SERIES/D2X） 　最高級デジタルカメラとしての風格

D SERIES/D2H 　D SERIES/D1X

D SERIES/D100 　D SERIES/D70 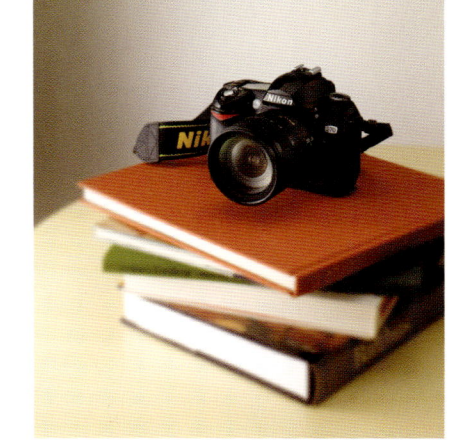　プロの使用に適した性能

077

「シャープ デジタルハイビジョン液晶テレビ AQUOS LC-45GD1」 SHARP Digital Hi-Vision LCD TV AQUOS LC-45GD1

PRODUCT PLANNING

PM：シャープ（株）
2004年

PM : SHARP CORPORATION
2004

●イメージの位置付け

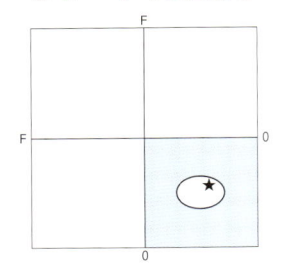

ベースイメージは「ノーブル」、コアイメージは「格調のある」である。洗練されて上質な感じを与える。決して派手なイメージではなく、空間の中で確かな存在感を示すイメージである。目立つことはなく周囲に調和し、空間になじみやすい。

シャープの液晶カラーテレビは薄型テレビという新分野を開拓した。「AQUOS」は、工業デザイナーの喜多俊之がデザインを手掛け爆発的にヒットし、デザインの影響力を目の当たりにさせられた。高画質が求められるのは当然だが、省スペース・軽量という、日本人のライフスタイルに最適なテレビの出現はインテリアの変革をもたらしたと言ってもよい。それがデザインの力である。色は素材質感を感じさせるものになっている。派手でなく、どんな背景にでもなじむ色が選定されている。

●メインカラー

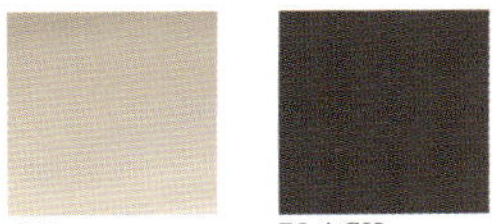

チタン　BLACK

「AQUOS」はデザイン性に優れており、細部のディテールに至るまで職人的な気遣いがされている。喜多俊之によって、日本の伝統工芸の職人が作り出す、微妙なアールから生み出される光の反射が採り入れられている。色は絵具やモニター上だけのものではなく、素材が持つ色があり、デザインはそれを生かす方向で計画される。「AQUOS」の色は、どのような環境に置かれても格調高く調和することをねらっている。優れた色彩戦略であり、優れたデザインである。

どんな背景にも調和する（AQUOS Under Speaker Wide LC-45GD1）

ディテールの見え方まで考慮されている（LC-45GD1）

空間に違和感なくなじむデザイン（LC-37GD4）

PRODUCT PLANNING　SHARP New-Easy to Open Reversible Swing Door Large&Slim Model「シャープ 新・軽開どっちもドア 大型スリムタイプ」

シャープが1988年に開発した両側開きの冷蔵庫は、その後改良が重ねられ、「どっちもドア」として進化を続けてきた。2004年に「新・軽開どっちもドア」シリーズが発売され、新しい時代に突入した。その名前にも示されている通り、非常に軽い力で開けられる冷蔵庫である。ハンドルは自動車のドアハンドルスタイルを採用している。このシリーズの特徴は、幅広いキッチン空間の色に対応するよう、8色展開としたことである。冷蔵庫にこれだけの色ぞろえは画期的なことである。小型の「どっちもヒンジ」シリーズは、左右の開け方が選べる。彩度の高い4色展開が特徴。

● カラーバリエーション

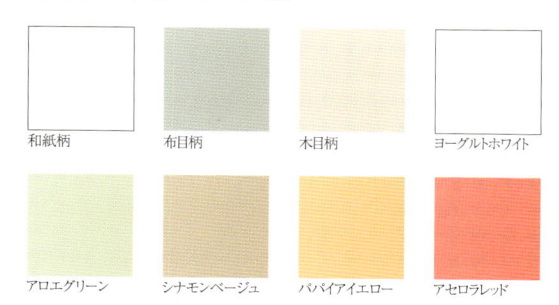

和紙柄　布目柄　木目柄　ヨーグルトホワイト
アロエグリーン　シナモンベージュ　パパイアイエロー　アセロラレッド

「新・軽開どっちもドア」は新機能が搭載され、より使いやすいものになっている。縦収納の野菜室、イオンによる除菌、鉛をカットする製氷、ノンフロンなどの特徴を持っている。さらに8色というこの色ぞろえはユーザーの選択肢を広げただけでなく、購買意欲を高めるのに効果を発揮している。このうち3機種は布目柄、木目柄、和紙柄とし、材質感を採用している。また、残りの5機種は「天然食材カラー」とし、食材の色が選定されている。色に嫌味がないので、キッチン空間を飽きがこないものにすることができる。

PM：シャープ（株）
2004年

PM : SHARP CORPORATION
2004

● イメージの位置付け

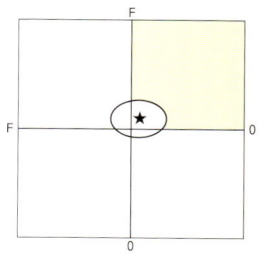

ベースイメージは「ナチュラル」、コアイメージも同じ「ナチュラル」である。このイメージは人の目になじみやすく、人に落ち着きを感じさせる。嫌味のない素直なイメージから、どんな室内環境でもそれだけが目立つということはなく調和する。

画期的な色ぞろえが注目される
新・軽開どっちもドア（パパイアイエロー）

和紙柄 　布目柄

木目柄 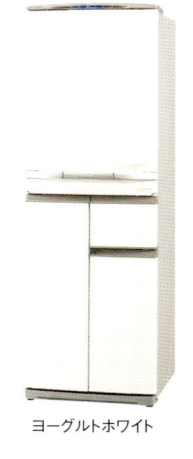　ヨーグルトホワイト 　アロエグリーン 　シナモンベージュ 　アセロラレッド

［どっちもヒンジ パーソナルタイプ］

ココナッツグレー 　キウイグリーン 　マンゴーオレンジ 　シトラスブルー

079

「デジタルカメラ Panasonic LUMIX DMC-FX7」 Digital Camera Panasonic LUMIX DMC-FX7

PRODUCT PLANNING

PM：松下電器産業(株) パナソニックAVCネットワークス社
DD：松下電器産業(株) パナソニックデザイン社／水間健介
ColorD/D：松下電器産業(株) パナソニックデザイン社／中村誠
E/M：松下電器産業(株) パナソニックAVCネットワークス社
2004年

PM : Panasonic AVC Networks Company, Matsushita Electric Industrial Co.,Ltd.
DD : Kensuke Mizuma/ Panasonic Design Company, Matsushita Electric Industrial Co.,Ltd.
ColorD/D : Makoto Nakamura/ Panasonic Design Company, Matsushita Electric Industrial Co.,Ltd.
E/M : Panasonic AVC Networks Company, Matsushita Electric Industrial Co.,Ltd.
2004

●イメージの位置付け

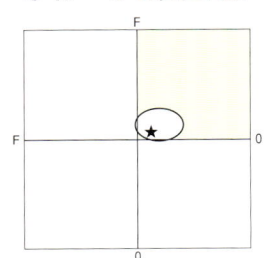

ベースイメージは「エレガント」、コアイメージは「ドレッシー」である。上品で装いがスマートというイメージである。ここにシルバーが加わっているので、最新の雰囲気がある。黒はドレッシーな上にキリリと締まった感じを与える。

コンパクトなボディと手ブレ補正をしてくれるのが、パナソニックのデジタルカメラ「LUMIX」である。コンパクトデジタルカメラの決定版を目指して開発された。初心者や女性層にも、親しみや愛着の持てるファッション性のあるスタイリッシュも特徴となっている。大画面液晶モニターは写す範囲を確認しながら撮影できる。より幅広い層にアピールするため、個性的な4色展開を行っている。パナソニックでは他社に先駆けて、インパクトのあるカラー展開を実施したが、他メーカーが追従する状況となり、今回、他社にない「色彩とテクスチャーの融合」を新たなコンセプトにした。色彩がもたらす新しさとコンパクト、そして手ブレを補正する安心機能から発売と同時に話題となった。

●カラーバリエーション

シルキーシルバー　コンフォートブルー　ピンクブロンズ　グロスブラック

選色にはマーケティングと企画、それぞれの部門で調整し、過去の販売データを生かした。メインカラーはシルバーにし、モダンな感じをベースにしている。色彩そのものとテクスチャーとの融合を追求した。色ぞろえは、マットなシルバー、メタリックなピンクブロンズとソフトな触感の青、光沢と深みのある黒の4色。それぞれ、付けづらい色であるが、量産にこぎ着けている。インパクトの強い色で、おしゃれな雰囲気からベストセラーを続けている。

スタイリッシュなFX7-S（シルキーシルバー）

デジタルカメラ Panasonic LUMIX DMC-FX7

FX7-A（コンフォートブルー）

FX7-T（ピンクブロンズ）

FX7-K（グロスブラック）

広いモニター（FX7-S背面）

PRODUCT PLANNING　Digital Video Camera Panasonic DIGICAM NV-GS400K「デジタルビデオカメラ Panasonic デジカム NV-GS400K」

パナソニックのデジタルビデオカメラ「DIGICAM400」は、ノイズを軽減し、くっきりとした画質を作り出す高画質技術が売り物である。一般向け用としては、最高画質の高級機種として、抜群の操作性を発揮するシステム（3CCD）を組み込むことを目標に開発が行われた。特に、手にした時の感覚（ホールド感）や外観の品質に至るまで、表層的なものでない意味ある形を目指した。4メガの静止画記録画素数と手ブレ補正ジャイロの搭載を誇る世界最高級カメラ。余分なものを削ぎ落とし、ありのままの奇をてらわないシンプルな造形。これらは、内容で勝負していることの表れである。色彩は、基本的には一般ユーザーに好まれるシルバーと、ハイエンドユーザー向け商品でもあることから、マニアに好まれる黒を用意している。

● カラーバリエーション

SILVER　BLACK

シルバーと黒の2色。光学系機器に多い色の組み合わせである。シルバーは、軽快な誰にも好かれる色。黒は、かなりヘビーなユーザーに好まれる色。「DIGICAM400」の自信をうかがわせる。レンズ筒回りの赤がアクセント的に使われており、これが粋な雰囲気を作っている。文字は無彩色で入れている。シルバーのものには、本体の色とレンズ筒の色に差をつけ、本体の方を若干暗くし、全長の長さを短めに見せる配慮がされている。シルバーが売れているが、黒も健闘している。

PM：松下電器産業（株）パナソニックAVCネットワークス社
DD：松下電器産業（株）パナソニックデザイン社／水間健介
ColorD/D：松下電器産業（株）パナソニックデザイン社／三木龍司
E/M：松下電器産業（株）パナソニックAVCネットワークス社
2004年

PM : Panasonic AVC Networks Company,Matsushita Electric Industrial Co.,Ltd.
DD : Kensuke Mizuma/ Panasonic Design Company, Matsushita Electric Industrial Co.,Ltd.
ColorD/D : Ryuji Miki/ Panasonic Design Company, Matsushita Electric Industrial Co.,Ltd.
E/M : Panasonic AVC Networks Company,Matsushita Electric Industrial Co.,Ltd.
2004

● イメージの位置付け

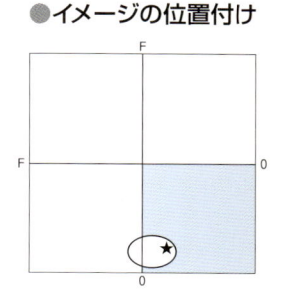

ベースイメージは「クラシック」、コアイメージは「堅牢な」である。クラシックには完成されたという心理的作用がある。決して古いというイメージではない。堅牢なイメージには、頼れるとか誠実という雰囲気があり、信頼のおける確かなものを表すのに適している。シルバーは先端的で知的な雰囲気がある。

一般ユーザー向け NV-GS400K-S（シルバー）

セミプロやマニアに好まれている NV-GS400K-K（ブラック）

液晶モニターを開けた状態

デジタルビデオカメラ Panasonic NV-GS400K

「デジタルビデオカメラ Panasonic デジカム NV-GS55K」Digital Video Camera Panasonic DIGICAM NV-GS55K

PRODUCT PLANNING

PM：松下電器産業(株) パナソニックAVCネットワークス社
DD：松下電器産業(株) パナソニックデザイン社／水間健介
ColorD/D：松下電器産業(株) パナソニックデザイン社／木村博光
E/M：松下電器産業(株) パナソニックAVCネットワークス社
2004年

PM : Panasonic AVC Networks Company,Matsushita Electric Industrial Co.,Ltd.
DD : Kensuke Mizuma/ Panasonic Design Company, Matsushita Electric Industrial Co.,Ltd.
ColorD/D : Hiromitsu Kimura/ Panasonic Design Company, Matsushita Electric Industrial Co.,Ltd.
E/M : Panasonic AVC Networks Company,Matsushita Electric Industrial Co.,Ltd.
2004

Panasonic独自の横型コンパクトムービーの極限サイズを追求するとともに、誰もが使いこなせる操作性に富んでいるものを目標にユニバーサルデザインとして開発された。母親が安心して子どもを撮影できる、使う人に優しいスナップムービーを目指した。余分なものをそぎ落とし、ありのままの機能美、用途を拡大するワイドオープン液晶モニターの採用、心地良いホールド感、美的価値の高い外観品質など、様々な角度から精査され、表層的でない仕上がりを見せている。色彩では、多くのユーザーから好まれているシルバーと、よりカジュアルな青、女性ユーザーを意識しての赤が選色されている。男性偏重のカメラユーザーを女性に広げるきっかけとなるムービーである。

●イメージの位置付け

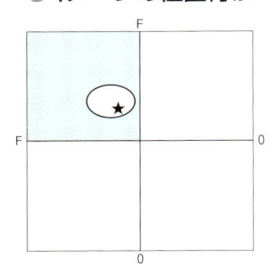

ベースイメージは「フレッシュ」、コアイメージは「堅実な」である。新鮮な感覚がするイメージである。ここでの堅実は誠実に近いもので、確かさから来る信頼を感じさせる力がある。頼りがいのある雰囲気は、精密機器などには必要なものである。

●カラーバリエーション

SILVER　BLUE　RED

3色のバランスが明快である。基本的には、一般ユーザーに好まれているシルバーをベースに、プラス2〜3色で検討が行われた。最近のカラートレンドの分析やヒヤリングなどを経て、カラーモック(サンプル)を30タイプほど作成。さらに検討が加えられ、ストロング基調の青と赤に絞り込まれた。カラートレンドを生かしつつ、店頭での訴求効果、女性を意識しつつもユニセックスで使用できるなど、総合的に評価して選定している。配色のハーモニーが抜群で誘引性が高いカラーリングになっている。

明快な色使いで人を引き付ける(NV-GS55K-S)

NV-GS55K-A

NV-GS55K-R

液晶モニターを開けた状態

手に軽く乗るサイズ(デジタルビデオカメラ NV-GS55K)

PRODUCT PLANNING　　Interface WOOD ATTACHE CASE Wave series「インターフェイス 木のアタッシュケース Waveシリーズ」

（株）インターフェイスが新しいプロダクツ素材として木に着目しデザインしたアタッシュケースである。本来木が持っている特徴を損なわず、プロダクツとして生かすことを目標にした。木に色を塗れば、素材の持つ特徴を隠してしまうこともある。日本には木の特徴を生かし、長年耐える表面処理の方法として、透漆という方法がある。木目（素材）＋色彩（発想）が新しいプロダクツの可能性を持っている。山葵（緑）、藍、山吹（黄）、茜（ワインレッド）、墨（黒）とし、木目が浮き出る塗装を試みている。それはエコロジーの意味を持つ仕事でもある。

● カラーバリエーション

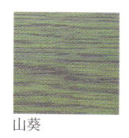

山葵 　　藍 　　山吹 　　茜

墨

自然素材を生かし、その色を計画的に作り上げていく作業は、素材を知り尽くしていることと、着彩技法を十分マスターしていることである。アタッシュケースというビジネスマンにふさわしいツールを、工芸という伝統技法が出会うとこのような形になる、という作例である。テーマを自然回帰とし、季節をイメージした色彩計画を実施した。発色に濁りを出さないことに注意が行っている。エコロジーを意識し、地場産業の未来を提示している。

PM：（株）インターフェイス＆吉沢工芸（株）
DD：野口英明
ColorD：野口英明
D：野口英明
E：野口英明,吉沢信也（吉沢工芸）
M：（株）インターフェイス
2000年

PM : Interface Co.,Ltd.& yoshizawakogei Co.,Ltd.
DD : Hideaki Noguchi
ColorD : Hideaki Noguchi
D : Hideaki Noguchi
E : Hideaki Noguchi,Shinya Yoshizawa(yoshizawakogei)
M : Interface Co.,Ltd.
2000

● イメージの位置付け

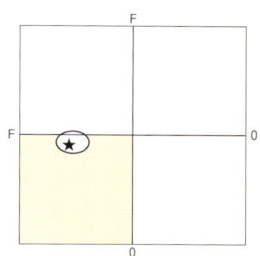

ベースイメージは「ゴージャス」、コアイメージは「豪華な」である。ただし、ここでは木という材質感があるので、工芸としての熟成した雰囲気になっている。熟練が生み出す奥深さであり、表層的な雰囲気ではない。基本的には素材が持っている植物としての柔らかさや自然さがベースになっている。そのため、色味が強くても目に優しく映る。

WOOD ATTACHE CASE 茜/山吹

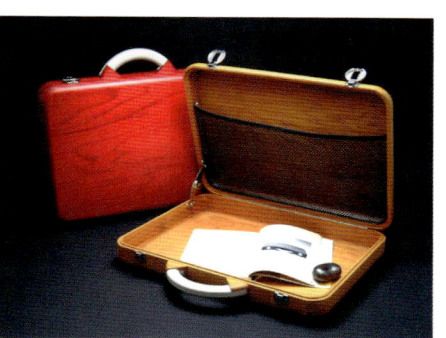

木目と色のハーモニーが美しい

WOOD ATTACHE CASE 墨

色は季節の表現としても選定されている（WOOD ATTACHE CASE 藍/山葵）

「日本ビクター デジタルビデオカメラ Baby Movie GR-D230」 JVC Digital Video Camera Baby Movie GR-D230

PRODUCT PLANNING

CD：宮森昭彦
D：宮森昭彦、成田達矢、林英一郎
DF：日本ビクター(株)デザインセンター
GR-D200：2002年
GR-D230：2003年

CD : Akihiko Miyamori
D : Akihiko Miyamori, Tatsuya Narita, Eiichiro Hayashi
DF : Victor Company of Japan, Limited
GR-D200 : 2002
GR-D230 : 2003

ビクターのデジタルビデオカメラ「Baby Movie」のシリーズの機種である。これまで、ビデオカメラを購入して、撮影するのは男性がメインだった。わが子を撮影するチャンスは運動会やイベントだけではない。日頃の成長を記録するには場所や時間を選ばない。それが可能なのは母親である。女性の視点で、簡単に使えて持ち歩けるビデオを開発した。小型で持ちやすく、操作ボタンをサークル上に置き、色で見やすくした。このサークル形状に「さし色」としてみずみずしい色を採用し、機器のイメージを和らげた。予想を上回る女性ユーザーを獲得している。

●カラーバリエーション

| トルマリンピンク | プラチナシルバー | ピュアブラック | サファイアブルー |

D200ではみずみずしいフルーツカラーで親しみやすさが特徴だった。D230のカラーリングは宝石の質感を伴っているが、色自身は「エポック」になっている。ねらいとしては時代性にマッチしており、女性というターゲットの嗜好にフィットしている。色味がはっきりしているので訴求力が強く、存在感を感じさせている。色による機能性の表示も積極的に行われているため、全体が親切で分かりやすい。色を最大限に利用し、女性ユーザー獲得に効果を上げた。

●イメージの位置付け

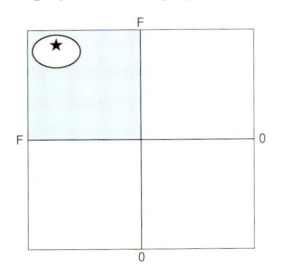

D230のベースイメージは「アバンギャルド」、コアイメージは「エポック」である。シルバーとの組み合わせで、より前衛的なイメージが強まっている。「エポック」には新しい時代とか画期的な時代といった、刺激に満ちた期待感がある。色味がはっきりしているので、幻想などとは違う現実感がある。D230で使用されている色は、明度を上げると別のイメージに転移する微妙な色である。

トルマリンピンク（P）

液晶付デジタルビデオカメラ

プラチナシルバー（S）　ピュアブラック（B）　サファイアブルー（A）

ビデオも写真も撮影できる　デジタルビデオカメラ GR-D230

スタイリッシュ&コンパクト

昼間の見え方（左は従来機、右はクリアブライト液晶モニター）

簡単便利機能

[GR-D200シリーズ]

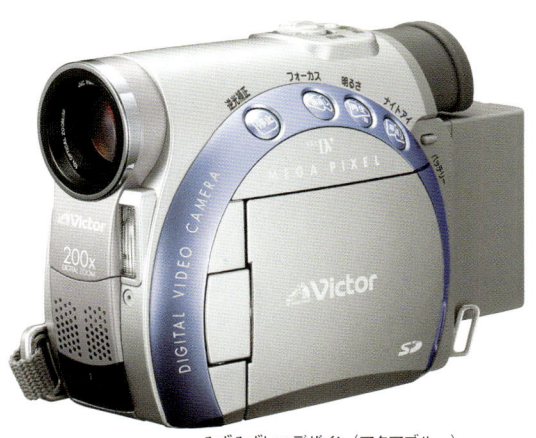

みずみずしいデザイン（アクアブルー）

アイスシルバー

チェリーピンク

シトロングリーン

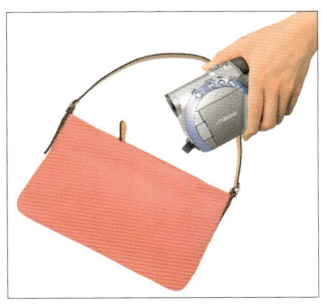

コンパクトなラウンドデザイン

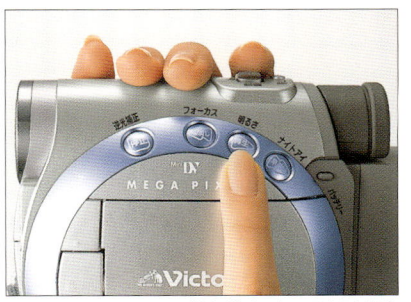

迷わず、カンタン・ラクラク操作

簡単機能

085

「日本ビクター 液晶テレビ EXE LT-32LA4」 JVC LCD TV EXE LT-32LA4

PRODUCT PLANNING

D：新井宏之
DF：日本ビクター(株)デザインセンター
2003年

D：Hiroyuki Arai
DF：Victor Company of Japan, Limited
2003

ビクターにとっては初の液晶テレビであり、最後発で市場に参入した商品。そのために、他にはない機能特性を付加しているのが特徴。高画質回路ジェネッサの搭載による最高画質、すっきりとしたコンパクトスタイル、画面が際立つピクチャーフレーム、インテリアアイテムの充実などによって、確固たる位置を獲得した。さらに特徴を与えているのが色。光沢のあるメタリックフレームを、ブラックとシルバーの採用により画面と室内を調和させている。カラーリングはベーシックにこだわり、高品位を前面に押し出した。コンパクトで部屋の中に気持ち良く収まると、高い評価を受けている。

● メインカラー

SILVER　BLACK

ピクチャーフレームの黒の面積に十分な幅を持たせている。この面積は画面を明快に見せる重要なもの。フレームが狭ければ、背景となる室内の色の影響を受ける。このフレームの周囲を細いシルバーが取り囲む。スピーカ部分のシルバーはドットが付いていて奥行きを与える効果を発揮している。配色における各色のボリュームのバランスによって高品位な印象を与えている。液晶テレビは激戦の商品。その中で存在感を示すのに色が最後の武器になっている。

● イメージの位置付け

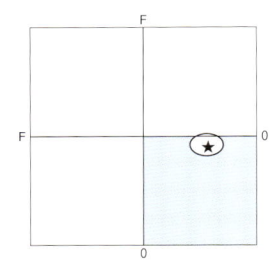

ベースイメージは「モダン」、コアイメージは「インテリ風」である。メタリックな質感と黒の配色はほとんどこのイメージになる。知能的な印象を見る人に与える。シルバーと黒の配色はシンプルであるが、決して安価なイメージではない。かといって華美でもない。本質的な価値を見せるのに適している。

商品ロゴ

液晶テレビ LT-32LA4

AVシステムラックのコンビネーション

インテリアとしての調和性が高い

ピクチャーフレームのボリュームが絶妙

PRODUCT PLANNING　　　JVC Speaker system SX-L9「日本ビクター スピーカーシステム SX-L9」

「日本人の感性で音楽の感動を伝えるスピーカーを作る」という思いで育てたビクターSXシリーズ。ビクターが持つ最高の技術とノウハウを投入して、日本を代表するスピーカーを作ることを目指した。良い音だけではなく音楽を感じるスピーカー。一生連れ添う、時代を超える（30年以上の耐久性のある素材を使う）ものが目標だった。コンセプトは「スピーカーは楽器」である。音楽の本質に迫るにはその原点に立ち戻ることが重要とした。音質はもとより、素直に楽器（チェロ）を思わせる質感と仕上げを採用することで、視覚的にもリスナーの感性を高めることを重視した。

● メインカラー

WOOD　BLACK　GOLD

色も材質もチェロから抽出したもの。このチェロも巨匠ビソロッティーのものを了解の下に参考にして、色や素材をデザインしている。「スピーカーは楽器」というコンセプトは、家具ではなく楽器としての仕上げをするということである。それも上質の楽器の中に置かれてなじむ色と形を維持しなければならない。それにはすべて本物の素材（ホワイトシカモアの突板）に何回もの塗装を繰り返して出てくる色と材質感なのである。

CD：酒向義夫
D：水谷利弘
DF：日本ビクター㈱デザインセンター
2003年

CD：Yoshio Sakou
D：Toshihiro Mizutani
DF：Victor Company of Japan, Limited
2003

● イメージの位置付け

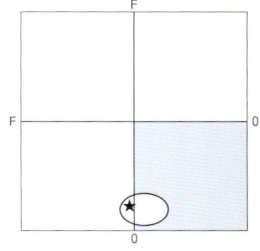

ベースイメージは「クラシック」、コアイメージは「重厚な」である。色味としては意外なほど輝きのある発色。ということはただ骨董的で古いということではなく、古典的な芸術性があるということである。重厚感は、表面的な美ではなく、本質から滲み出てくるようなイメージをいう。

スピーカーシステム SX-L9
理論上の最高の音を表現する

高音域のオブリドームツィーター

中域のミッドレンジユニット

中低域のオブリコーンウーハー

ビソロッティーのチェロを参考にした仕上げ

「NEC ノートパソコン LaVie N」 NEC Laptop LaVie N

PRODUCT PLANNING

DD：勝沼潤
ColorD：勝沼潤
M：日本電気(株)、
NECパーソナルプロダクツ(株)
2004年

DD : Jun Katsunuma
ColorD : Jun Katsunuma
M : NEC Corporation,
NEC Personal Products, Ltd.
2004

●イメージの位置付け

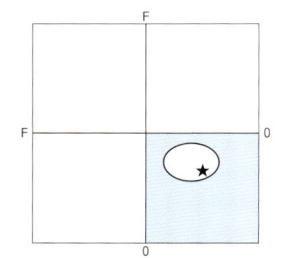

ベースイメージは「シック」、コアイメージは「粋な」である。決して派手にならず、それでいて粋を感じさせるイメージである。ここで使用されている白はピュアではなくパールがかっているため、上品さが出ている。

NECのLaVieシリーズは、ノートパソコンの定番といわれている。日本のパソコン界をリードしてきたその実績は、商品に自信と誇りを与えている。「LaVie N」は「フリースタイルノート」をコンセプトに企画された。日々の生活の中で、自由なスタイルで使えるパソコンを目指した。「お気に入りの空間で自由に暮らす。お気に入りのカフェでスマートに振る舞う。そんなあなたの生活に、心地よく寄り添う"LaVie N"」というフレーズがテーマにされた。「Natural and Neat」をキーワードにデザインを展開。パソコンというよりはファッションの一部としての色と仕上げを提案。発売時より人気を維持している。

●カラーバリエーション

Misty Blue Black　Frosty Pearl White　Deep Wine Red

「LaVie N」のNは、NaturalとNeatを表している。Neatは小綺麗なファッションイメージを指し、それを代表する色として、「フロスティパールホワイト」と「ミスティブルーブラック」を選定した。前者は、パールパウダー入りのキラキラ感と透明感を持った色で、化粧品のような上品で綺麗な仕上がり。後者は、小綺麗さを持ったファッションシーンでは定番色でもある紺色ベース。いずれも、使っているユーザーが綺麗に見えるようにしているのが特徴である。

自由なスタイルで使う LaVie N（LN500/AD1, LN500/AD2）

AD1スタンド 　　AD2スタンド 　　充電機能付きスタンド

LN500/AD1（フロスティパールホワイト） 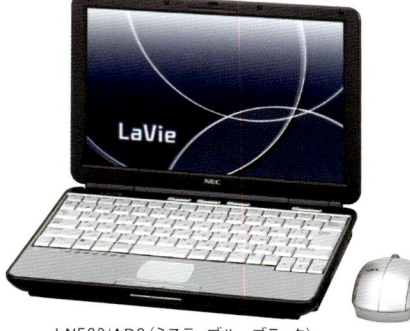　　LN500/AD2（ミスティブルーブラック） 　　NEC ダイレクト Web 販売限定モデル（ディープワインレッド）

PRODUCT PLANNING　　NEC Desktop Personal Computer LaVie RX「NEC ノートパソコン LaVie RX」

NECのLaVieシリーズの中で、機動性を押し出しているのが「LaVie RX」である。メインコンセプトを「持ち運べるメインマシン」として、メインマシンとしての要求を満たす高性能と、思いのままに運んで使える機動力を両立させた。同社におけるリファレンスモデルとして位置付けるノートパソコンである。デザインコンセプト「High Quality & Agility」は、上質でありながら機動性や俊敏性をねらいとしている。そのためカラーリングでは、ハイコントラストなツートーンカラーを採用した。色味を可能な限り排し、高性能、上質感、リアル感を実現した。

● メインカラー

BLACK　SILVER　WHITE

モノトーンで、しかもハイコントラストなツートーンカラーになっている。そのためスポーティなイメージがあり、行動的な人に好まれる雰囲気が出来上がった。色と同時にこの商品の美的な価値となっているのは、仕上げである。高級な質感を見せる仕上げを目指し、微細な色の調整を行っている。小さなパーツに至るまで、徹底した吟味がなされ、例えば電源ボタンなどのLED（発光ダイオード）も色味を抑え、白色を採用、サイドコネクタ類のゾーニングのデザインなどに、これまでにない完成度を見せている。

DD：鳴澤道央
ColorD：鳴澤道央
M：日本電気（株）、
NECパーソナルプロダクツ（株）
2004年

DD : Michio Narusawa
ColorD : Michio Narusawa
M : NEC Corporation,
NEC Personal Products,Ltd.
2004

● イメージの位置付け

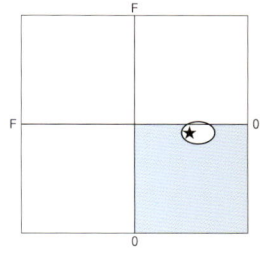

ベースイメージは「モダン」、コアイメージは「シャープな」である。このイメージは新しさが感じられると同時に、おしゃれな感覚が強く出るのが特徴である。コントラストを強めた配色では、特に鋭敏さとか俊敏さが感じられる雰囲気になる。

俊敏な機動性をもたしたメインマシン LaVie RX（LR500/AD）

RX（LR500/AD）

「NEC デスクトップパソコン VALUESTAR TX」 NEC Desktop Personal Computer VALUESTAR TX

PRODUCT PLANNING

DD：鳴澤道央
ColorD：鳴澤道央
M：日本電気(株)、
NECパーソナルプロダクツ(株)
2004年

DD : Michio Narusawa
ColorD : Michio Narusawa
M : NEC Corporation,
NEC Personal Products, Ltd.
2004

●イメージの位置付け

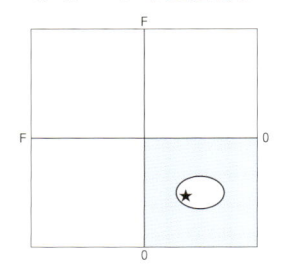

ベースイメージは「ノーブル」、コアイメージは「優れた」である。ノーブルには貴族的なという基本的なイメージがあるが、静かで洗練されているイメージが強い。気品の高さと優れたイメージが複合され、高い能力を伝えるものになっている。派手に目立つことはないが、その存在感をしっかりアピールするのが特徴である。

NECのVALUESTARシリーズは、日本を代表するデスクトップパソコンである。大型マシーンになれば、それなりの高機能性と拡張性があり、しっかり仕事をする人にとっては最適なツールとなっている。しかし、処理能力を上げれば上げるほどパソコン本体からの発熱量が増加する。その熱を逃がすため、冷却ファンの音が耳障りな騒音になっていく。静音はパソコンの宿命的な課題であった。その課題に対して答えを出したのが「VALUESTAR TX」である。ハイスペックマシーンでありながら静音性を実現するために、水冷技術が導入された。デザインコンセプトを「静かな存在感」とし、決して主張し過ぎず、静かに、そして確実にタスクをこなしていくイメージを目標にした。カラーリングにおいてもこの静音性をメッセージするビジュアルを第一に考え、高級感を持ち、インテリア内で視覚的にも聴覚的にもノイズにならないものが計画された。

●メインカラー

BLACK　SILVER

●サブカラー

BLUE　WHITE

ディスプレーや本体を含むシステム全体の配色は、モノトーン調にまとめられている。色味を感じさせるのは、水冷を表している本体フロント部にブルーLED（青い発光ダイオードの光）を使用した、柔らかい光だけである。この光を最大の特徴にするために、各パーツの材料の違いを考慮しながら、連続性を損なわないように、色を合わせてある。これによってシステム全体の一体感が生まれ、高級感とインテリアの調和を果たしている。

静音を実現した VALUESTAR TX (VX980/AE)

VX980/AE（23型ワイド高輝度デジタルTFT液晶）

VX700/AD（19型高解像度デジタルTFT液晶）

PRODUCT PLANNING　　　　TOSHIBA Magic Cyclone Cleaner「東芝 マジックサイクロン クリーナー」

紙パックを必要としない掃除機が次第にシェアを広げている。東芝の「マジックサイクロンクリーナー」は、常に「楽々使える」ものをテーマに開発を続けてきた。中でも「コードがゼロ」は、色彩展開とコードレスを付加したこれまでにないクリーナーである。「動きと気持ちを軽くする」をコンセプトにした新しいタイプのクリーナーとして2002年に発売した。開発のきっかけとなったのは、ユーザーからのコードに対する不満であった。その不満を解消するために、キャニスタータイプをベースにコードレス化を実現した。カラーリングではモニター調査を含め、展示シミュレーションを行い製品化された。

● カラーバリエーション

ブルー　　レッド

道具が使用する人に与える心理的な影響は大きい。掃除を面倒がる人も多い。そのイメージを払しょくさせるため、軽やかで清潔感のある配色を採用している。スポーティで気品のある色をベースにしているが、全体的な仕上がりは、新鮮な明日への期待感に溢れるものになっている。パーツのツートーンカラーでの展開にはそれが良く表れている。風路に沿って風の流れが感じられるのも、その一例である。店頭での効果もかなり大きく、存在を強くアピールするものになった。

PM：東芝コンシューママーケティング（株）
2002年

PM：TOSHIBA CONSUMER MARKETING CORPORATION 2002

● イメージの位置付け

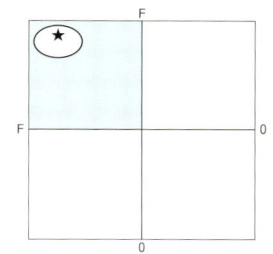

ベースイメージは「アバンギャルド」、コアイメージは「エポック」である。前衛的な進んだイメージであり、新しい時代の雰囲気を感じさせるイメージとなっている。この場合の新しい時代の感覚は軽快で、明るいものである。白との組み合わせが、清潔感と上品さにつながっている。

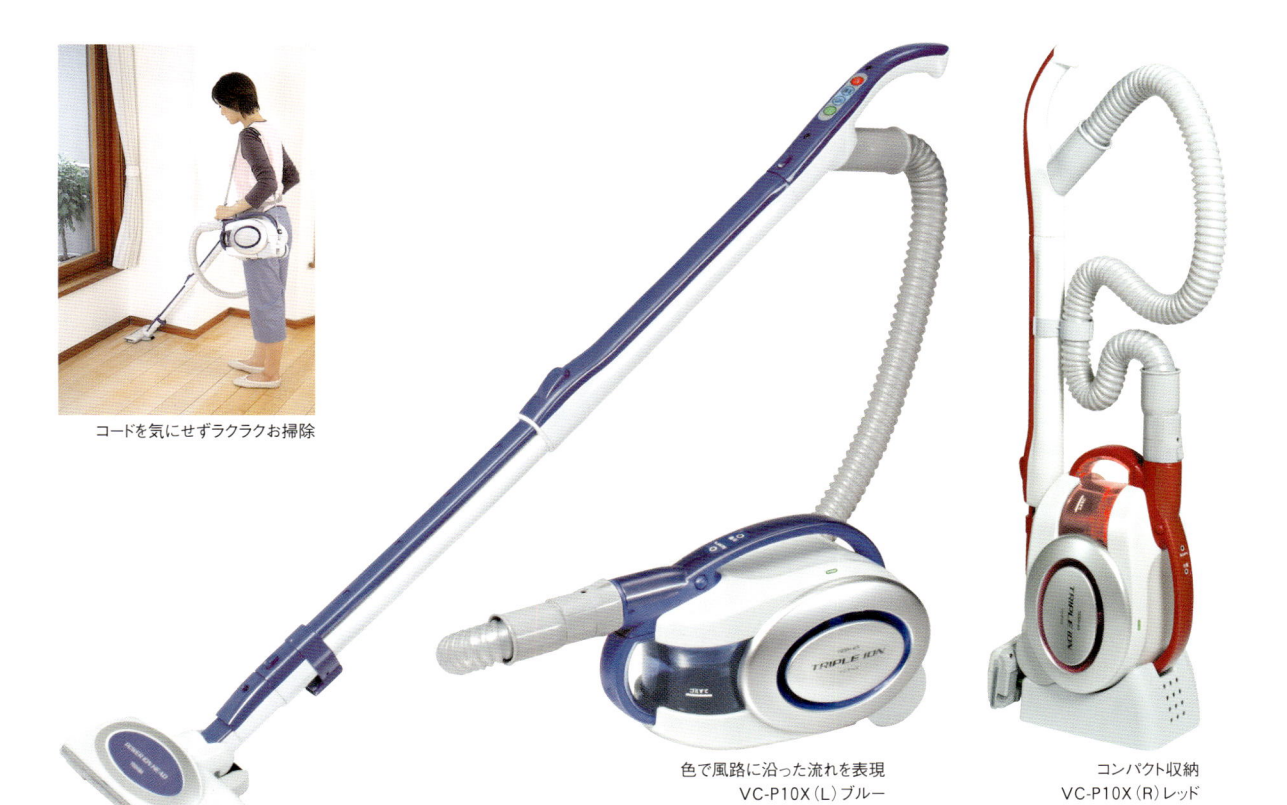

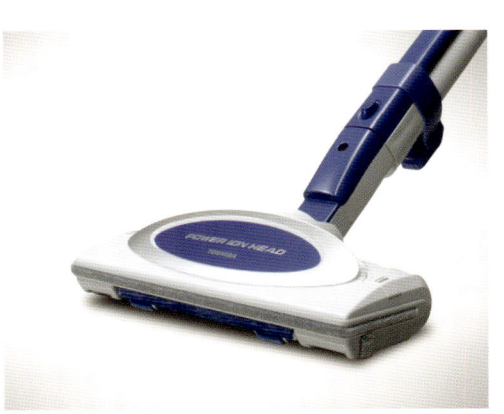

コードを気にせずラクラクお掃除

色で風路に沿った流れを表現
VC-P10X(L)ブルー

コンパクト収納
VC-P10X(R)レッド

イオンで殺菌する（パワーイオンヘッド）

「軽さ」は軽快さにつながる

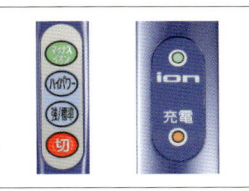

タッチスイッチとお知らせランプ表示

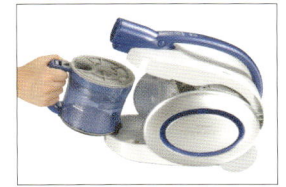

ダストカップ

「富士通 デスクトップパソコン FMV-DESKPOWER LX」 FUJITSU Desktop Personal Computer FMV-DESKPOWER LX　　PRODUCT PLANNING

PM：富士通(株)
2004年

PM：FUJITSU LIMITED
2004

● イメージの位置付け

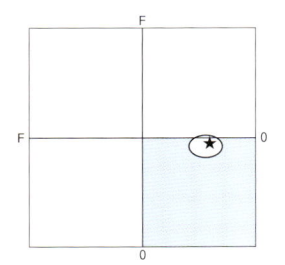

ベースイメージは「モダン」、コアイメージは「洗練された」である。新しさを感じさせ、しかも洗練されたイメージになっている。ここでは白といっても薄いグレイッシュな色が選定されているので、なじみの良い雰囲気になっている。重たいイメージでなく、軽快な感じが強い。

富士通がパソコン市場において、液晶一体型パソコンのユーザー層拡大とそれに伴う売上げの向上を目的に開発されたのが、FMV-DESKPOWER LXである。「手軽にTV&PC」を商品コンセプトに、FMVのもともと持っている楽しさとユーティリティを初級および中級ユーザーに提供する、というテーマになっている。色の選定に当たっては、独自の市場調査から初級と中級のユーザー層の中で、液晶一体型パソコンの購入意向度が高いユーザーの意見を参考に、カラー嗜好が検討された。初級者でありながらデザインにこだわりの強い若年層に白モデルを提供、中級者をターゲットにした黒モデルは、上位機としての高級感で、特に男性ユーザーへの訴求をねらった。

● カラーバリエーション

BLACK　WHITE

白モデルは若々しく、黒モデルは熟練を感じさせる。デスクトップパソコンとして、キーボードとマウスのコーディネートが重視されている。それぞれのモデルのベースカラーに調和するよう、カラーリングがされている。カラーバリエーションを持つことで、展示モデルが増え、店頭でのインパクトは強くなった。また、白モデルだけの従来機種よりも明らかにユーザー層が広がり、シリーズ全体のブランドイメージ向上に大きな効果を発揮している。

手軽にTVとPCを楽しむ（FMV-DESKPOWER LXシリーズ）

上級者がターゲット（FMV-DESKPOWER LX70K） 　　初級者がターゲット（FMV-DESKPOWER LX50K）

PRODUCT PLANNING　　　FUJITSU Laptop FMV-BIBLO LOOX T「富士通 ノートパソコン FMV-BIBLO LOOX T」

富士通のモバイルパソコンとして確固たる地位を築いた「FMV-BIBLO LOOX」を、さらに機能アップさせたのが「LOOX T」である。「エンターテインメント・モバイルノート」を商品コンセプトに、FMVの楽しさをより多くのモバイルユーザーに提供することがテーマになっている。ターゲット層のカラー嗜好を明確化するために市場調査を実施した。メインターゲットとしているのは先進的なビジネスパーソンであり、彼らの多くが好むダークカラー（黒モデル）を選定。新たなターゲットはセンスの良い若い女性で、彼女たちのファッションに合うようライトカラー（白モデル）を選定した。

●カラーバリエーション

BLACK　　WHITE

微妙なツートーンカラーが、これまでのノートパソコンに見られない斬新なデザインになっている。黒モデルは、特徴部をシルバーのパーツで仕上げて機能感を表現し、重厚な黒の固まりに見えないようにしている。白モデルは、カジュアルな軽い白ではなく、大人のトーンと質感を持つ白を選定。色のバリエーションを持つことで、展示モデルが増加し、それに伴って店頭での存在感と誘引性が強まった。この開発によって新たなユーザーの獲得に成功した。

PM：富士通（株）
2004年

PM：FUJITSU LIMITED
2004

●イメージの位置付け

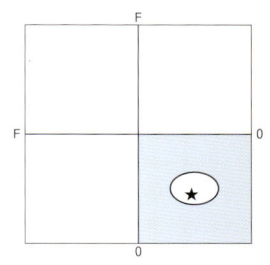

ベースイメージは「ノーブル」、コアイメージは「貴重な」である。ノーブルは貴族的なイメージがあるが、洗練されたおしゃれな雰囲気が強い。貴重なというイメージには大切なものという感覚がある。決して派手ではないが、落ち着いたファッショナブルなイメージである。

エンターテインメント性の高い（FMV-BIBLO LOOX Tシリーズ）

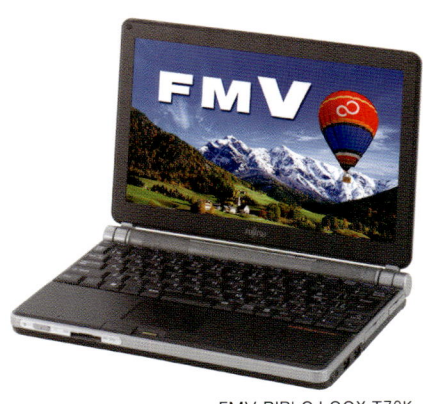

FMV-BIBLO LOOX T70K 　　　　FMV-BIBLO LOOX T50K

093

「パイオニア ハイビジョンプラズマテレビ ピュアビジョン」 Pioneer Hi-Vision Plasma TV "P.U.R.E Vision"

PRODUCT PLANNING

AD：鶏徳昇
D：稲葉淳一
M：パイオニア㈱
2003年

AD : Noboru Keitoku
D : Junichi Inaba
M : PIONEER CORPORATION
2003

●イメージの位置付け

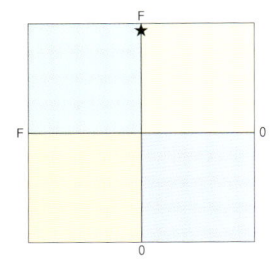

白1色の場合、イメージは限定できない。イメージチャートでは中央の一番上に位置する。無彩色は有彩色のような明確なメッセージを持っていないが、配色の際には隣接する色のイメージを高める働きをする。白の性格は「未知」を感じさせるものであり、まさに純粋無垢な状態である。白の持つイメージは、周囲の色によって変化するので、配色すると、周囲に明快さや清潔さを与えることになる。

パイオニアのインテリアに合わせて選べるハイビジョンプラズマテレビの「ピュアビジョン」である。住宅・インテリアへの関心や個性豊かなライフスタイルへの実現が高まる中、デジタル家電を含めた自分らしいトータルコーディネートを実現したいというニーズの高まりがある。それに応える形で、先行メーカーとして2001年に衝撃的な36色から選べるインテリアパッケージを発表し、大きな反応を得ている。その後継モデルとして、中でも最も人気の高かった白を採用した。まだまだ高価な商品、居住空間における存在感を考えて仕上げには細心の注意が払われた。

●メインカラー

WHITE

白1色の場合は、その質感が問題になる。白の中にも高級なものと低級なものがある。「ピュアビジョン」では仕上げの光沢にこだわり、高級感の表現に時間をかけた。画面周囲のフレーム、スピーカー部、スタンドなどの複数のパーツの色をトータルにまとめていった。インテリア空間との調和が求められるため、壁や家具にマッチングする色と形が求められた。販売台数では黒の機種が上だが、白を志向するユーザーからは大きな支持を得ており、白を選定するというねらいは十分な結果を出した。

インテリア空間にフィットする（50V型 BS・110度CSデジタルハイビジョン プラズマテレビ）

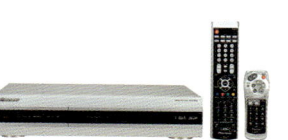

パーツの色ぞろえに注意が払われた（PDP-504HD-W）

PRODUCT PLANNING

Pioneer Happy AQUA「パイオニア ハッピーアクア」

パイオニアのポータブルスピーカーは、その種類においても品質においても充実している。小型のスピーカーを使用して「いつでもどこでも、手軽に音楽を」をコンセプトに雑貨感覚のものを展開している。「ハッピーアクアトーン」は、若くておしゃれに敏感な女性社員8人が集まって結成したプロジェクトによって開発された。「自分たちが欲しいもの」ということで、大事な時間でもある「バスタイム」にまつわる癒しグッズを企画した。メンバーが好きな色を提案、デザイナーや営業を交えて検討し、作成したモックアップをバイヤーに確認するというプロセスで選定した。

● カラーバリエーション

BLUE　PINK　WHITE

青、白、ピンクという順で色を選定したが、売れ行きもそれに沿っている。スケルトン素材ということもあり、くすみ具合に関して、サイズやバランス、流行などが影響してくるので、細心の注意を払っている。空気枕タイプの「ミュージックピロー」では、青と白のパステルカラーを採用。この素材もちょっとした色ずれで、おもちゃっぽくなったり、重くなったりするのを調整している。マスコミでも話題になったりしたため、予定を上回る売れ行きを見せている。

PM：パイオニアデザイン(株)
AD：染谷ちはる
ColorD：染谷ちはる
D：染谷ちはる
2004年

PM：PIONEER DESIGN CORPORATION
AD：Chiharu Someya
ColorD：Chiharu Someya
D：Chiharu Someya
2004

● イメージの位置付け

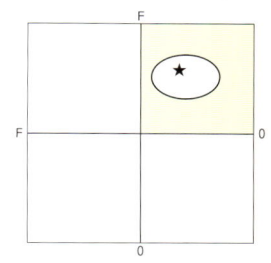

ベースイメージは「ロマンチック」、コアイメージは「柔和な」である。現実ではない夢を追うイメージであり、優しく包んでくれる雰囲気がある。さらに柔和な雰囲気には、肌合いが感じられる。現実ではない夢を追うのは悪い意味ではなく、人の心を癒してくれる効果がある。

お風呂で使えるポータブルスピーカー ハッピーアクア・トーン AS-PS33

クラフトスピーカー PCR-50

アンプ内蔵ポータブルスピーカー PCR-BS10

CDファイルスピーカー PCR-CF10-W

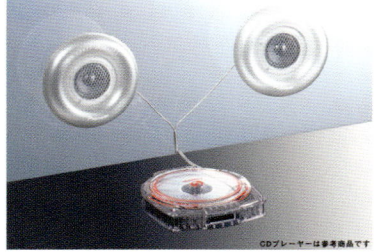

エアークラフトスピーカー PCR-AR20-W

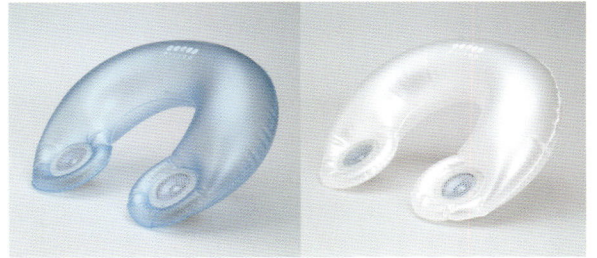

空気枕式のミュージックピロー PCR-PL30

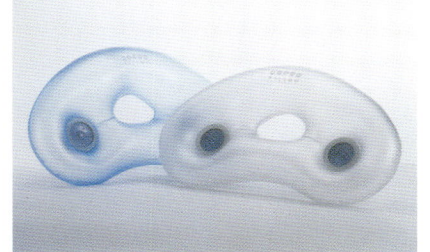

空気枕式のミュージックピロー PCR-PL10

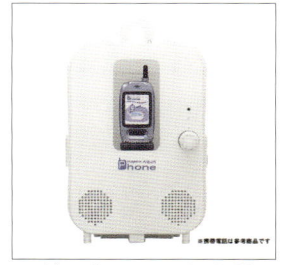

ハッピーアクア・フォン AS-PSK50-W

「TOTO スーパーエクセレントバス」 TOTO Super Excellent Bath

PRODUCT PLANNING

PM：TOTO
ColorD：伊庭宏、橋田規子、和野雅信、岩谷剛、菊地康雄、堀江武史、出口克巳、丹泰徳、澄川伸一
D：伊庭宏、橋田規子、和野雅信、岩谷剛、菊地康雄、堀江武史、出口克巳、丹泰徳、澄川伸一
開発セクション：浴槽・機器開発グループ
2001年

PM : TOTO LTD.
ColorD : Hiroshi Iba, Noriko Hashida, Masanobu Wano, Tsuyoshi Iwaya, Yasuo Kikuchi, Takeshi Horie, Katsumi Deguchi, Yasunori Tan, Shinichi Sumikawa
D : Hiroshi Iba, Noriko Hashida, Masanobu Wano, Tsuyoshi Iwaya, Yasuo Kikuchi, Takeshi Horie, Katsumi Deguchi, Yasunori Tan, Shinichi Sumikawa
Development Section : Bathtub/Equipment Development Group
2001

TOTOが開発したリゾートや高級住宅向けの浴槽。非日常的なバスルーム空間を演出するために、「オーシャンリゾート」をデザインコンセプトに開発が行われた。デザインモチーフとして選ばれているのは海洋に関わる事物。インパクトのあるフォルムの追求が行われた。アクリル素材の反射の美しさを生かすため面構成が工夫されている。既製の浴槽の形にとらわれず、南の島のイメージをいかにデザインとして再現ができるか、また一つのモチーフではなく、複数の海のシーンの再現が試みられている。楽園の雰囲気をデザインとカラーで追求し、製品化された。10色に及ぶカラーバリエーションは、多様なバスルーム空間の設計を可能にするものである。その色の根拠となっているのは、砂浜の色、珊瑚の色、深海の色、クルーザーの帆の色、ヒトデの色、南国の植物の色などの素材である。非日常的で楽しさのある演出を特徴として打ち出すことができた背景に、TOTOの技術力とデザイン力がある。

● カラーバリエーション

PARADISE WHITE / DUNE IVORY / REEF GRAY / SURF BLUE
SHOAL GREEN / CORAL PINK / SUNSET PURPLE / STARFISH RED
OCEAN BLUE / PALM GREEN

パステル調の明るく淡い色合いのもの7色と、彩度の高いピュアカラー（純色）に近いもの3色がそろえられている。生活スタイルや、インテリアの雰囲気に合わせて選色できるようになっている。色名を情景が浮かびやすいように、リーフグレイとかサーフブルーなどと海洋モチーフのネーミングをしている。また、発色を透明アクリル層に裏面から着色する技術を生かし、透明感や深みを感じさせる発色が得られた。

● イメージの位置付け

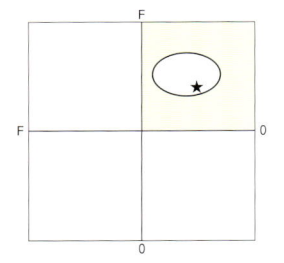

ベースイメージは「ロマンチック」、コアイメージは「メルヘンチックな」である。ロマンチックもメルヘンチックも、現実ではない空想的なもので、非日常的な世界をイメージしている。このイメージは年齢に関係なく、人に心地良いものを感じさせる。

PVS1610タイプ（サイズ1600×815）

PVS1620タイプ（サイズ1600×1600）

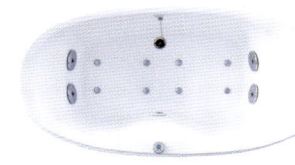

#369 パラダイスホワイト　#442 デューンアイボリー　#420 リーフグレイ
#464 サーフブルー　#453 ショールグリーン　#431 コラルピンク　#475 サンセットパープル
#486 スターフィッシュレッド　#508 オーシャンブルー　#497 パームグリーン

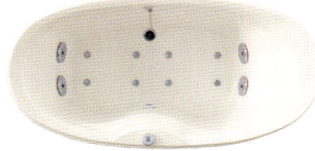

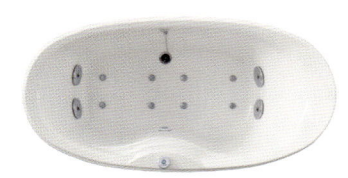

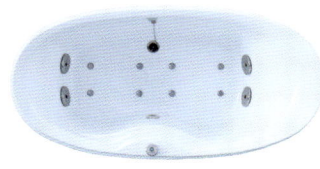

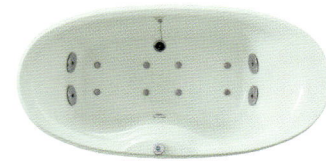

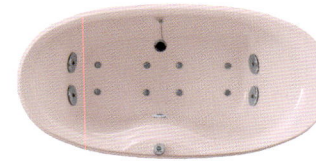

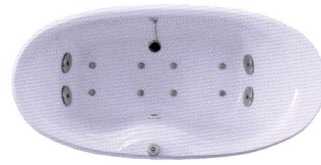

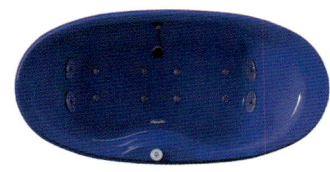

PRODUCT PLANNING　　TOTO Tiolet Accessory "High Design Accessory"　「TOTO ハイデザインシリーズ 棚付二連紙巻器、二連紙巻器、手すり」

TOTOが2004年に発売した棚付き2連紙巻器である。TOTOでは洗面所やトイレの備品類をアクセサリーと呼んでいる。トイレや浴室は、限られたスペースでありながら、使いやすさや居心地の良さが求められる空間である。そのためにはデザインの統一感、調和が必要であり、アクセサリーのような細かなパーツであっても空間全体を見据えたデザインの追求が必要である。この製品は、トイレットペーパーを片手で切れる。簡単に交換できる機能を備えながらも、さり気なく空間に溶け込むシンプルな意匠でまとめている。また、高級化するトイレのニーズに応えるため、素材や仕様もグレードアップしている。棚の部分は、高透過ガラス、天然木を採用して、素材感を徹底して追求し、天然のものが持つ色を重視したものになっている。それが市場で高く評価されている理由でもある。

● カラーバリエーション

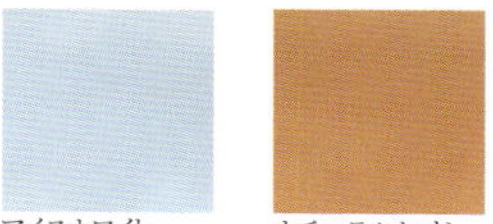

アイスホワイト　ナチュラルウッド

紙切板は亜鉛ダイキャストにクロムメッキしている。クロムメッキは木材でも石材、プラスチック材でも調和する。棚板は高透過ガラス製のものでアイスホワイト（淡い緑味）。柔和であるが高級感が漂う。もう一種が天然木材製でナチュラルウッド。手すりは人工皮革製でレザーホワイトとレザーナチュラル。それぞれは決して目立つ色ではないが、人に優しい雰囲気を与える。選色に対して、色のこだわりが感じられ、繊細な心遣いが伝わってくる。

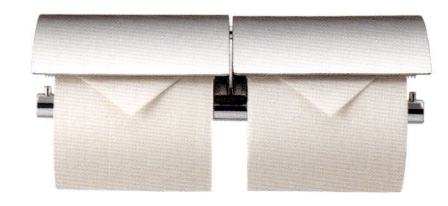

PM：TOTO
ColorD：迎義孝
D：迎義孝
開発セクション：アクセサリー商品部
2004年

PM：TOTO LTD.
ColorD：Yoshitaka Mukai
D：Yoshitaka Mukai
Development Section：
Accessary Merchandise Division
2004

● イメージの位置付け

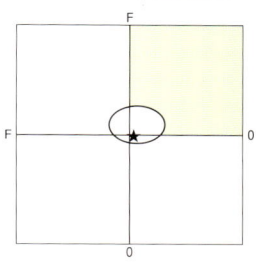

ベースイメージは「ナチュラル」、コアイメージは「平和な」である。穏やかな幸せ感がある。明度が低く、視覚的な刺激になることがない。このイメージには日常のストレスを解消する力があり、空間に存在するだけで、色の刺激は空間全体に影響を与える。棚の面積は狭いが、確実に平和な雰囲気が漂う。

二連紙巻器

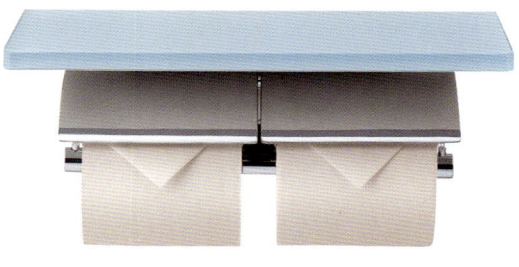

棚付二連紙巻器
（アイスホワイト・高透過ガラス製）

棚付二連紙巻器
（ナチュラルウッド・天然木製）

リモコンとのモジュール統一など、空間調和のための細部へのこだわりが感じられる

棚付二連紙巻器・手すりセット
（レザーホワイト）

棚付二連紙巻器・手すりセット
（レザーナチュラル）

握りやすい異形断面の形状

097

「TOTO スーパーレガセス クリスタルシリーズ」 TOTO Super Legacess Crystal Series

PRODUCT PLANNING

PM：TOTO
ColorD：岩谷剛、金田剛
D：岩谷剛、金田剛
開発セクション：SK商品開発グループ
2004年

PM : TOTO LTD.
ColorD : Tsuyoshi Iwaya, Takeshi Kaneda
D : Tsuyoshi Iwaya,Takeshi Kaneda
Development Section :
SK Product Development Group
2004

TOTOの最高級システムキッチンとして、業界最高の性能を有するハイブリッドエポキシ素材をカウンターに採用し、その素材が持つ高い透明性をキーに全体のデザインの統一を図った。当初はインパクトのあるビビッドカラーからパステルカラーまで様々な展開をしながら試作を行い、高級価格帯のキッチンにふさわしい、素材そのものの上質なイメージをストレートに表現することを試みた。最終的に日本の住空間において違和感のないカラーに集約し、リビングとキッチン空間の融合を図るデザインキッチンを作った。

● カラーバリエーション

クリスタルスノー　クリスタルアクア　クリスタルシルバー　クリスタルベージュ

「透明キッチン」というキーワードに基づき、透明感のある4色のバリエーション展開となっている。無色のスノー、ガラスに近い色味のアクア、木目などナチュラル素材と相性の良いベージュ、キッチン回りの機器や家電で人気の高いシルバーのラインナップになっている。また、これらの色はカウンターと扉が同色で展開されており、設備全体のすっきりとした統一感を作っている。

● イメージの位置付け

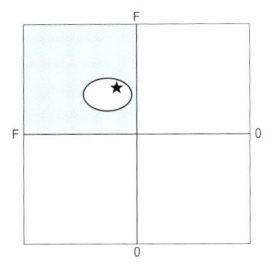

ベースイメージとなっているのは「フレッシュ」でコアイメージは「肌触りのよい」である。人との接触の多い場所で、肌触りの良さは基本である。また、キッチンという場所は常にフレッシュなイメージが不可欠であり、清潔感につながる。材質感のイメージも付加されて、極めて理想的なイメージ選択と言える。

テーブル感覚で使えるフラット対面キッチン

必要時に出して使うコントローラー

透明感のあるカウンター素材

いままでにない上質な素材感でキッチンが彩られている

H:クリスタルスノー

K:クリスタルアクア

S:クリスタルシルバー

J:クリスタルベージュ

「INAX システムバスルーム ルキナ」 INAX SYSTEM BATHROOM Lukinar

PRODUCT PLANNING

PM：大西博之
DD：中川真
D：山本幸二、大嶋浩一、浅川浩樹＋(株)コボデザイン
E：浦田和孝
M：(株)INAX
2004年

PM : Hiroyuki Ohnishi
DD : Makoto Nakagawa
D : Kouji Yamamoto, Kouichi Ooshima, Hiroki Asakawa
E : Kazutaka Urata
M : INAX Corporation
2004

●イメージの位置付け

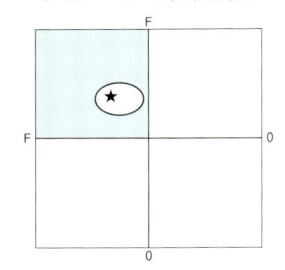

ベースイメージは「フレッシュ」、コアイメージは「健康な」である。このイメージは疲労の解消と癒しの効果がある。人の気持ちを前向きにするイメージとして応用されることが多い。このイメージに「堅実な」をイメージする青と黒が加わっている。このイメージは、落ち着いた雰囲気が強く、思考する場にふさわしい。

INAXが開発した戸建住宅向けのユニットバスルーム。同価格帯の商品の中では一段格上の高級感を備えている。住宅を必要としている幅広い層に対応するための多くの選択肢となる色を用意しているのが特徴。特に、「全身浴、半身浴、足浴」の3通りの入浴スタイルを可能にする浴槽を実現した。また、熱源を使わずに冷たさを軽減する「サーモフロア」を採用するなど、これまでにない浴室になっている。適材適所に収納機能を配置することによって、浴室の機能性を高度化し、使い勝手の良いものにしている。普及価格帯にある商品こそ、高いデザイン性とコストパフォーマンスにするという目標で徹底した研究開発が行われた。そのため、ユーザーからの不満を丁寧に取り上げ、細かいレベルにまで解決を目指した。その結果、ユーザーのこだわりに対応できるインテリアテイストを充実することに成功した。

●カラーバリエーション

FRPホワイト　FRPイエロー　FRPピンク　FRPグリーン
FRPオレンジ　ホワイト　グラニットブラック　グラニットブルー

これまで、カラーテイストの選択肢が非常に少なく、ユーザーの不満になっていたが、テイストの色ぞろえを多くした。壁や床、天井との組み合わせで、微妙な雰囲気まで出せるようになり、ユーザーの多様な要望に応えられるようになっている。橙をイメージカラーに設定しているが、これまでにないシステムバスとの評価が多い。少し明るめ（強め）の色を意識的に使い、アクセントカラーの効果を高めている。予定を上回る売れ行きが見られる。

明るく元気がでるイメージ（BSDN-1616 LBSH 正面）

浴室の機能性を高めた（ふかん）

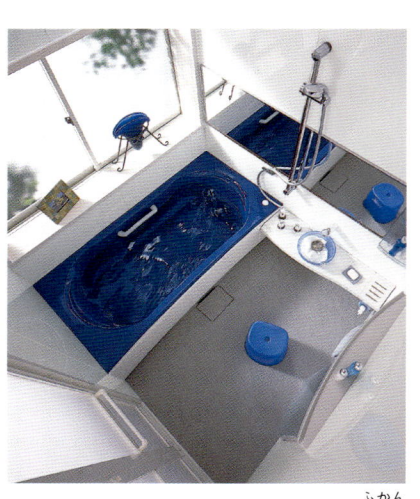

ふかん

気持ちを癒してくれる色の組み合わせ（BSDN-1618 LBSH 正面）

浴槽と壁の色の組み合わせは多種できる（BSDN-1620 LBSL 正面）

ふかん

ふかん

ブラックは落ち着いたイメージになる（BSDN-1620 LBSH 正面）

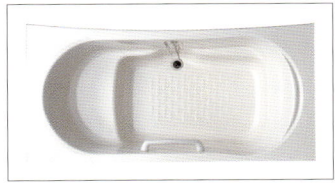

| FRP ホワイト | FRP イエロー | FRP ピンク | FRP グリーン |

| FRP オレンジ | 人造大理石 シルフェ ホワイト | 人造大理石 シルフェ グラニットブラック | 人造大理石 シルフェ グラニットブルー |

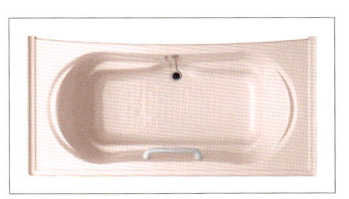

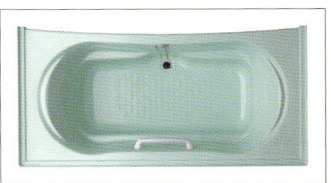

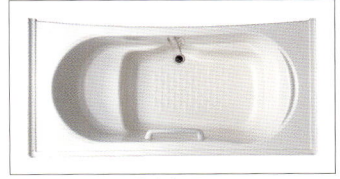

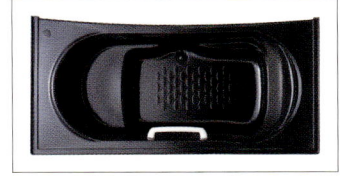

「INAX シャワートイレ SATIS」 INAX Shower Toilet SATIS

PRODUCT PLANNING

PM：有代匡
DD：佐野正明
ColorD：佐野正明
D：安藤良彦
E：冨田勝紀
M：㈱INAX
2004年

PM : Tadashi Arishiro
DD : Masaaki Sano
ColorD : Masaaki Sano
D : Yoshihiko Ando
E : Katsunori Tomita
M : INAX Corporation
2004

● イメージの位置付け

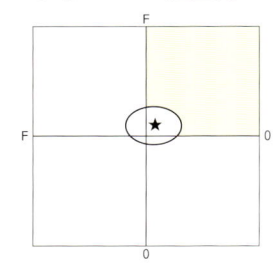

便器のベースイメージは「ナチュラル」、コアイメージも同じ「ナチュラル」である。決して目立つ派手さはないが、空間になじみやすい。トイレは便器だけの空間ではなく、他のエレメントとのコーディネートによって、統一されたイメージが出来上がる。こうした色の組み合わせには安心感がある。白および明度の高い色は清潔感がある。

INAXの画期的なトイレである。従来の住宅用トイレにつきものであった貯水タンクを無くし、配管に給水をダイレクトにつなぐという全く新しい方法が開発された。タンクを無くすことにより、これまでのタンク付きトイレよりも140mmも短くなり、動作空間を35％広げることに成功した。狭小といわれる奥行き1200mmの狭小空間でも、目の前にゆとりが取れるようになった。これによりトイレ内での立ち座りという動作に余裕をもたらした。シンプルでコンパクトなデザインを目指し、細かなディテールにも注意を払い、余計な線を可能な限り省き、技術的な限界に挑んだ商品である。デザインを洗練していく中で、白に着目し、白に照準が合うように外観の形状を見直す作業が繰り返された。その結果、ピュアホワイト中心の色ぞろえになった。

● カラーバリエーション

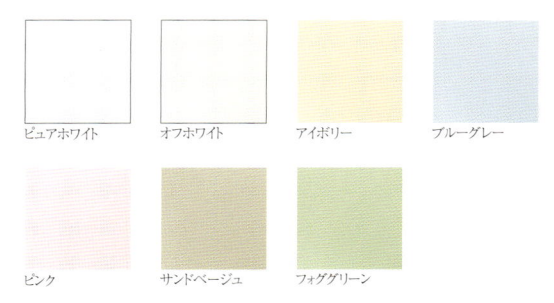

ピュアホワイト　オフホワイト　アイボリー　ブルーグレー
ピンク　サンドベージュ　フォググリーン

メインカラーを白に位置付け、これからのスタンダードとなりうる新しい白「ピュアホワイト」を開発した。白は無彩色の特徴でもある有彩色との組み合わせが自由にできる色である。有彩色を引き立てることも、白自身が主役になることもできる。この白を中心に、リモコン、洗面器、手洗器、紙巻器、収納など、他のエレメントの色を調整し、トイレ空間を気持ちの良い空間にすることを可能にした。白を戦略的に押し出したことにより、売上げを大幅に伸ばしている。

どんな空間にも調和する

インテリアとのコーディネートによる空間設計

色と形の美しさが際立っている（カタログ表紙）

0.75坪プラン（SATIS/BW1） 　　0.5坪プラン（SATIS/BW1）

GL-533/BW1 　　GL-543/BW1 　　GL-A537ASG/BW1 　　GAWL-33（B）/BW1

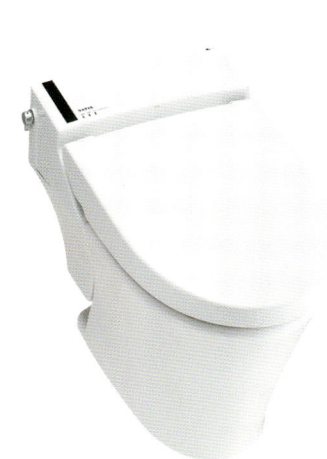

BW1（ピュアホワイト） 　　BN8（オフホワイト） 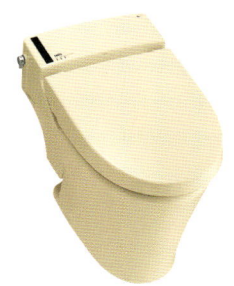　　BU8（アイボリー） 　　BB7（ブルーグレー）

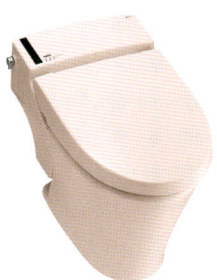

LR8（ピンク） 　　SN7（サンドベージュ） 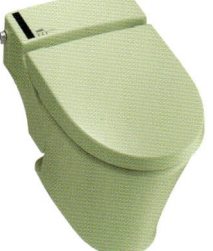　　SG6（フォググリーン）

「フジデザイン ガラス手洗器 ベトロカット」 FUJI DESIGN Glass Wash-Basin "VETRO CUT"   PRODUCT PLANNING

PD：(株)フジデザインコーポレーション 商品部
2001年

PD : FUJI DESIGN CORPORATION
Ltd. - Product division
2001

● イメージの位置付け

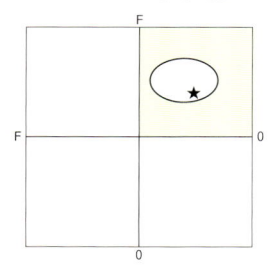

ベースとなっているイメージは「ロマンチック」でコアイメージは「メルヘンチックな」である。このイメージは決してインパクトがあるわけではない。しかし、見る人に夢と安らぎを与える優しいイメージである。生活の中に、生け花のような、若々しさを与えるイメージでもある。

フジデザインが提案する個性的な手洗い器は、生活に欠かせないパウダールームをスタイリッシュに彩るアイテムである。この手洗い器に、日本が誇る伝統工芸でもある江戸切子を採用した。これまでの手洗い器は磁器製のものが中心で、ほうろう引きを含めて金属製のものも多かった。水回りインテリアに、ガラス製品の透明感を採り入れることをコンセプトとして、新鮮なガラス手洗い器の開発に成功した。熟練した職人による、丁寧なカットを施し、柄は江戸切子の代表的な4つのパターンを採用した。カットを入れることで、光の屈折の面白さを加えることができた。その結果、空間におけるアクセントとしての地位を築いた。ガラスという材質感とその材質が持つ色を、フルに生かすということはデザインの基本ではあるが、それを水回りに応用したところに価値がある。材質の色を戦略的に生かすことが、今後の産業の道であることを提案するとともに、顧客の満足度のアップにつながることを証明した。

● カラーバリエーション

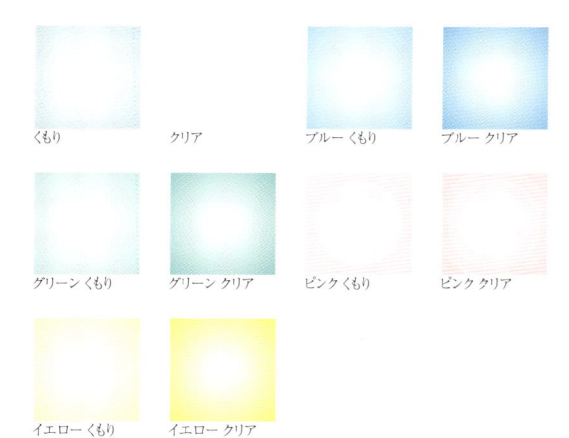

くもり　クリア　ブルー くもり　ブルー クリア
グリーン くもり　グリーン クリア　ピンク くもり　ピンク クリア
イエロー くもり　イエロー クリア

色ぞろえとして明るいトーンのものが中心になっている。いわゆるパステルトーンより選色されている。色はガラスという素材から発色されているので、背景になる色の影響を受ける。そのため必ずしもそのままの色で見えるわけではない。従って透明な素材は、環境になじみやすい。存在感がないということではなく、空間に視覚的な刺激というより心理的な影響を与える存在なのである。この色ぞろえに黒、紺、焦げ茶という暗い色が加わると堅実な雰囲気になる。

アサノハ

ヤライ

カゴメ

アラレ

W80GST-CUT (イエローくもり)

W80GST-CUT (グリーンクリア)

PRODUCT PLANNING 「タカラ 電動ハイブリッド自転車 ビープラス」TAKARA Electro-hybrid bicycles "B PLUS"

現在電動自転車がブームになっている。体力のない高年齢層にも需要が広がっているからだ。タカラがその先を行く電動自転車を製作した。「B PLUS」という名前からも分かるように自転車とバイクの両方の特性を持っている。「バイクから生まれたバイシクル」をコンセプトに、子どもたちには「バイクに乗ってみたい」という疑似体験を実現。また、大人にとってはおしゃれで利便性のある乗り物を考えた。両者をつなぐのは「楽しい乗り物」。ペダルを踏み込んだ時の感動こそが、今回表現したい価値である。コンセプトから、バイクと同様の塗装のクオリティーを維持し、色ぞろえを見て、洋服を選ぶような感覚（ワクワク感）を覚えさせるという作戦は的を得ている。

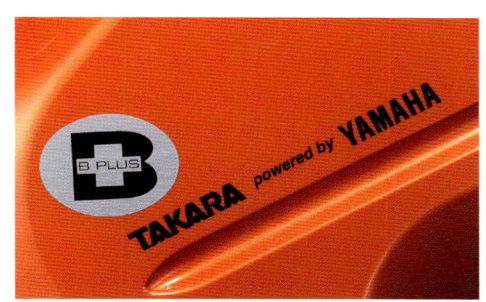

●カラーバリエーション

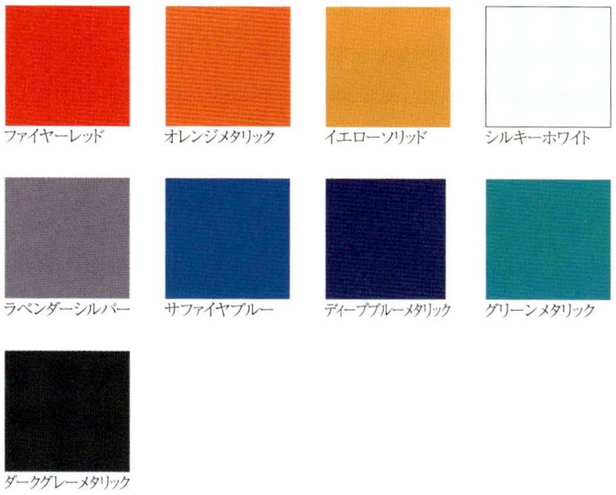

ファイヤーレッド　オレンジメタリック　イエローソリッド　シルキーホワイト
ラベンダーシルバー　サファイヤブルー　ディープブルーメタリック　グリーンメタリック
ダークグレーメタリック

色はピュアカラーに白と薄紫が加えられ、楽しさを演出している。メインカラーはオレンジメタリック、ファイヤーレッド、イエローの暖色系の3色。なじみやすい明るさ。サブカラーはシルキーホワイト、ダークグレーメタリック。安心できる保守性。その他寒色系が4色あり、堅実でクール。それぞれの色が揃うと、「彩りの楽しさ」が生まれ、抵抗感なく購入できる心理を構築する。色相の幅を広げ、購入する人がこだわる嗜好に対応している。特にメイン3色の売れ行きが好調。利便性と「楽しさ」のねらいは的中した。

PM：ヤマハ発動機（株）
DD：（株）タカラ
ColorD：（株）タカラ
D：（株）タカラ
E：ヤマハ発動機（株）、（株）モリック
CI：ブリヂストンサイクル（株）
2004年

PM：YAMAHA MOTOR CO.,LTD.
DD：TAKARA CO.,LTD.
ColorD：TAKARA CO.,LTD.
D：TAKARA CO.,LTD.
E：YAMAHA MOTOR CO.,LTD.,
　MORIC CO.,LTD.
CI：BRIDGESTONE CYCLE CO.,LTD.
2004

●イメージの位置付け

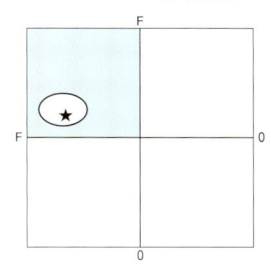

ベースイメージは「カジュアル」で、コアイメージも同じ「カジュアル」である。もともとの意味は普段着のような意味合いであるが、個々では気軽で楽しいという心理効果がある。それは、遊びに通じるイメージで、これらの色が一同に並んでいるのを見た時に、胸の高まりを促す元になる。

ロゴマーク

カバータンク

電動ハイブリッド自転車 ビープラス（オレンジメタリック）

ファイヤーレッド 　イエローソリッド 　シルキーホワイト 　ラベンダーシルバー
サファイヤブルー 　ディープブルーメタリック 　グリーンメタリック 　ダークグレーメタリック

「トヨタ パッソ」 TOYOTA PASSO

PM／E／M：トヨタ自動車（株）
2004年

PM/E/M:
TOYOTA MOTOR CORPORATION
2004

● イメージの位置付け

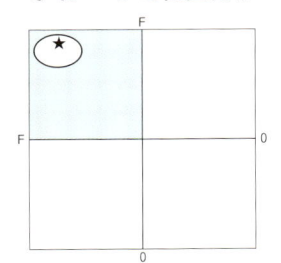

ベースイメージは「アバンギャルド」、コアイメージは「エポック」である。エポックとは画期的な時代という意味だが、平凡な過去から新しい時代に入るという意味が含まれている。これまでと違うという期待感が湧いてくるイメージである。メタリックな材質感もそのイメージを高めている。

トヨタとダイハツが共同開発したコンパクトカー。2004年6月発売以来、高い人気を維持している。徹底的に生活の中で機能する車として開発された。随所に使い勝手を考えた意匠が目立つ。開発の中で、綿密な色彩戦略が立てられていた。女性をターゲットにしたこの車は、女性が日常の生活の中で、車に乗るいくつものシーンを想定して、カラーリングが行われた。それは、カラーコンセプトが「小粋で楽しい生活」ということからも分かる。また、「心が癒される魅力的なカラー」がサブ的に付けられている。乗ることが癒されること。そこに色の大きな役割がある。カラートレンドや嗜好性の変化などを考慮に入れ、女性ユーザーに対するアンケートが実施され、検討が繰り返された。最も注意が払われたのが、外装と内装のカラーコーディネートである。車選びの最後の楽しみは色の選定であることを、意識しての色ぞろえが行われている。傾向としてメタリック系の色が主流になっている。（＊制作過程は14ページを参照）

● メインカラー

R40

● サブカラー

R43　G40

● カラーバリエーション

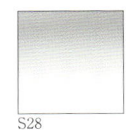

B57　B42　S28　T17

W16　W09

メインカラーはレッド（ブーンはミントブルー）でサブカラーはカシス（小粋な落ち着き）とライム（爽快感）になっている。女性ユーザーを意識してのカラーリングになっているが、ブライトシルバーメタリックやシャンパンメタリックは男性にも好まれる。有彩色は5色用意されているが、赤系2色、青系2色、緑系1色の3種。今の時代には黄、橙、紫が陰を潜めている。エポックというイメージに属するだけあって、新しさが感じられる。未来を感じさせ、前向きな感覚にしてくれる色が選ばれている。

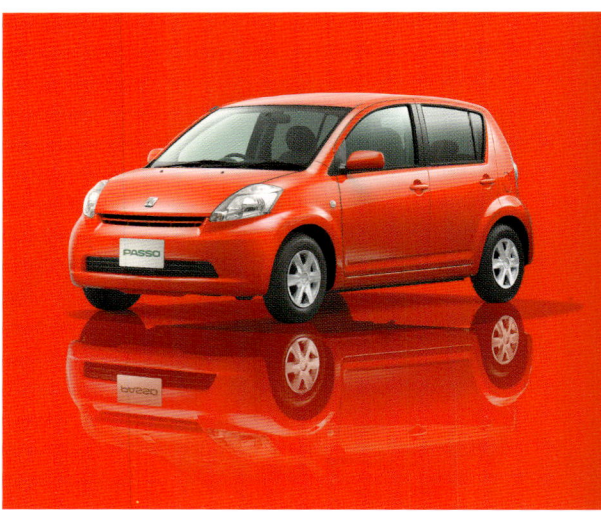

「小粋で楽しい生活」がカラーコンセプト

シャイニングレッドがメインカラー

小さな手軽さがポイント

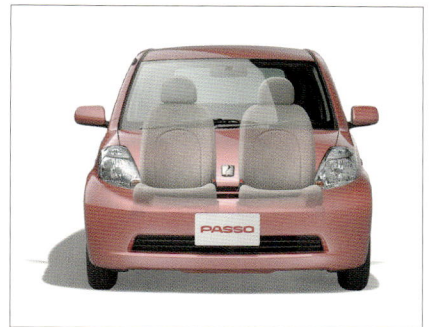

ゆとりの運転席・助手席間

取り回しの良いコンパクトボディ

コンパクトだが動きやすい室内

高い開口部

ワイドオープンのリアドア

多彩な可能性のある室内

カシスピンクメタリック（R43）

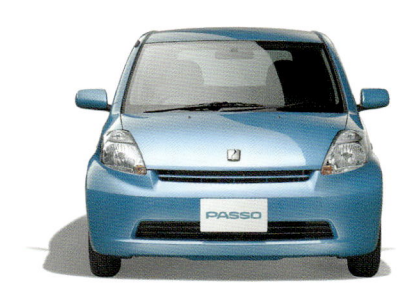

ミントブルーメタリックオパール（B57）

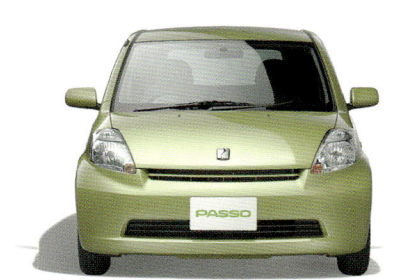

ライムグリーンメタリック（G40）

シャイニングレッド（R40）

ダークブルーマイカメタリック（B42）

ブライトシルバーメタリック（S28）

シャンパンメタリックオパール（T17）

パールホワイトⅠ（W16）

ホワイト（W09）

「デジタル オーディオ プレイヤー リオ SU35」 digital audio player Rio SU35

PRODUCT PLANNING

PM：Rio開発部
CI：リオ・ジャパン
2004年

PM : Rio Development Division
CI : Rio Japan
2004

●イメージの位置付け

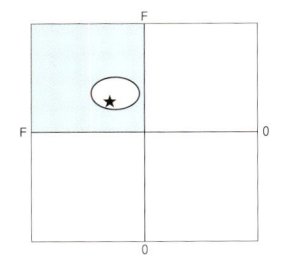

ベースイメージは「フレッシュ」、コアイメージは「ストリート調」である。ポップな感じのする軽快な雰囲気がある。シルバーとの組み合わせでシャープなイメージも持っている。特にシルバーの面積が広いので、シルバーの性格が強く前面に出てくる。シルバーはモダン、理知的、堅実などの心理効果がある。

超小型のデジタル・オーディオ・プレイヤーの「Rio SU35」である。128MBは約60曲（256MBは約120曲）の音楽を記録できる。しかも16時間連続再生が可能（充電時間は4時間）。FMチューナーとしても国内はもとより北米、ヨーロッパ、アジアで現地のニュースや音楽を聞くことができる。連続18時間の音声録音が可能なので、ボイスレコーダーとしても使用できる。本体は5色が用意されている。ディスプレイには7色のバックライトが搭載されている。日本語でのタイトル名やアーチスト名を表示できる。これほどの小型でありながら、その使い途は広い。リオ・ジャパン製品は使いやすさと優れたデザイン性が特徴と言える。製品の中に、必ず色を重要なポイントで使用している。カラーバリエーションの展開は欠かせないものとして位置付けられている。

●カラーバリエーション

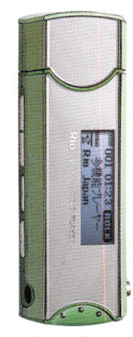

Mirror Red　Mirror Green　Mirror Blue　Mirror Black

Mirror Silver

サイズが小さいものは、色が大きなデザインの要素になる。このオーディオプレイヤーは、あくまでも音に関するものがメイン。本体の色は若者の嗜好に合わせ、軽快で活動的な心理を与える。シルバーはビジネスシーンを想定するなど、幅広い層に対応している。本体、ディスプレー、イコライザーとユーザーの好みで選択できる要素がそろっている。小さいながらも、色彩戦略が積極的に導入され、効果を上げていることが分かる。

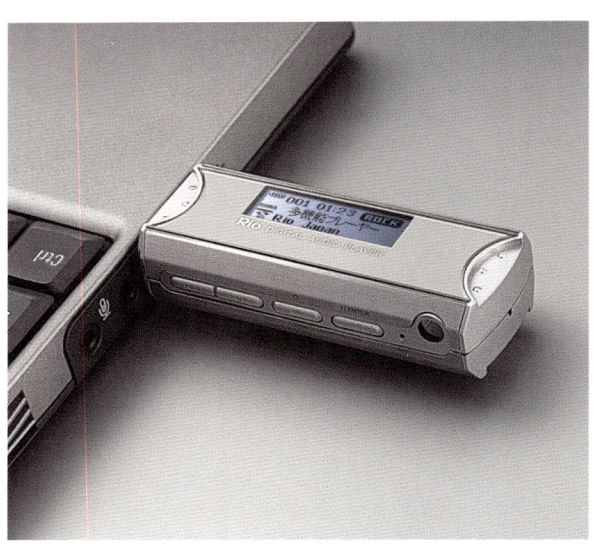

ビジネスシーンにも対応するデザイン

Mirror Red　Mirror Green　Mirror Blue　Mirror Black　Mirror Silver

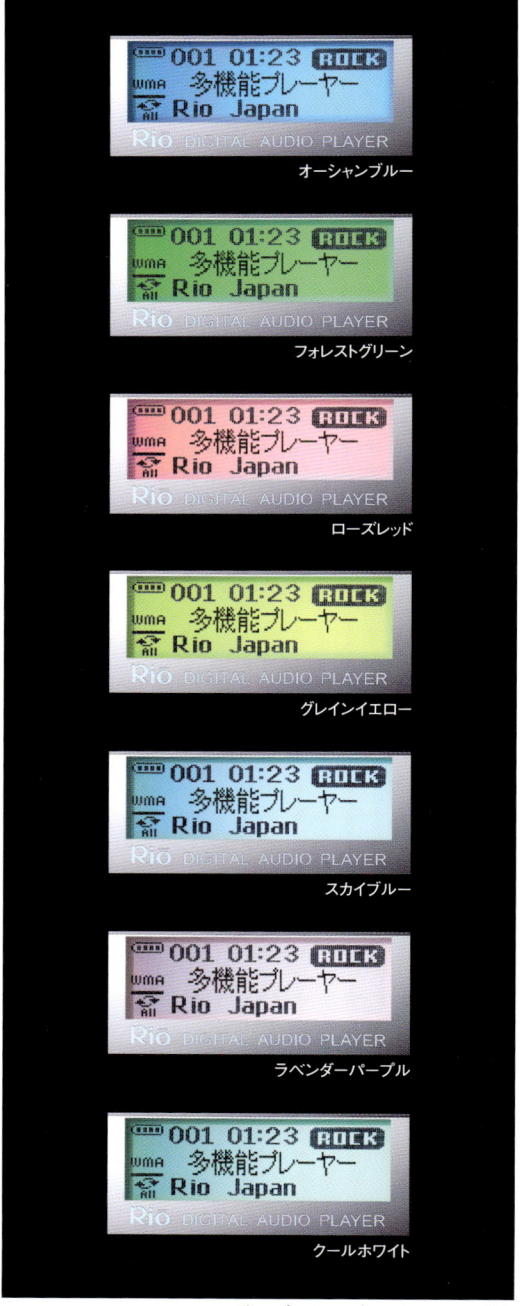

オーシャンブルー
フォレストグリーン
ローズレッド
グレインイエロー
スカイブルー
ラベンダーパープル
クールホワイト

ディスプレイには7色のバックライトを搭載

PRODUCT PLANNING

au design project "talby"「au design project "talby"」

au design projectによる携帯電話モデル第3弾「talby」である。このKDDIによるプロジェクトは、これまでにない魅力とアイディアを備えた携帯電話を提案してきた。毎年、国内外のデザイナーとのコラボレーションによって、デザインの視点から新しい形、新しい経験を提案する活動を展開している。talbyはオーストラリア出身のマーク・ニューソンとのコラボレーションによって、「超フラット&超スリム」なデザインを実現した。このタイプは2003年発表のプロトタイプ（コンセプトモデル）を下に開発されたものである。シンプルであること、機能的であること、そしてユーモアがあることの3点をテーマにデザインが行われた。カラーは高い質感を持つシルバーを基調にビビッドなグリーン、オレンジ、上品なブラックの3色。2004年11月の発売以来大ヒットしている。

● カラーバリエーション

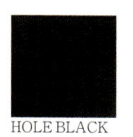

HORNET GREEN　ORANGE ORANGE　HOLE BLACK

● ベースカラー

WHITE

黄緑はtalbyでは「ホーネットグリーン」とネーミングしている。この色と橙は反対色の関係にあるが、両色とも明日に向かっていくプラスの印象を人に与え、男女関係なく好まれるのが特徴。ベースカラーになっているシルバーとのバランスによって、モダンな雰囲気の度合いが変化する。色とシルバーとの見え方が、半々の場合はシルバーよりも色の方が強く感じられる。それによってファッション性が高まり、幅広の首かけオリジナルストラップはそれを楽しむために作られた。

D：マーク・ニューソン
M：鳥取三洋電機（株）
CI：KDDI（株）
2004年

D : Marc Newson
M : Tottori SANYO Electric Co.,Ltd.
CI : KDDI CORPORATION
2004

● イメージの位置付け

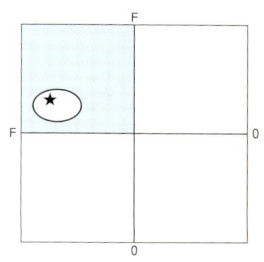

ベースイメージは「カジュアル」、コアイメージは「愉快な」である。これにモダンを感じさせる黒とシルバーが加わっている。メインはあくまでも黄緑と橙。このイメージは男女の性別関係なく好まれる。黒とシルバーの場合は、モダンなイメージが強まり、機械的な印象を受ける。ビジネスマンのライフスタイルに適応する。

talby（Hornet Green）

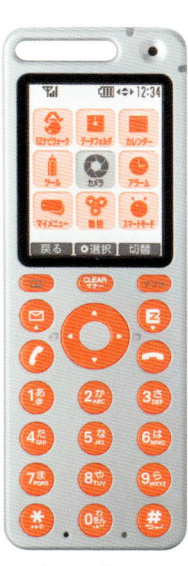

Hornet Green　Orange Orange　Hole Black　裏面

ケース（グリーン）

ケース（オレンジ）

ケース（ブラック）

109

「日清ラ王」 NISSIN RAO

PACKAGE DESIGN

PM：浅野洋一郎
DD：佐野研二郎
ColorD：佐野研二郎
D：岡本和樹、遠藤祐子、鈴木亜希子
M：日清食品(株)
2004年

PM : Yoichiro Asano
DD : Kenjiro Sano
ColorD : Kenjiro Sano
D : Kazuki Okamoto, Yuko Endo, Akiko Suzuki
M : NISSIN FOOD PRODUCTS CO.,LTD.
2004

日清食品は1958年世界初のインスタントラーメン「チキンラーメン」を世に送り出し、さらに13年後の1971年、世界初のカップめん「カップヌードル」を作り上げ、世界に誇る食品として定着させた。1992年生タイプ即席めん「日清ラ王」の発売により、本格的即席めんの時代への幕が開けた。より本格的ラーメンに近づくためのリニューアルがその後展開されてきた。2004年のリニューアルは、カップめんの新時代を切り開くというねらいで、「厚味」をコンセプトにした開発が行われた。これには、日清食品ならではの加工技術が生かされている。ラーメン店のめんの量と同等の食べ応えを実現した。今回のリニューアルで、パッケージもリニューアルされた。「日清ラ王」の「ラ」はラーメンの「ラ」でもある。商品天面に「ラ」を大きくデザインした。これはラ王が治める国の旗印である。めんの色を連想するベージュ、「ラ」を浮かび上がらせる黒。売上げは上々で、商品を印象付ける色彩戦略が功を奏した。

● メインカラー

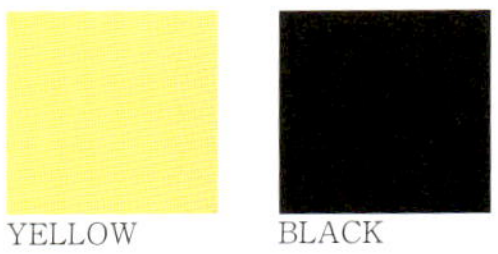

YELLOW　BLACK

● カラーバリエーション

RED　ORANGE　GREEN

食品のパッケージのデザインは、多くの場合シズル感が決定的な要素として採用される。しかし、「ラ王」はメインを文字にした。その文字が持つ、色彩イメージが重要な役割を果たしている。今回のリニューアルで「しょうゆ」「みそ」「とんこつ」の3種が新発売になったが、いずれも「厚味」がコンセプトで、具、めん、そして味の厚みを実現した。それを色と形（文字）だけでここまで表現した。目立つだけでなく、味をもメッセージする戦略で売上げに大きく貢献した。

● イメージの位置付け

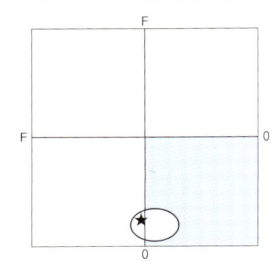

ベースイメージは「クラシック」、コアイメージは「重厚な」である。クラシックとは古典的という意味だが、ここではラ王国の風格を表し、味の重厚さをも表すイメージになっている。このイメージにはあいまいな部分がない。天面全体のイメージがこのイメージになっている。

パッケージ
「ラ」はラ王国の旗のイメージ

カップ裏
裏にはラ王の紋章

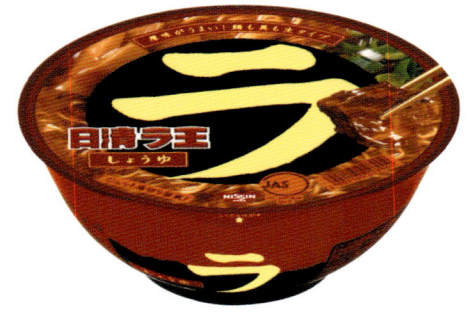

しょうゆ　みそ　とんこつ

| PACKAGE DESIGN | | NISSIN GooTa「日清具多」 |

2002年に日清から画期的なカップめんが発売された。「日清具多」は当時のカップ麺の要素で開発が取り残されていた具材に焦点をあて、「具に驚きのあるカップめん」がコンセプトになった。それ自身が無謀と思えるぐらい現実離れしたものであった。「具多」は「GooTa」とアルファベット表示される。具が多いことをストレートにメッセージすると同時に、空腹時の「グー」というお腹が鳴る音とgoodにかけてネーミングされた。売上げに影響するパッケージは、これまでにないものをデザインしなければならない。シズルよりもカラーアイデンティティーを大切にし、赤帯を具多のシンボル表現とした、既成概念を破るパッケージが採用された。赤を前面に出し、カップめんの常識を完全に超越するデザインが打ち出され、誕生してから2005年1月までに登場した「具多」は23種類、1ヶ月に1品のペースで発売されている。

※写真はすべて初期の具多で、現在販売されていない商品

● シンボルカラー

RED

● サブカラー

GOLD　WHITE

帯の赤が圧倒的なイメージを作り上げている。使用されている赤は豊かな豪華さを感じさせる色である。それに、金が使われているのでさらに豪華さが増している。赤は誘引性が高く、店頭においても人の目に付きやすい。カップめんが溢れる店頭にあって「具多」は探しやすい。しかも、高価なものを手に入れた時の喜びも大きい。色の心理的な効果をフルに利用して選定されている。高価格帯のカップめんでありながら売れ行きを伸ばしている。

PM：小山元一
DD：棚橋芳雄
D：黒木一人
M：日清食品(株)
2002年～

PM : Motokazu Koyama
DD : Yoshio Tanahashi
D : Kazuto Kuroki
M :
NISSIN FOOD PRODUCTS CO.,LTD.
2002~

● イメージの位置付け

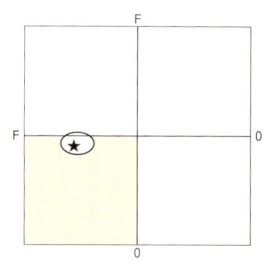

ベースイメージは「ゴージャス」、コアイメージは「豪華な」である。ゴージャスと豪華はほとんど同義的な意味を持っているが、単なる豪華ではなく、すべてにおいて最高というイメージになる。見せ掛けではなく本質的な豪華である。

雲呑担担麺

麻婆豆腐麺

豚キムチ麺

チャンポン麺

2002年初代具多パッケージ(現在のパッケージはカップにまで赤帯が施されている)

七枚入叉焼麺
高級感のある赤帯があらゆる常識を破った

「ロッテ ガーナミルクチョコレート」 LOTTE Ghana Milk Chocolate

PACKAGE DESIGN

[Ghana Milk Chocolate]
PM：(株)ロッテ
DD/D：大日本印刷(株)
1964年〜

PM : LOTTE CO.,LTD.
DD/D :
Dai Nippon Printing Co.,Ltd.
1964~

● イメージの位置付け

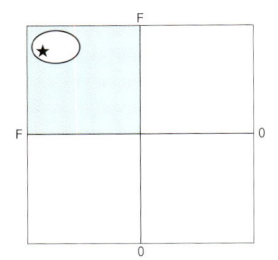

ベースイメージは「アバンギャルド」、コアイメージは「革命的な」である。明るく、活発なイメージで、人に元気な刺激を与える。革命的な情熱を感じるとともに、古さを感じさせないイメージでもあり、誘引性が高く、いつも注目される。金が加わると、「ゴージャス」な雰囲気が加味される。

ロッテのガーナミルクチョコレートは1964年に発売された。当時すでに先行メーカーがあり、後発メーカーとして個性的なチョコレートにする必要から、原料をガーナから求め、味をスイスに求めたものである。チョコレートの発売は、ガムのメーカーだったロッテが、事業を拡大するきっかけとなった。当時、ガーナミルク（64年2月発売）とバッカス（64年9月発売）の2種を中心に展開した。60年代はチョコレートの販売合戦がたけなわだったが、当時のチョコレートのパッケージは、ほとんどのものがいわゆるチョコレート色を基調にしていた。ロッテではチョコレートの色としては珍しい赤を採用し、ポスター、POP等の店頭資材と連動させたり、若い女性達に赤い紙袋を持って街を歩かせて新登場感を印象付けた。日本で色彩の理論と効果を戦略的に用いた最初のものと言える。ガーナミルクはその赤とともに定番となり、商品バリエーションも増えた。ロッテのコーポレートイメージを赤に定着させたのはガーナミルクの功績と言える。

● メインカラー

RED

● サブカラー

GOLD　WHITE

ガーナミルクチョコレートは朗らかな赤いパッケージで登場し、チョコレート業界に新風を吹き込んだ。バッカスの緑と補色コンビで店頭に衝撃を与えた。チョコレートのパッケージにピュアな色を導入した最初のものである。金色がロゴに使用されているため、ゴージャスなイメージも加わっているが、メインカラーは赤であり、基本的には人を元気にさせる軽快で情熱的な色である。40年前より一貫してこの赤を展開してきた、歴史的な色彩戦略である。

ガーナミルクチョコレート

ガーナブラックチョコレート

ガーナリップル

ガーナ冬の生チョコレート

ガーナエクセレント

ガーナブラウニー

PACKAGE DESIGN   LOTTE Almond Chocolate「ロッテ アーモンドチョコレート」

「アーモンドチョコレート」市場全体の購買層がやや高めであるところから、若い層にも販路を広げたいというねらいで開発が進められた。特に20～30歳代の若い消費者をターゲット設定したものである。パッケージデザインのカラーリングでは、赤、青、白と、あらゆる色の使用を検討した。最終的に甘さを抑えて、すっきりとした新しい味であるということから、新規性での登場感と、若者が手に取ってくれやすいという理由から、金を採用した。金というインパクトのある色を使い、しかも文字や絵には落ち着いた雰囲気を表現し、10年経っても色あせないシンプルなデザインを目指している。「マカダミアチョコレート」は「アーモンドチョコレート」の姉妹品という位置付けで開発したもの。同様に金を有効に生かし、ロッテのナッツ類が店頭に並んだ時、強く見えるようにデザインされている。両者とも、質の高さを強調し、それぞれの個性を出している。

●メインカラー

GOLD（パッケージ）　BROWN（チョコレート）

●サブカラー

RED　BLUE　GREEN

金とチョコレートの色を組み合わせ、豪華なぜいたく感を出している。これによって店頭効果も高く、分かりやすい色調を得ている。新登場という劇的な演出効果もあり、存在感は高い。「高級感」「チョコらしさ」「ファッション性」「本物感」を目標にしており、達成されている。発色には、高輝度インキの使用によって品質の高さ、ホットスタンプの採用により加蝕表現を行っているのが特徴になっている。新アーモンドチョコレートのポジションを築いた。

[Almond Chocolate]
DD/D：凸版印刷（株）
パッケージ事業本部企画販促本部
CI：（株）ロッテ
2000年

DD/D：TOPPAN PRINTING CO.,LTD.Packaging Division-Planing and Promotion Head Office
CI：LOTTE CO.,LTD.
2000

[Almond Chocolate Crisp]
DD：凸版印刷（株）
パッケージ事業本部企画販促本部
D：（有）ハナオカデザイン
CI：（株）ロッテ
2003年

DD：TOPPAN PRINTING CO.,LTD.Packaging Division-Planing and Promotion Head Office
D：HANAOKA DESIGN INC.
CI：LOTTE CO.,LTD.
2003

[Macadamia Chocolate]
DD：凸版印刷（株）
パッケージ事業本部企画販促本部
D：（有）ハナオカデザイン
CI：（株）ロッテ
2001年

DD：TOPPAN PRINTING CO.,LTD.Packaging Division-Planing and Promotion Head Office
D：HANAOKA DESIGN INC.
CI：LOTTE CO.,LTD.
2001

アーモンドチョコレート

アーモンドチョコレートクリスプ

マカダミアチョコレート

●イメージの位置付け

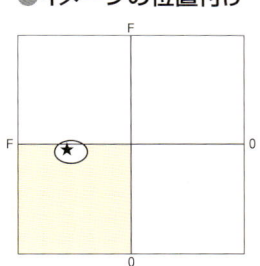

ベースイメージは「ゴージャス」、コアイメージも同じ「ゴージャス」である。豪華さをかもし出しているイメージだが、上質感が強く出ているものになっている。金の効果によってその雰囲気を高めている。「クリスプ」に関しては軽快な感じが加味されている。

「ロッテ キシリトールガム」 LOTTE XYLITOL GUM

PACKAGE DESIGN

DD：佐藤卓
ColorD：佐藤卓
D：佐藤卓、加賀田恭子、三沢紫乃
M：(株)ロッテ
1997年

DD : Taku Satoh
ColorD : Taku Satoh
D : Taku Satoh, Kyoko Kagata, Shino Misawa
M : LOTTE CO.,LTD.
1997

● イメージの位置付け

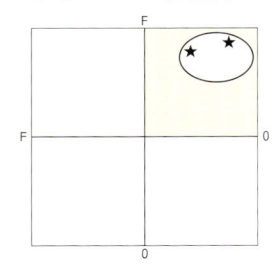

ベースイメージは「クリア」、コアイメージも同じ「クリア」がメインで「清潔な」が複合されている。クリアの日本語の意味としては清潔であるが、「清潔」といったときのイメージとは微妙に違う。クリアの場合には、涼しい雰囲気が含まれている。両方のイメージを複合すると「清潔で清々しい」イメージになる。

ロッテが1997年に発売した天然素材甘味料キシリトールを配合した日本の代表的なデンタルサポートガム。酸を生成しないため虫歯の原因とならない。2001年には歯を丈夫で健康に保つ効果が厚生省（当時）に認められ、キシリトール+2「クールハーブ」が「保健機能食品（特定保健用食品）」の認可を受けた。その後、キシリトールブランドの多くの商品が「特保」の認可を受けている。キシリトールは白樺などの木を原料としている天然素材甘味料。それを受けてグラフィック展開では「デンタル」をコンセプトにすべてのパーツが制作されている。ベースカラーは植物を連想する緑を選定。緑には「おとなしい」や「静か」という心理作用があり、色が豊かな商品群の中では、非常に難しい色である。それを乗り越えるため、キラキラ光るデンタルの重要な構成要素である「輝度」を加えることによって、キシリトールらしさと、店頭での強い存在感の両方を獲得した。メタリックカラーは、光の角度によって暗く見えることがあるが、逆にロゴが浮かび上がるよう配慮されている。

● メインカラー

GREEN

● カラーバリエーション

BLUE　PINK　BLACK

ロッテはもともとガムの老舗。発売しているガムの種類は多い。それぞれがブランドとして定着している。緑では「グリーンガム」がすでに存在している中での「キシリトール」の開発であった。発売された1997年には、緑1色であった。その後、商品アイテムが増えており、ブランドとして定着した。カラーリングの正確さが特徴であり、味と色を結び付け、しかも購買意欲を増させるという目標を達成している。

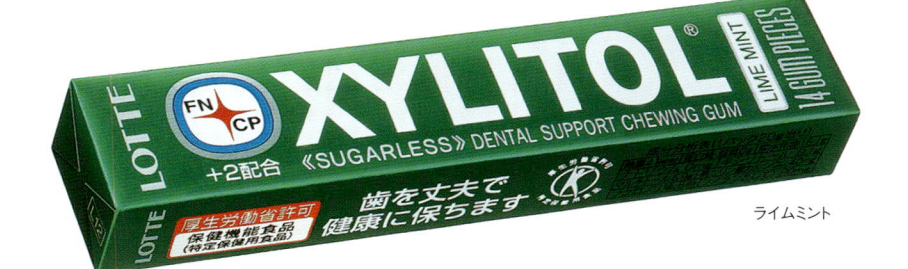

ライムミント

外装から中身が連想できる

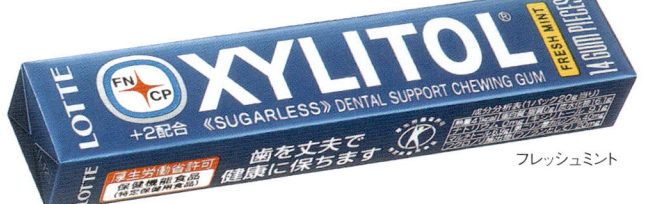

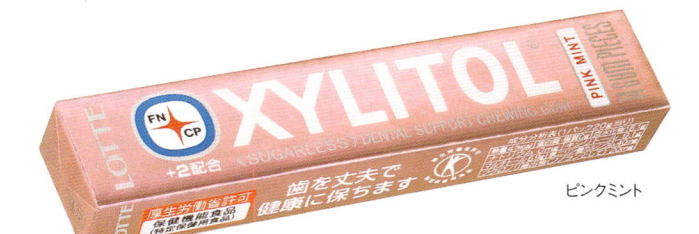

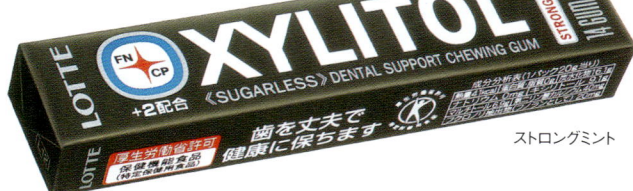

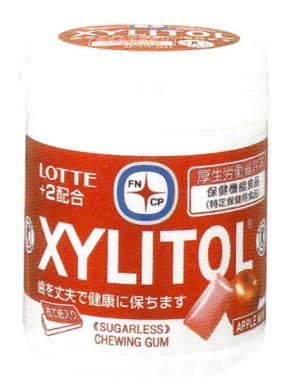

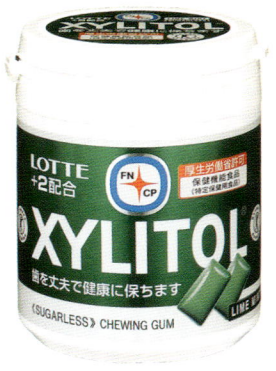

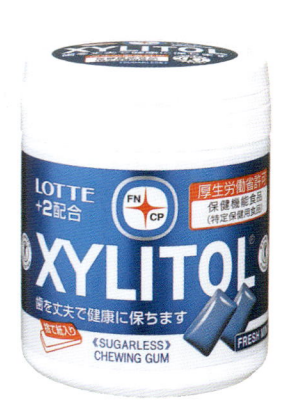

フレッシュミント

ストロングミント

ピンクミント

アップルミント　ライムミント　フレッシュミント

PACKAGE DESIGN

Calbee JAGARIKO「カルビー じゃがりこ」

カルビーの「じゃがりこ」は1995年に新発売された。カップに入って取り出しやすいスタイルから、一躍人気商品になった。その後、地域限定のものや新しい味を開発し、カルビーの主力商品として現在に至っている。2004年10月にリニューアルし、それまでの人気の定番「じゃがりこサラダ」と「じゃがりこチーズ」の2種に、新たに「じゃがりこコンソメ」を加えた品ぞろえになった。パッケージも新しいものにした。「女子高生やOLのかばんに入る持ち運びが便利なスナック」が商品コンセプトに企画が進められた。袋入りはかさばるイメージがあり、カップ入りの利点をアピールするねらいがあった。じゃがいものスナックとしてふさわしい色、ターゲットからの受容性が高い色、味を想像させながらバリエーション展開した時にバランスのとれる色、これらの色を検討していった。その結果、一つの商品で使用する色は基本的に2色とし、ベージュ（共通色）、緑、赤、ベージュをそれぞれの色とした。

● シンボルカラー

BEIGE

● カラーバリエーション

GREEN　RED　BEIGE

味覚と色を合わせる場合、基本になるのは新鮮さである。それをベースにカラーリングが行われる。商品イメージと味が合っているか、競合他社と比較してインパクトがあるか、バリエーション展開時のバランスはとれているか、ターゲットに支持されるか、パッケージデザインとしてのクオリティーはあるか、という4点がポイントになる。味と色とが一致していることが認知され、商品の特性が分かりやすく、消費者からの反応が大きかった。

PM：カルビー（株）
AD：徳田裕二（アサツーディ・ケイ）、今井クミ（アピスラボラトリー）
D：川崎亜矢子（アピスラボラトリー）
M：カルビー（株）
2004年

PM：CALBEE FOODS CO.,LTD.
AD：
Yuji Tokuda(ASATSU-DK INC.),
Kumi Imai
(APIS LABORATORY INC.)
D：Ayako Kawasaki
(APIS LABORATORY INC.)
M：CALBEE FOODS CO.,LTD.
2004

● イメージの位置付け

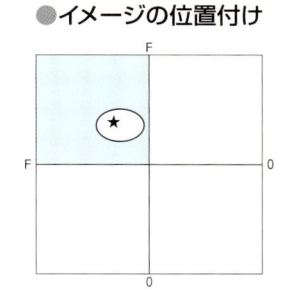

ベースイメージは「フレッシュ」、コアイメージは「健康な」である。新鮮で健康につながるイメージは人に気持ちよく映る。このイメージに赤が加わるとスポーティなイメージを与える。味覚的にはおいしさを強くメッセージするものである。

商品の味と色との一致（サラダ）

チーズ

コンソメ

「グリコ ポッキーチョコレート」 glico Pocky Chocolate

PACKAGE DESIGN

PM：江崎グリコ(株)
代表取締役／江崎勝久
DD：駒芳昭
D：川路ヨウセイデザインオフィス
2004年

PM : EZAKI GLICO CO.,LTD.
President and C.E.O./
Katsuhisa Ezaki
DD : Yoshiaki Koma
D : KAWAJI YOSEI DESIGN OFFICE
2004

●イメージの位置付け

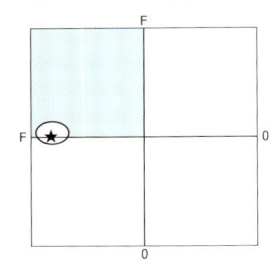

ベースイメージは「ダイナミック」、コアイメージは「衝撃的な」である。スポーティなイメージの上を行く、超元気なイメージである。明るいエネルギーを見る人にインパクトを強くして印象付ける性格がある。特に白との組み合わせで、清潔感が感じられ、チョコレートの色と重なって、おいしさへとつながっている。

グリコの「ポッキーチョコレート」が誕生したのが1966年、40年ほどの歴史を持つ基幹商品に成長している。「ポッキー」は現在、チョコレートカテゴリーの中の売上げNo.1のブランドであり、14アイテム（2004年9月現在）に成長し展開されている。その「ポッキーチョコレート」が発売40周年を前にして、2004年10月に大幅にリニューアルされた。コクや風味、チョコレートとプレッツェルのバランス、食感など細部にわたる徹底した見直しを実施し、100タイプ以上の試作を経てようやく従来品を超えるおいしさを実現した。これを機に、デザイン、包装材料、内容と価格、など製品企画に関するものをすべてリフレッシュし、姉妹品の「メンズポッキー」とともに「ALL NEW Pocky!」として生まれ変わった。

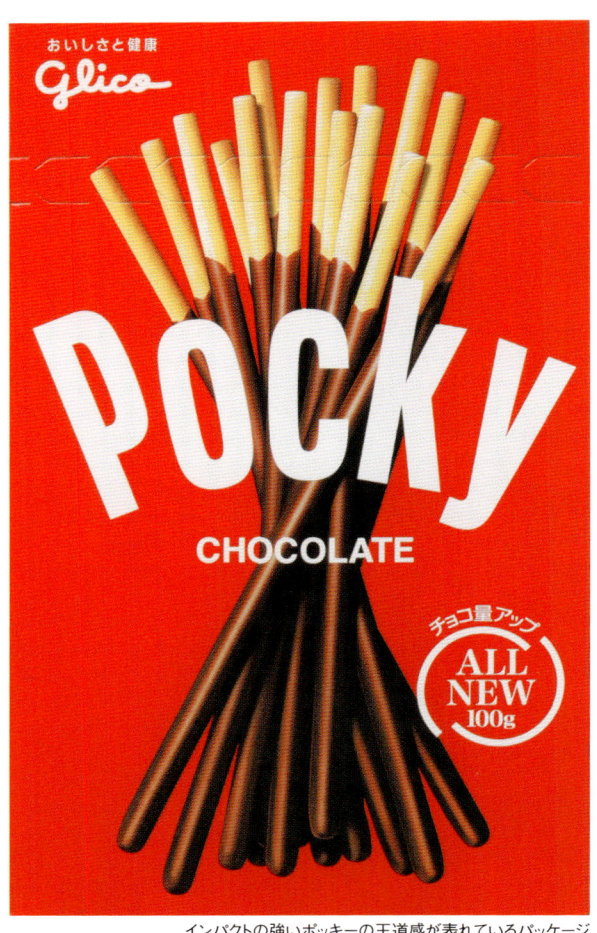

●メインカラー

RED　WHITE

●カラーバリエーション

GREEN

赤は長年の色の財産として守られている。ポッキーには、幅広いユーザーの異なる思い出とイメージが形成されている。鮮度を高めるため、若干濁りを抑えて、明るい赤に変更された。ポッキーもメンズも地色1色と白（紙地）でデザインされている。色数を最小限に抑え、店頭でのインパクトを強め、ポッキーグループの核であると同時にスティック菓子の象徴として王道感をアピールしている。このリニューアルは売上げにも貢献し、デザイン的な成功を治めている。

●配色比

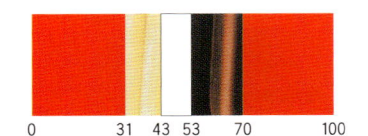

0　31　43　53　70　100

圧倒的に赤が多く（61％）、このパッケージのイメージを決定付けている。中身を伝えるチョコ（17％）とスティックの黄（12％）が絶妙な割り合いになっている。白（10％）のロゴは効果的な分量で入れられている。

インパクトの強いポッキーの王道感が表れているパッケージ

パッケージ裏

「ALL NEW POCKY!」CM
(2004年10月より上映)

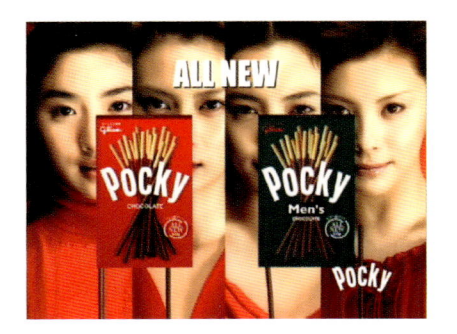

人気絶頂の4人のタレントを使ったキャンペーン店頭用吊り旗

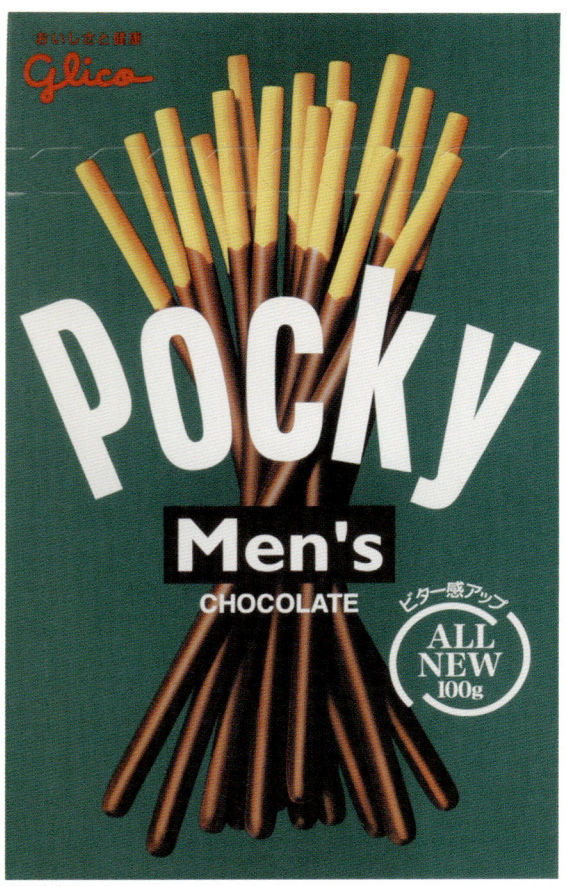

「グリコ ポッキーチョコレート」glico Pocky Chocolate　　PACKAGE DESIGN

メンズポッキー

展示用ビニール風船

携帯ストラップ用マスコット

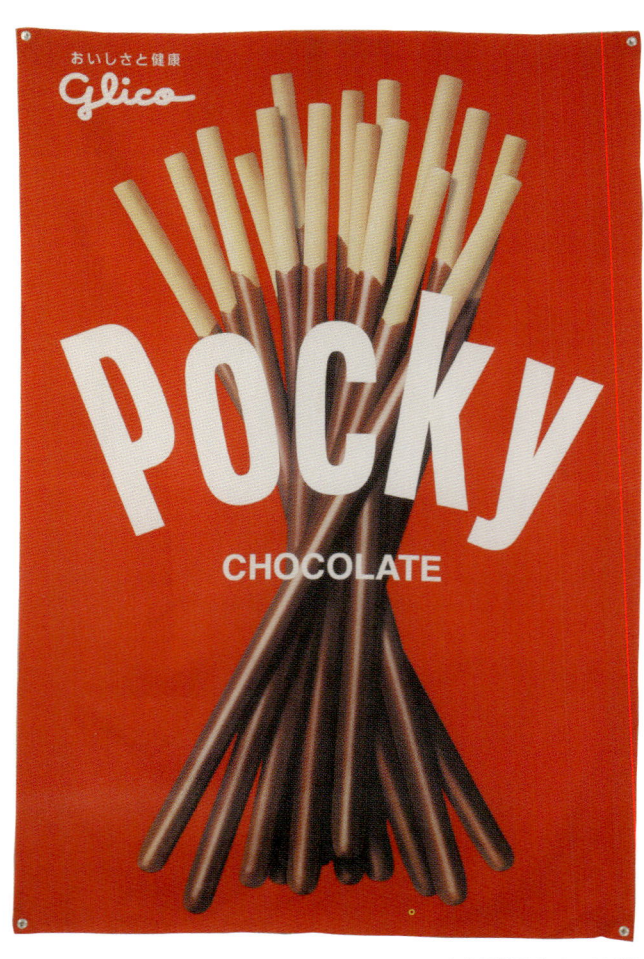

店内展示用ポスター（布製）

PACKAGE DESIGN

glico Pocky Decorer「グリコ ポッキーデコレ」

2003年に発売されたグリコの「ポッキーデコレ」が、2004年に味とデザインがリニューアルされた。「ポッキーデコレ」は女性たちが好むケーキをポッキーにしたもの。ケーキのような華やかさを持ち、エアレーションしたチョコの口溶けの良さが特徴となっている。

● カラーバリエーション

RED / BLUE

● サブカラー

GOLD / WHITE

「フレーズ オ ショコラ」は地色が赤で、ポッキーチョコレートと同じイメージになっている。赤を少し明度を落として、高級感を出すようにしている。「ショコラド キャラメル」は、青というより青紫に近い色になっている。赤とのコンビネーションを考えて選定された。お互いに影響し合い、訴求力を高めた。その結果、店頭でのインパクトも高められた。

PM：江崎グリコ(株)
代表取締役／江崎勝久
DD：駒芳昭
D：川路ヨウセイデザインオフィス
2004年

PM : EZAKI GLICO CO.,LTD.
President and C.E.O./
Katsuhisa Ezaki
DD : Yoshiaki Koma
D : KAWAJI YOSEI DESIGN OFFICE
2004

● イメージの位置付け

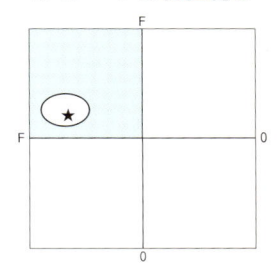

ベースイメージは「カジュアル」、コアイメージも同じ「カジュアル」である。気軽で行動的なイメージがある。ここでは金が使われているので豪華さが付加されている。白のロゴによって清潔感が出ている。

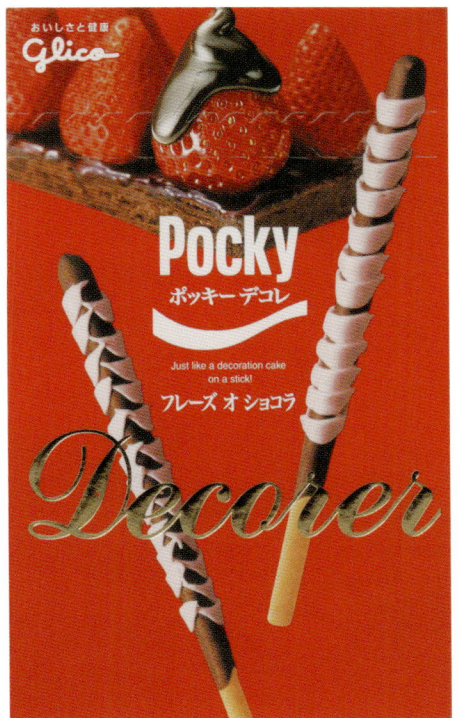

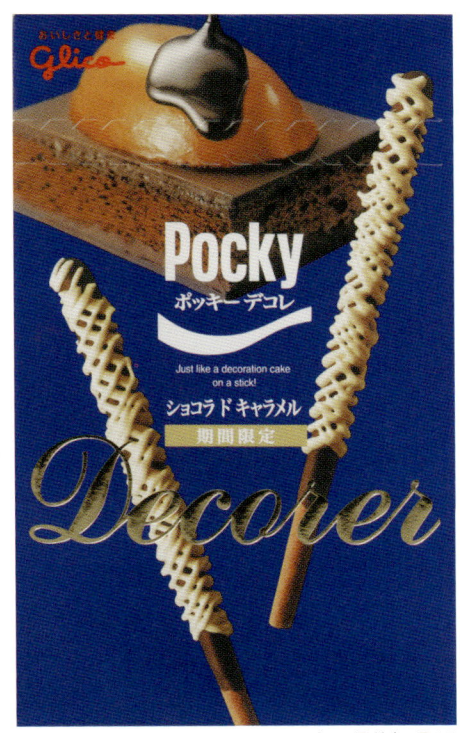

フレーズ オ ショコラ　　　ショコラド キャラメル

ポッキーデコレCM
（2004年8月より上映）

「森永 ハイチュウ」 MORINAGA Hi-CHEW

PACKAGE DESIGN

CD：大塚隆
AD：佐藤勝則
D：富永裕子、渡辺倫子、柴田まりも
M：森永製菓(株)
2004年

CD : Takashi Otsuka
AD : Katsunori Satou
D : Yuko Tominaga, Michiko Watanabe, Marimo Shibata
M : MORINAGA.CO.,LTD.
2004

● イメージの位置付け

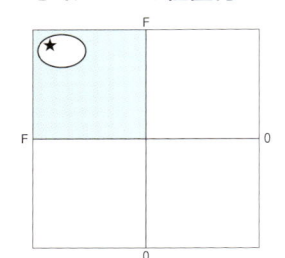

ベースイメージは「アバンギャルド」、コアイメージは「歓喜」である。アバンギャルドは前衛的という意味であり、新鮮な雰囲気を持っている。歓喜はものすごく喜んでいる、明るいイメージ。未来とか夢というイメージはなく、現実的な感じを見る人に与える。リアルなイメージと言える。

1931年に日本で初めて発売された食べられるチューインガム（チューレット）から、改良、リニューアルの変遷を経て現在の商品になった。「フルーツのおいしさを味わえるチューインキャンデー」をコンセプトに展開した。シズルのおいしさの訴求とブランドイメージの認知との関係から商品企画が行われた。心地良いチューイング性によって実現できる、ハイチュウならではの豊かなジューシー感とフルーティ感が特徴となっている。ハイチュウ独自の世界観をさらに深めるには、「おいしさへの信頼感」にあるとし、信頼感を強化することが購買意欲の喚起につながると考えている。ブランドロゴはブランドイメージを定着させるねらいで、どの商品の展開にも適用できるように、紺の文字とだ円のグラデーションでデザインされている。それぞれのフルーツと背景の色を統一することで、味を強く連想させることをねらっている。

● カラーバリエーション

RED　GREEN　YELLOW　PURPLE
BLUE　YELLOW OCHER

果実が持っているシズル感を出すために、彩度の高い色が採用されており、ピュアな色が持つ現実感が前面に出ている。この場合の現実感とはリアル感のことで、見る人に果実のシズル感を与える。さらに、写真を使ったデザインで味をイメージしやすくしている。チューインキャンデーのトップブランドとしての市場は築かれている。そしてハイチュウのブランド名は広く浸透している。このネームバリューをいかに購買意欲につなげていくか、色彩戦略への期待は大きい。

果実のシズル感を重視している（ストロベリー）

グリーンアップル

グレープ

グレープフルーツ

ヨーグルト

ライチ

ハイチュウキッズシリーズ

コーラ

ラムネ

クリームソーダ

PACKAGE DESIGN　　　　　　　　　　　　　　　　　　　　　　　　　　　　　　　　MORINAGA Biscuit「森永 ビスケット」

森永は創業100年を超える老舗。その伝統製品であるビスケットは、各ビスケット商品をグループ化し、より訴求力を高めるため、1980年に「森永クララシリーズ」として市場に投入され、現在に至っている。客との接点である店頭で、「クララシリーズ」はビスケット売り場を活性化するため、くっきりと目立ち、おいしさを強く訴求させるカラーリングを行った。デザイン的には「見やすく、選びやすく、手に取りやすく」に重点を置いた。シリーズとしての配色のねらいは、各商品のメインカラーによる商品イメージ（商品名を含む）の定着である。あいまいで表現しづらい色使いは避け、誰もが一言で表現しやすい純色に近い色使いを選択している。各商品のメインカラーは、マリー（1923年発売）はクララシリーズで最も伝統があるメイン製品であり、また食品のパッケージで最も売上げ効果があるといわれている赤を選定している。ムーンライトは名前のイメージから青を選定している。

● カラーバリエーション

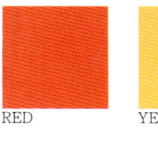

RED　YELLOW　BLUE　BLACK

SILVER　GOLD

あいまいな色を避け、店頭効果を上げるため、ピュアな色（純色）が選定されている。赤、黄、青という伝統的な色はそのままに、背景の布地の質感を変更することにより、パッケージのイメージをブラッシュアップした。発売年を目立たせ、ロングセラービスケットであることを強調。チョコ コンビネーション製品には高級感を出すため黒、金、銀を採用した。サブ的にはシグネチャー（サイン）や帯など、すべての商品に金を使い、シリーズとしての統一感を出している。

PM：森永製菓（株）
DD：薄井豊子
D：桒田彩、柴田まりも
M：森永製菓（株）

PM : MORINAGA.CO.,LTD.
DD : Toyoko Usui
D : Aya Kuwada, Marimo Shibata
M : MORINAGA.CO.,LTD.

● イメージの位置付け

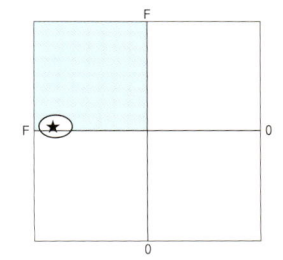

ベースイメージは「ダイナミック」、コアイメージは「強烈な」である。何の説明も必要ないぐらいストレートに見る人に迫ってくるイメージである。色の持つメッセージが明快な形でメッセージされるのが特徴。また堂々とした風格を漂わせている。

伝統的な色使いを新鮮なイメージにしている（マリー）

チョイス　　　ムーンライト

リーフィ　　　チョコチップクッキー　　　エンジェリア

ミニシリーズ

「明治 チェルシー」 Meiji CHELSEA

PACKAGE DESIGN

PM：明治製菓(株)
1969年〜

PM : Meiji Seika Kaisha,Ltd.
1969~

●イメージの位置付け

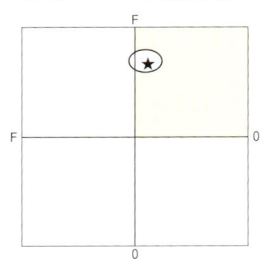

ベースイメージは「プリティ」、コアイメージは「可愛らしい」である。元気なかわいらしさを表すイメージである。かわいらしさを嫌う人はいない。ほとんどの人から好かれる力を持っている。ここでは背景色に黒が使われているので、そのイメージがさらに強調されている。

明治のチェルシーは1969年に、キャンデーの新しい分野を切り開くために「今までにない特徴とおいしさ」を求めて世界中の調査を行った。そこで、英国スコットランドに古くから伝わるスカッチキャンデーにたどり着いた。そのスカッチキャンデーを元に、煮詰めたキャンデーをそのまま型に流し込んで作る「流し込み」製法を導入。1971年に、それによって滑らかな、バターの含有量の多いキャンデーを作ることに成功した。発売時、「新しい飴」の登場を伝えることが求められたが、すでに他商品でほとんどの色が使われていた。どんな色を使っても「新しい飴」を伝えられる色はなかった。そうした中で、黒は当時食品にはタブーだったが、新鮮さがあり、花のモチーフをより鮮やかに見せるため採用された。モチーフの花は生命力を感じる鮮やかな色で表現。メイン商品の「バター味」と「ヨーグルト味」は反対色同士の赤と緑である。チェルシーはいまや、歴史的なキャンデーにまでになった。

●メインカラー

RED（花柄）　BLACK　WHITE　GOLD

●カラーバリエーション

GREEN（花柄）

パステル調の色によって描かれた花は、人にかわいらしさを伝える。背景色の黒はより彩度を高めるための効果を発揮している。このチェルシーには、幾多の変遷があり、現在のデザインになっている。一貫して追求されてきたのは花というモチーフであり、その色の持つかわいらしさである。今のものは、誕生当時よりも花が小柄になったものの、イメージはそのまま踏襲されている。このデザイン返りに対して「おかえりなさい、あたらしいチェルシーへ」というフレーズで表現している。

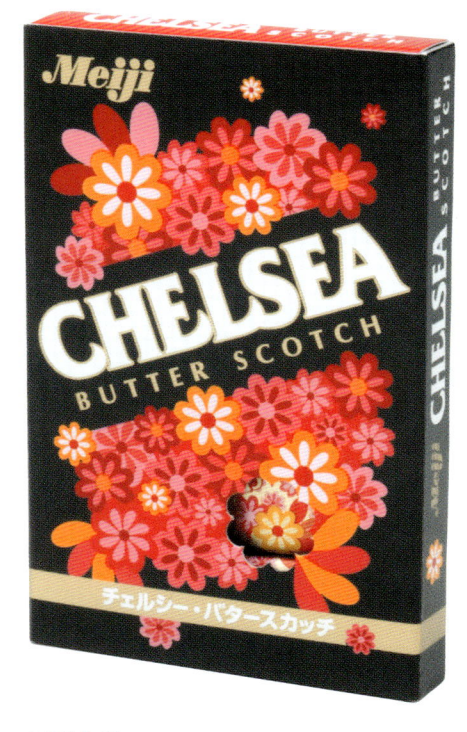

かわいらしさを届け続けているパッケージ

●配色比

0　27　36　31　73　100

花（37%）のボリュームが多そうに見えるが、背景色の黒（54%）が半分以上を占めている。ロゴの白（5%）が少量ながら最も強く印象に残るように配色されている。金（4%）が少量ながら要所要所に入っており、豪華なイメージを与えている。

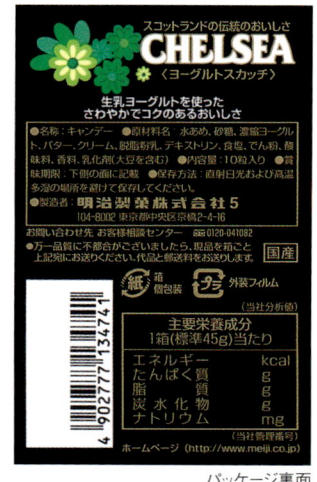

パッケージ裏面

今のチェルシーは以前のデザインを元に新しくなった

[チェルシーの変遷]

1971年
バタースカッチ

1971年
ヨーグルトスカッチ

1971年
コーヒースカッチ

2000年
バタースカッチ

2000年
ヨーグルトスカッチ

2003年
バタースカッチ

「明治 銀座カリー」 Meiji GINZA CURRY

PACKAGE DESIGN

DD：中川憲造
D：延山博保 & NDCグラフィックス
ColorD：中川憲造
1993年

CD : Kenzo Nakagawa
D : Hiroyasu Nobuyama &
NDC Graphics
ColorD : Kenzo Nakagawa
1993

●イメージの位置付け

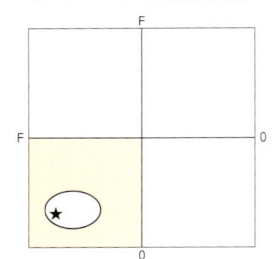

ベースイメージは「クラシック」、コアイメージは「重厚な」である。古きよき時代の雰囲気である。重厚さがあり、味に結び付いている。金が加わっているので、豪華さも出ている。

明治の「銀座カリー」は1993年に誕生した。当時レトルトカレーは具の大きさを競っている時期であった。開発方式は技術先行型で、ネーミングやパッケージは後付けするというものであった。つまりハードが横並びになると、同じような競合する商品がすぐ出てくるといった状況にあった。商品ソフト先行で、他社が真似できない商品を作ることを目標に開発が始まった。1930年に「ギンザカレー」という名のカレー粉を発売していたことが分かり、それを現代のレトルトカレーとして再構成するというコンセプトで開発が進められた。商品ロゴタイプは、「ギンザカレー」が発売された1930年前後に世界を席巻していたアールデコ様式を基調に、大胆にデザイン。商品名も「ギンザカレー」から「銀座カリー」とした。パッケージで使われる黄と茶の組み合わせは、カレーとしての「おいしさ」「懐かしさ」「楽しさ」のイメージを「銀座らしさ」という商品コンセプトに収束させ、アイデンティティーを形成することに成功した。

●メインカラー

銀座の煉瓦壁の色 / 地下鉄銀座線の車体色

●サブカラー

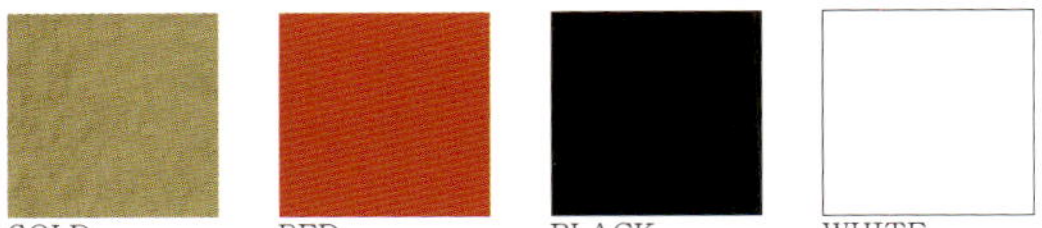

GOLD / RED / BLACK / WHITE

明度が低く、彩度の高い色は熟成したエネルギーを感じさせる。懐かしさを感じさせているのは、色ではなくロゴのデザインである。ロゴの茶と黄の配色効果はコントラストの強さと、黄の誘引性の強さから、陳列した際に一際目立ち、他社商品との差別化を果たす効果になっている。キャンペーン時に、この2色を前面に押し出し、戦略カラーとして展開している。継続してこの戦略を維持することで、定着し、ブランドとして確立した。

アールデコ調のロゴが目を引くパッケージ（中辛）

銀座カリー紙袋

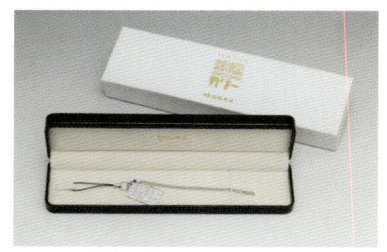

10周年記念キャンペーンの景品（ストラップ）

パッケージ（辛口）

パッケージ（ハヤシ）

銀座カリーオリジナルダイアモンドストラップ

PACKAGE DESIGN　　　　　　　　　　　　　　　　　　　　　　　　　　　Meiji XYLISH「明治 キシリッシュ」

明治の「キシリッシュ」は1997年にキシリトール入りのガムとして発売された、日本における代表的なガムである。歯に良い機能成分キシリトールが配合されている。さらに2002年には歯の美白成分「ハイドロキシアパタイト」を配合。さらにクリスタルミントに使用される息キレイ成分「ローズマリー＋ラッカーゼ」も加え、「キレイな息と歯のために」をキャッチフレーズに進化を続けている。ガムの場合、消費者はパッケージの色で「ミントの程度」「味の種類」「機能」を瞬時に見分けている。そのために、各アイテムの色は重要で、特性が瞬時に伝わるように選定している。「キシリッシュ」のメイン商品である「クリスタルミント」は、発売当初は市場規模の大きい「ミント系味」をねらい、青を基調にCM展開する際のものも含めてブランドカラーにしている。その後、強力ミント系のハイパークールは黒と銀で強く冷たい色使いをし、ともに無彩色なので、質感を出すため特注した光沢のあるアルミ蒸着紙を使用している。

● メイン（ブランド）カラー

BLUE

● カラーバリエーション

PINK　BLACK　YELLOW GREEN　PINK

フレッシュな感覚をインパクトを強めてメッセージするため、コントラストも強めている。この色ぞろえは、「キシリッシュ」としてミントの味の特徴を前面に出すのに成功している。アルミ蒸着紙を使用しているため、安定した発色を得るのが難しいが、管理を徹底させている。「キシリッシュ」では、使いやすく携帯しやすいパッケージを追求しているが、捨て紙やトレー（中箱）にもサービスがなされている。消費者に対するサービス精神はこれからの基本になるもの。常に新しさを求めて忍耐強く研究が行われている。

PM：明治製菓（株）
1997年

PM：Meiji Seika Kaisha,Ltd.
1997

● イメージの位置付け

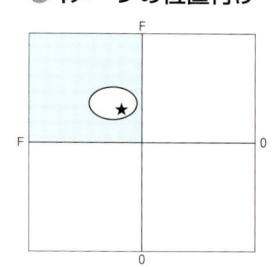

ベースイメージは「フレッシュ」、コアイメージは「堅実な」である。食べ物にも良く合う新鮮なイメージである。堅実なイメージというのは、誠実なイメージに近いものである。いかにも、安心して口にすることができる雰囲気を持っている。メタリックな発色になっているので、シャープで新しいイメージが加味されている。

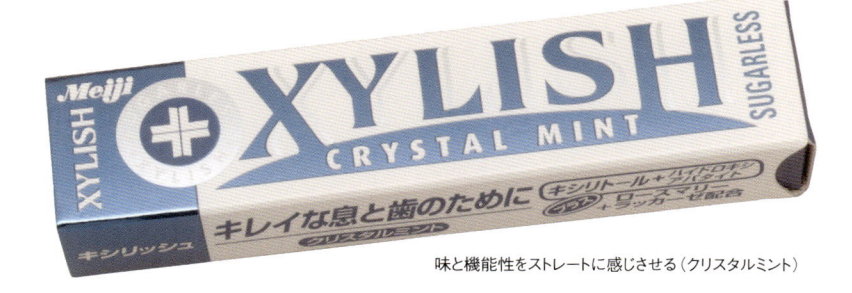

味と機能性をストレートに感じさせる（クリスタルミント）

フルーティミント 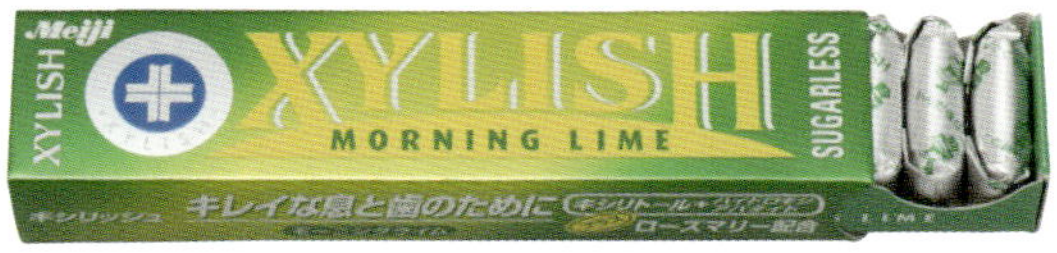　　　モーニングライム

ハイパークール 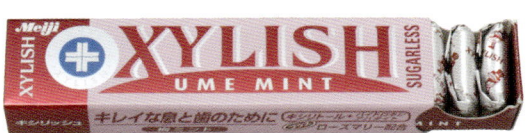　　　梅ミント

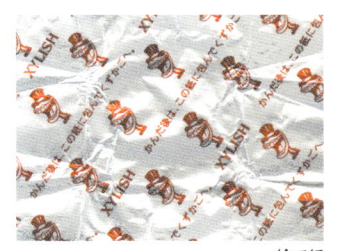

捨て紙

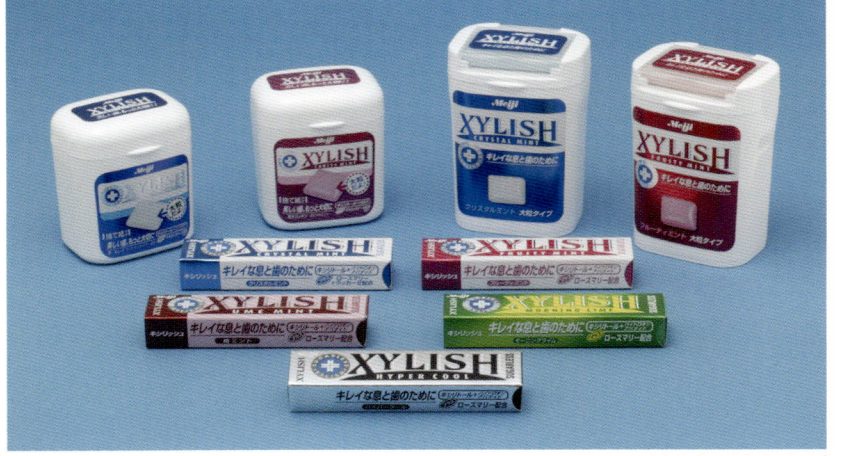

キシリッシュのラインナップ

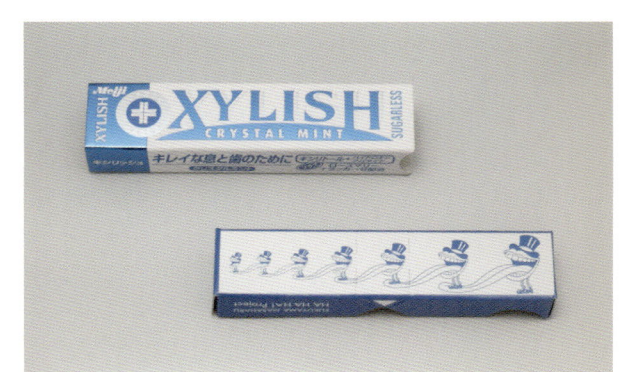

トレー（中箱）の底にもキャラクター

「銀座あけぼの」 GINZA AKEBONO　　　　　　　　　　　　　　　　　　　　　PACKAGE DESIGN

CD：Tokyo Great Visual
AD：Tokyo Great Visual
D：Tokyo Great Visual
DF：Tokyo Great Visual
CI：銀座あけぼの
2003年

CD : Tokyo Great Visual
AD : Tokyo Great Visual
D : Tokyo Great Visual
DF : Tokyo Great Visual
CI : GINZA AKEBONO
2003

●イメージの位置付け

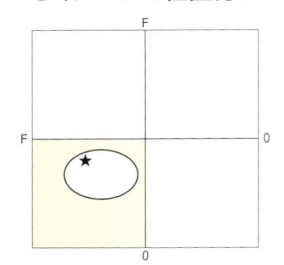

ベースとなっているイメージは「セクシー」で、コアイメージは「美味しそうな」である。セクシーはもちろん人間としての魅力であり、この場合は味覚に対してのものである。料理や味覚に関するイメージはほとんどセクシーに属している。これに、白と黒が加わるとダイナミックな円熟さが表現される。基本的なイメージは美味しそうであり、心地良い気分にさせる力を持っている。

銀座あけぼのは終戦直後の1948年に誕生した。当時甘いものは大変貴重であり、敗戦で疲れ果てた人々の明日への活力を提供する一助となった。当時の人々の「新しい日本の夜明け」を願う気持ちが「あけぼの」という名前に込められている。好みの変化に対応して、新しい和の価値やライフスタイルを菓子を通じて提案してきた。

その基盤の上で、数多い商品群の整理を試みた。そこから「銀座あけぼの」のアイデンティティーをパッケージ中心に確立させることを目指した。「あけぼの」という企業が持つアイデンティティーと、日本の四季といううつろいをテーマに他にできないものを追求した。定番商品は無彩色の白と黒を、季節商品には四季によって使用する「曙色」を4色設定して。親近感がありながらも高級感を大切にし、日本の伝統色の中から、現代においてもモダンで鮮度の高い色を選び配色を行った。

●季節商品カラー

M21Y5　M29Y75　C7M76Y77　M96Y65K58

●定番商品カラー

C30M51Y49K98　C2M3Y4

定番商品には黒と白を設定。黒と白は単なる黒と白ではなく、シアン、マゼンタ、イエローを混ぜ深みのあるものにしている。季節商品には、4色を設定している。暖色を選び、特に明度（時間軸）の差で季節のうつろいを表現した。その意味からこの4色の設定は絶妙と言える。特に夏と冬の色は季節の温度というよりも、その季節に人が欲しがる色を選んでいる。夏の黄は明るく暑さを感じさせず、冬の赤は、落ち着いた暖かさを感じさせる。

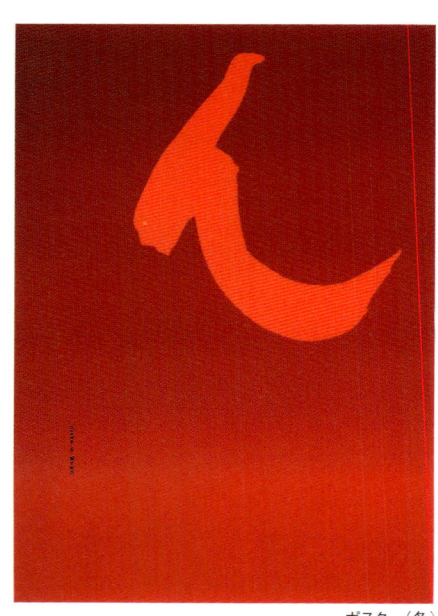

ポスター（春）　　　ポスター（夏）

ポスター（秋）　　　ポスター（冬）

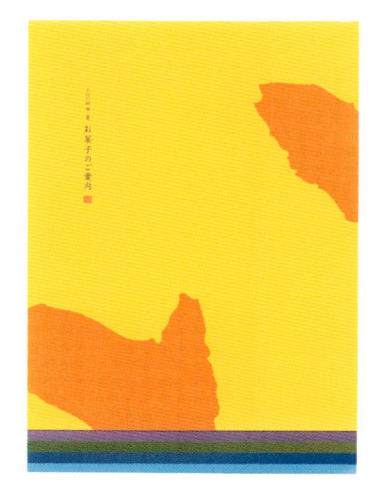

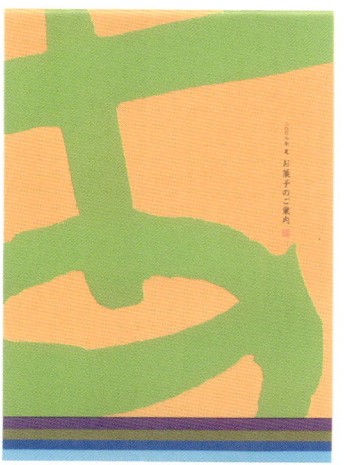

カタログ（春夏）

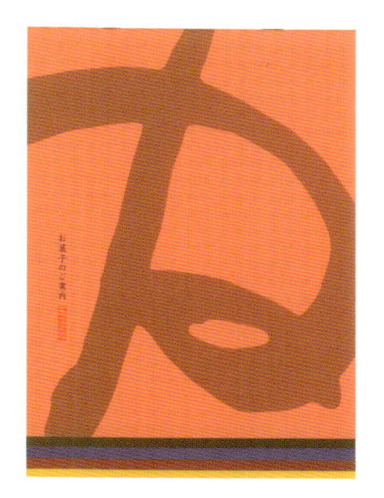

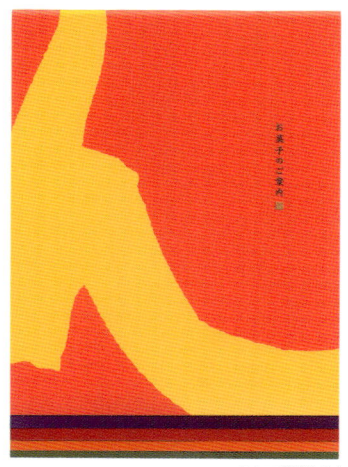

カタログ（秋冬）

● 配色比

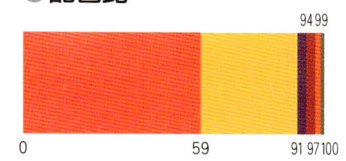

この秋冬のポスターの配色比は、赤59、黄32、紫3、赤紫3、橙2、緑1という割合になっている。この配色だけを見ると「ダイナミック」なイメージにおける、衝撃的な印象を与えるものになっている。冬の寒い時期に、目に飛び込んでくる温かさを、感じさせる配色比になっている。

上段に季節商品で夏のカラー
下段ウインドウ内は定番商品

季節商品 夏（夏楽）

季節商品 秋（新栗もなか）

季節商品 冬（栗もなか）

定番商品（味の民藝）

「資生堂 ピエヌ リップネオ」 SHISEIDO PN LIP NEO

PACKAGE DESIGN

PM：(株)資生堂
ColorD：資生堂 商品開発部／
畠山真紀、加藤有里
2005年

PM : Shiseido Co.,Ltd.
ColorD : Maki Hatayama,
Yuri Kato (Shiseido Co.,Ltd.-
Product Development Division)
2005

● イメージの位置付け

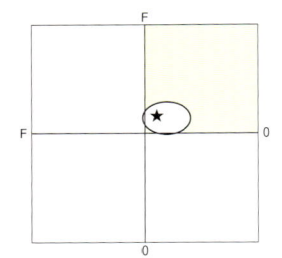

商品の色ぞろえのベースイメージは「エレガント」で、コアイメージは「フレッシュフェミニン」である。明るさの中に洗練された雰囲気が漂っている。もともとエレガントなイメージには上品さが含まれている。また、光沢（つや）が光が輝くようにきらめく効果がある。出過ぎない前向きな傾向が特徴である。

資生堂のメーキャップブランド「ピエヌ」より、2005年1月に春の新製品として発売した6品目37品種の中の新形状口紅「リップネオ」である。化粧品の多くは、色そのものが商品価値を持っている。リップネオも同様なのだが、この口紅にはそれ以外に画期的な価値が付加されている。これまでにない全く新しいダイヤル式で、回すと先端から中味が出てくる。唇上でとろけるような感触で広がり、塗りやすさは抜群のものがあり、心地良く使えるという当初の目的を達成した。唇にぴったりフィットする先端の角度、中味が適量出てくる穴、扱いやすい太さなど操作性に優れている。
口紅の発色は、彩りに加え、しっとりとした潤いやつやを求めるニーズに対応して、コクのあるつやでつるんとした滑らかさが特徴。仕上がりは立体感があり、時間が経ってもその効果は持続する。色は明るさのあるピンクを中心に色ぞろえしている。これらの色は、世界的な色の傾向や雑誌などの情報、入念な調査とユーザーの反応などを見て決定されている。リップネオがヒット商品になる条件はそろっている。

● カラーバリエーション

RS312	RD341	RD710	BE309
RD708	RS317	PK106	BR205
81	82	83	84

全体的に明るさがあり、肌に合う色が選定されている。肌をきれいに見せるピンクがそろっている。パールが入って発色にきらめきを与えている。また、グロスとしての性質から、滑らかな光沢があり、若い女性の好みに応じている。このうち4色は、トランスルーセントタイプで、ほのかな色づきと透明感が得られるものになっている。12色の中で「カワイイローズ」が中心色となっており、この色を基準に色選びが行われる。

太さや長さに心遣いが光る

小さな6つの穴からグロスが出る

軽やかな色ぞろえ

今回の新色が配色された袋

プレスリリース用資料として制作されたパンフレット

カチッ！
トロッで、
ぷりリップ。

超つや色。スイスイ塗れる新型リップ。
ピエヌ リップネオ 12色 各2,300円（税込2,415円）新発売　表示価格は希望小売価格です。

SHISEIDO

新鮮な驚きが表現されているポスター

「資生堂 ピエヌ ルージュ カラーフィックス」 SHISEIDO PN ROUGE COLOR FIX

PACKAGE DESIGN

PM：㈱資生堂
ColorD：資生堂 商品開発部／
畠山真紀、加藤有里
2005年

PM : Shiseido Co.,Ltd.
ColorD : Maki Hatayama, Yuri Kato (Shiseido Co.,Ltd.-Product Development Division)
2005

● イメージの位置付け

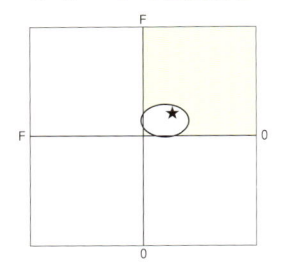

「ルージュ カラーフィックス」のベースイメージは「エレガント」、コアイメージは「女性的な」である。大人の魅力を感じさせるイメージである。密度の高い発色でありながら、気品を漂わせている。発色がはっきりしているためクリーンな雰囲気もある。

資生堂のメーキャップブランド「ピエヌ」より、2005年1月にリップネオとともに発売された「ルージュ カラーフィックス」12色である。彩りをくっきりと見せ、大人の雰囲気を漂わせる口紅で、明快な発色と光沢感が特徴となっている。ベースカラーは黄味がかったピンクで、東洋人の肌色になじみ、美しく見せる効果がある。新たに3つのカラーフィックス処方が採用されている。フィット感や滑らかさを高め、唇の凹凸感に左右されず均一な仕上げ。色が分散せずムラなくクリアな発色。色材をしっかり唇にのせ、発色の良さ。この処方によって、つけたての色と光沢感が持続する「色持ち口紅」に仕上がっている。

この他に、荒れた唇に潤いを与え、ふっくらとした唇をつくる「ルージュ アクアフィックス」、異なる質感を光沢ヴェールで溶け込ませ、目元に光を集めて丸みのある立体感をつくるアイメークコンパクト「グラデーショナル アイズ」、単色の「アイカラーセレクト」、内側と外側からダブルのつや効果、持続型の潤んだつやのネールにする「ネールカラー セレクト」の新色も出された。

● カラーバリエーション

BE751	OR352	PK354	RD363
RS355	RD360	RS756	RD357
RD359	PK258	RS461	RD662

全体の色のトーンは、落ち着きの中に大人の輝きを感じさせるものになっている。どの色もくっきりとした発色が特徴である。ベースに黄味系のピンクを入れているため、フレッシュな雰囲気が表現されている。これにより東洋人の肌をよりきれいに見せる効果を生んでいる。この場合は決して激しさがあるわけではなく、あくまでも上品な光沢感のある仕上がりになる。また口紅の色と塗った時の色がそのまま発色される優れた性質を持っている。

東洋人の肌になじみ美しく見せる色ぞろえ

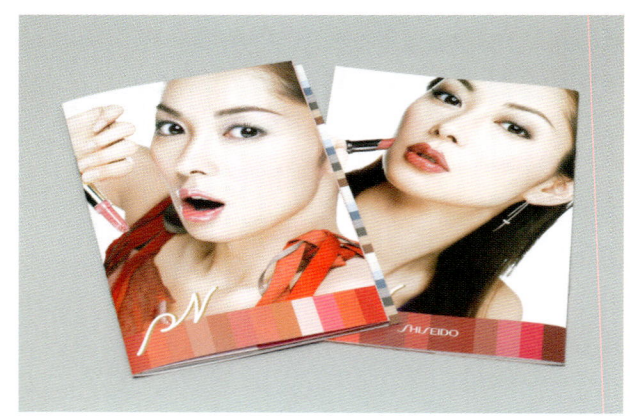

人の目を引きつけるパンフレット

くっきりとした色付きで大人のエレガントさが目立つ（ポスター）

「アイカラーセレクト」

「ルージュ アクアフィックス」

しずくを感じさせるコンパクト

潤んだつやの「ネールカラー セレクト」

アイメークコンパクト「グラデーショナルアイズ（ヴェールカラー）」

2005年春の新製品は自分の美しさを引き立てる品ぞろえになっている

「資生堂 シノアドア」 SHISEIDO SINOADORE

PACKAGE DESIGN

PM：㈱資生堂
CD：廣哲夫
AD/D：三澤恵理子
D：池場千世、村田一平
2004年

PM : Shiseido Co.,Ltd.
CD : Tetsuo Hiro
AD/D : Eriko Misawa
D : Chiyo Ikeba, Ippei Murata
2004

● イメージの位置付け

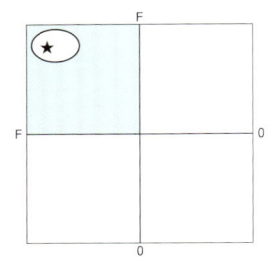

ベースイメージは「アバンギャルド」で、コアイメージも同じ「アバンギャルド」である。このイメージは前衛を意味しているが、文化とか芸術の先端という雰囲気が強い。黒が入っているので「革命的な」イメージも強く、見る人に斬新でインパクトのある印象を与える。

資生堂は現代女性のための新ブランド「シノアドア」を2004年8月に市場に送り出した。中国の伝統的な医学である中医学と西洋のサイエンスを融合した化粧品、食品、医薬品による新美容を提案するブランドである。全24品目24品種という壮大なブランドであり、全く新しい発想に基づく品ぞろえとなっている。肌の不調を「何かが足りないだけではなく、何かが溜まっているから」と考え、その解消のために「溜めない」という発想で商品企画された。美しい肌づくりを体内外から支えるものを目指した。シノアドアはスキンケアだけでなく、サプリメントも組み入れ、さらにツボ療法も加えた新しい美容法の提案として完成した。商品デザインにおける色彩戦略も独特の展開となり、これまでの化粧品のイメージを大きく変革するものになっている。その基本的な色の選定も陰陽五行によるものであり、既存の概念にない黒を積極的に採り入れたり、東洋に偏ることがない西洋との融合型のデザインになっている。（＊制作過程は22ページを参照）

● メインカラー

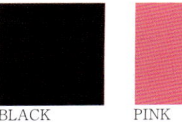

BLACK　PINK　WHITE

● サブカラー

YELLOW　BLUE　GLAY

陰陽五行の5色で、青、赤、黄、白、黒が使われている。それぞれの色に幅を持たせて色の選定が行われている。青はイラストに登場する程度になっている。黒を使ったことで、幅広く奥の深い色味を感じさせており、これまでの配色にはなかった新鮮な印象になっている。ビンに使われた白は、白磁や青磁より抽出した色に近付けているため、柔和な感じを与えている。その他、随所に色合わせの妙が見られ心地良い刺激を受ける。

ブランドマーク

SINOADORE ロゴタイプ

5つの色が使われているパッケージ

画期的な黒のパッケージ

内側に中国風の図柄が使われている

SINOADORE 溜めない美容、シノアドア誕生。

資生堂・中国研究開発中心有限公司 処方監修

新しい美容法を提案する雑誌広告

問診カードや美容法が丁寧に解説されている

その人の状態によって選ぶ美容乳液「エッセンス リカバンス」

5色がそろってブランドを構成している

「ザ・スーツカンパニー」 THE SUIT COMPANY

FASHION

PM／M：青山商事(株)
2004年

PM/M：
AOYAMA TRADING CO.,LTD.
2004

●イメージの位置付け

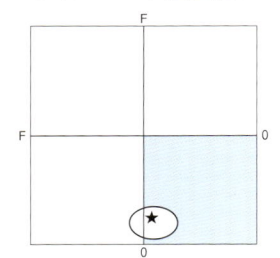

タグの色がブランドカラーとして考えられる。ベースイメージは「クラシック」、コアイメージも「クラシック」である。伝統的に完成された雰囲気を漂わせるイメージである。これに対して、「スマートな」が加味されている。スマートには無駄がないとか、おしゃれなという意味がある。

ザ・スーツカンパニーが提案するファッションは、デザインの基本的なコンセプトで貫かれている。アバンギャルドや高級ブランドを意識しているわけではなく、トラディショナルや機能性を持つスポーツウェアなど、今そこにあるスタイリングをベースに、モダンにまとめあげる。それを裏付けているのが、手抜きのない縫製と、確かな素材を確保する情熱である。スーツ作りは、「リアル」の追求であり、着る人に対する新しい価値の提供である。フルハンドメイドによる服を、いかに適正な価格で提供できるかが、メーカーとしての使命としている。そして、いたずらに流行のカラーを追うのではなく、ザ・スーツカンパニーとしての色を打ち出し、トレンドの波に押し流されない、確かな品質といつでも新鮮な色が追求されている。ファッションメーカーとしての優れた戦略がそこにある。

●メインカラー

C100M95Y50 ／ C35M10K4 ／ WHITE

●サブカラー

C100M75Y25 ／ C70M75Y100 ／ M100Y100K46 ／ C15K10

SILVER

落ち着いた紺に、ザ・スーツカンパニーの精神が出ている。トラディショナルでありながら、古さを感じさせない色である。これに加えて赤や水色というスマートなイメージを持つ色が加わっている。クラシックなイメージが粋でおしゃれなものになっている。ファッションは、素材が持つイメージが大きく影響するが、ザ・スーツカンパニーの場合は、シルクや上質のコットンなどが持つ上品な光沢を生かし、このイメージをさらに洗練させたものにしている。

THE SUIT COMPANY

ブランドマーク

商品タグ

- THE SUIT COMPANY — Classic
- THE SUIT COMPANY — Contemporary
- THE SUIT COMPANY — Advance
- THE SUIT COMPANY select
- THE SUIT COMPANY sha

170

2 Prices
19000yen / 28000yen

3 Taste
CLASSIC / CONTEMPORARY / ADVANCE

Waist Size Chart

2 drop	4 drop	6 drop	8 drop
94 cm	86 cm	80 cm	76 cm

$$Drop = \frac{Bust - Waist}{2}$$

サイズ表

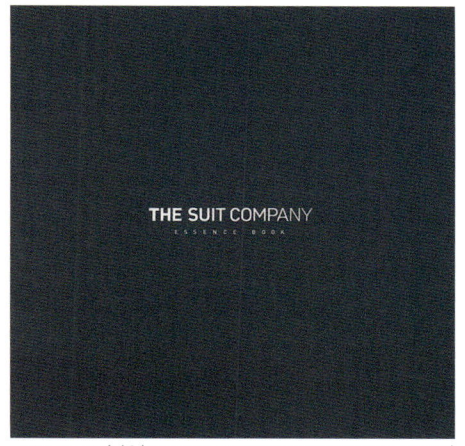

パンフレット表紙（THE SUIT COMPANY ESSENCE BOOK） 　　パンフレット表紙（the shirt company） 　　パンフレット表紙（TSC 2004 COLLECTION Vol.5）

パンフレット中面（TSC 2004 COLLECTION Vol.5）

パンフレット中面（TSC 2004 COLLECTION Vol.4）

「ザ・スーツカンパニー」THE SUIT COMPANY

FASHION

パンフレット表紙（TSC 2004 COLLECTION Vol.4）

上質な素材、手縫い、本質を追求したテイスト

ドレスウェアから生まれたヨーロピアンカジュアル

トレンドに敏感に対応したファッションとしてのテイスト

働く女性のためのマニッシュなスタイリング

ハイクオリティーでありながらフェアな価格

トレンドに流されず心地良さを追求

「トゥモローランド」TOMORROWLAND

FASHION

CI：トゥモローランド
2003〜2004年

CI : TOMORROWLAND
2003-2004

●イメージの位置付け

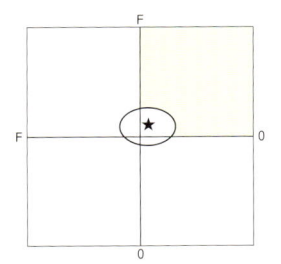

ベースイメージは「ナチュラル」、コアイメージも同じ「ナチュラル」である。気楽で親密な感じの強いイメージで、気取りがない。エコロジー風の雰囲気もあり、基本的に優しさを感じさせるものになっている。

トゥモローランドは「The Essence of Elegance is Simplicity」をベーシックな精神としている。エレガンスは優しい気持ち、洗練された趣味、ぜいたくだけど華美でない品格のある美しさ。エレガントの多彩な表現方法が存在する。日常的に使い、触れるものこそ、美しく快くありたいと願う精神で、すべての手仕事に魂を込めて服作りをしている。肌で感じる上質な日常を大切にするために、素材でも「世界に一つしかないもの」を実現する。微妙な糸の特性を熟知した職人によって織られ、染められ、多様な生地が誕生する。初めて見る色、初めての感触、未知のテクスチャーを基本としている。例えばトゥモローランドの一つのブランド「BALLSEY」は優しさと上品さを兼ね備えた知性を感じさせるスタイルを提案している。5色のカーディガンにトゥモローランドの精神を見ることができる。

●カラーバリエーション

GREEN　YELLOW　BLUE　WHITE

PINK

2005年春夏の「BALLSEY」のカーディガン。「BALLSEY」のコンセプトが優しさと上品さにあり、ナチュラルのイメージカラーになっている。彩度を押さえて、目に自然に映る。流行の色というよりは、トゥモローランドらしい色といった方がいい。質の良いコットンが持つ、光沢のない、肌触りの良さを感じさせる。華美ではないが、知性を感じさせる色使いになっている。静かな雰囲気というのではなく、明るさとはつらつとしたものがあり、それが魅力になっている。

「BALLSEY」カーディガン

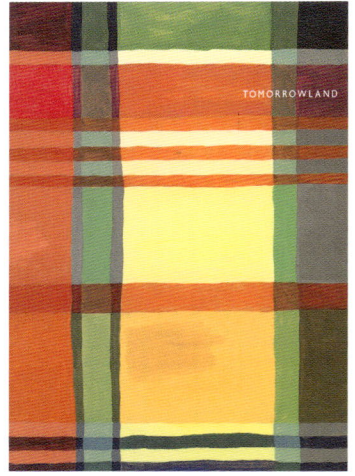

2003年秋冬カタログ表紙

2004年春夏カタログ表紙

2004年秋冬カタログ表紙

[FALL & WINTER 2003]

「BACCA」コート・シャツ・スカート

各ブランドのエレメント

「TOMORROWLAND」シルクストール

「MACPHEE」上下

「トゥモローランド」 TOMORROWLAND

[SPRING & SUMMER 2004]

各ブランドのエレメント

「BACCA」ジャケット・シャツ・スカート

「DRAKE'S」ネクタイ

各ブランドのエレメント

[FALL & WINTER 2004]

「MACPHEE」ジャケット・シャツ・パンツ

カタログイラスト

カタログイラスト

「越後亀紺屋 藍色染め刺し子」 ECHIGOKAMEGONYA "AIIROZOMESASHIKO"　　　FASHION

〔火消し刺し子〕
PM：越後亀紺屋グルーヴトリップデザイン／佐藤靖也
DD：越後亀紺屋グルーヴトリップデザイン／佐藤靖也
ColorD：いろは／橋本純
D：いろは／橋本純
E：いろは／橋本純
M：越後亀紺屋グルーヴトリップデザイン〔消防コート・ベスト・トートバッグ〕
M：リー・ジャパン(株)
〔Lee 91Jカバーオール〕
CI：(株)ユナイテッドアローズ
2004年

PM : "ECHIGOKAMEGONYA"
Groove Trip Design/Yasunari Sato
DD : "ECHIGOKAMEGONYA"
Groove Trip Design/Yasunari Sato
ColorD : IROHA/Jun Hashimoto
D : IROHA/Jun Hashimoto
E : IROHA/Jun Hashimoto
M : "ECHIGOKAMEGONYA"
Groove Trip Design
〔HIKESHISASHIKO Fire Coat, Vest, Tote Bag〕
M : LEE JAPAN Ltd.
〔Lee 91J Coverall〕
CI : UNITED ARROWS Ltd.
2004

〔八海山 2004御中元〕
PM：越後亀紺屋グルーヴトリップデザイン／佐藤靖也
DD：越後亀紺屋グルーヴトリップデザイン／佐藤靖也
ColorD：いろは／橋本純
D：いろは／山賀慶太
E：いろは／橋本純
M：越後亀紺屋グルーヴトリップデザイン
CI：(株)八海山
2004年

PM : "ECHIGOKAMEGONYA"
Groove Trip Design/Yasunari Sato
DD : "ECHIGOKAMEGONYA"
Groove Trip Design/Yasunari Sato
ColorD : IROHA/Jun Hashimoto
D : IROHA/Keita Yamaga
E : IROHA/Jun Hashimoto
M : "ECHIGOKAMEGONYA"
Groove Trip Design
CI : Hakkaisan
2004

● イメージの位置付け

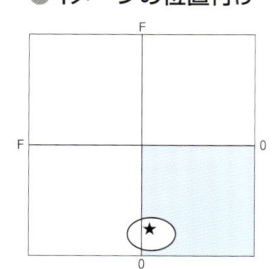

ベースイメージは「クラシック」、コアイメージも「クラシック」である。古典的なイメージであるが、その時代に完成された美を指しているので、古いという意味はない。逆に過去のものでも、現代でも新しさを感じさせるものが多い。つまり、美しいものは時代に関係ないということである。

江戸時代から続く伝統的染織技術を現代ファッションに生かす試みとして、最も衝撃的な製品が登場している。越後亀紺屋グルーヴトリップデザインとユナイテッドアローズやリー・ジャパンとのコラボレーションが、これまでになかった商品企画「火消し藍染め刺し子」を実現した。二重刺し子と呼ばれる染め生地は、その緻密さにおいて柔道着や剣道着のものとは格段の違いがある。また高度に磨かれた染色技術は、現代でもその輝きを失っていないどころか新しい印象さえある。商品企画では、ユナイテッドアローズのショップでの販売が目的で製品化された。

デザインは火消し装束に用いられたアイテムを現代的にアレンジしたものである。伝統染織技法の継承、次世代へつなぐ職人育成、「進化する老舗」として今後も精力的に展開される。藍色という価値の重さを再認識させ、色の価値の重要性を具現化したことは、各方面より高く評価されている。

● メインカラー

INDIGO

● サブカラー

RED　WHITE

ここでの色は藍染めの藍色がメインであり、その色がすべてを物語っている。伝統的な色であるにもかかわらず、完成された熟練の味と、いつの時代にも新鮮な色であることを実証した。紋として入れられている色に、朱赤が使われているが、白のセパレーションによって鮮明さを増している。この配色は、日本的であるが、色の美しさが引き立てられ、世界で通用するデザインになっている。技術の継続と文化の融合という実験は確実に成果を上げている。

越後亀紺屋の倉庫から出てきた消防団コートを完全復刻した物（ユナイテッドアローズ）

緻密な二重刺し子

トート（引き染め・ユナイテッドアローズ）

トート（藍色染め火消し刺し子・ユナイテッドアローズ）

手作業・越後正藍染め

乾燥・片貝木綿

製品・弁柄染め

火消し刺し子に置き換えたカバーオール（LEE91J）

火消し刺し子に引き染めで朱色の模様を入れた刺し子ベスト（ユナイテッドアローズ）

中元用 八海山パッケージ

前掛けをアレンジしたトート（右）

「WACOAL DIA」 WACOAL DIA

FASHION

PM：(株)ワコール
DD：神尾敦子
ColorD：神尾敦子
E：神尾敦子、(株)ワコールディア企画チーム・生産材料チーム・技術チーム
M：(株)ワコール
2004年

PM : WACOAL CORP.
DD : Atsuko Kamio
ColorD : Atsuko Kamio
E : Atsuko Kamio, WACOAL CORP. / DIA Project Team, Production Material Team, Technical Team
M : WACOAL CORP.
2004

●イメージの位置付け

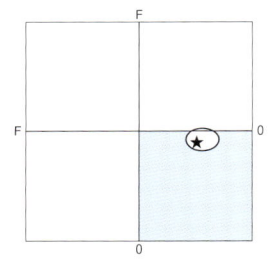

ベースイメージは「モダン」、コアイメージは「ハイブリッド」である。モダンとは現代的な意味を持っているが、アートの先端を意味している。ハイブリッドは2種類以上のものの融合を指している。ここでは過去と現代の融合、自然と技術の融合を意味している。

ワコールは2004年2月に、東京・銀座並木通りに高付加価値ラグジュアリーブランド「WACOL DIA」(ワコールディア)を開店させた。インナー発信のモードを表現し、女性の美意識の革命・向上を目指している。ワコールだからこそ提案できる真のラグジュアリーブランドである。コンセプトは「クロスカルチャー」。ランジェリーの本場パリの文化と日本の文化のクロス。ランジェリーが歴史とともに育み守ってきた美しさ(古典)と、現代だから実現できる高度な技術とのクロス。伝統的「美」とモードから生まれる「美」とのクロス。2005春夏のテーマは「重ねの色目」「重ねの色と形」。無彩色が長い間モード界の中心にあったが、2003年から急に色彩の華がモード界に戻ってきた。DIAは色彩においても他と異なる日本人に感性で色表現する。春夏、秋冬、ともにふさわしいモードの緑を今後も引き続き表現していく。2004秋冬のコレクションは緑の輝きが美しい流れを作った。

●カラーバリエーション

BLACK　BRONZE　MOSS GREEN　OLIVE
BLUE　WINE

企画背景となっているのは身近な自然。日本の緑は山や森、林や庭、中でも苔の香ばしい緑は時の流れを感じるものであり、心を湿らせてくれる。この緑の輝きを、緑の陰影、池に落ちた石から広がる波紋、木立の重なり合う様を柄にクロスカルチャーとして表現している。時を経て枯れた色、特に日本の色彩、そして重ね色を大事に表現している。色はその時代の心の渇きを埋める役割ととらえる。店内の綺麗な色彩を保ち、下着としての一色ではなく「アートとしての綺麗」を完成させることを基本姿勢としている。

コンセプトは「クロスカルチャー」(2004秋冬コレクション)

ワコールの夢を発信する「WACOAL DIA」のSHOP(銀座並木通り)

重なり合う秋の音、枯れ枝のイメージ(A)

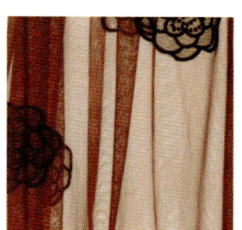

広がる波紋や木立の重なりの柄

ゴーストのように消え入りそうな薄くて繊細な柄（B）　　（B）　　木の音が聞こえてきそうな波紋

（B）　　（B）　　（A）

145

「WACOAL DIA」WACOAL DIA

FASHION

繊細で華奢なディテール（C）

（C）

（C）

木漏れ日に包まれひかり輝くWACOAL DIAのグリーン（D）

（D）

ダンディズムをエレガントに表現（E）

（E）

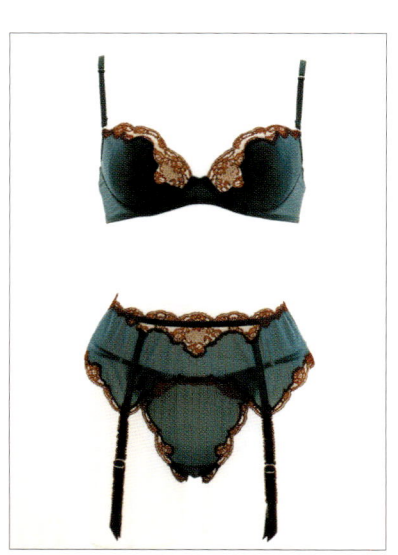

（E）

(A)

(A) シンプルでありながら独自のモダニズムを表現

使用される素材一つ一つにDIAがある

最高のおもてなしがベース

良質と夢をパッケージングする

白を基調とした袋

「フィスバ シルクシリーズ マンダリーノ」 FISBA Silk Series "MANDARINO"　　FASHION

PM：日本フィスバ（株）
2004年

PM : NIHON FISBA K.K.
2004

● イメージの位置付け

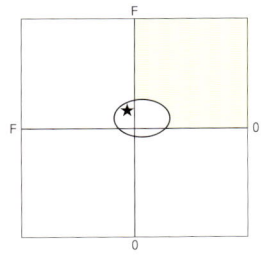

ベースイメージは「ナチュラル」、コアイメージは「親密な」である。ナチュラルは目になじみやすく、穏やかな雰囲気で見る人を平和な気持ちにさせるイメージである。人を迎え入れる親密感は抜群である。陽気で幸せ感が感じられる。

フィスバはスイスに1819年創立したファブリックメーカー。14世紀から始まったスイスの織物産業は、18世紀の産業革命を経て、ヨーロッパテキスタイルの中心として発展してきた。その伝統を引き継ぐインテリアファブリックのメーカーとして、フィスバは世界的に企業展開している。独自のデザインスタジオを持ち、専属のクリエイティブデザイナーが所属している。すべての商品は、社が定めた基本カラーの組み合わせによってデザインされている。そのためトレンドとしての新色も、基本カラーにマッチしなければ使用しないという徹底されたディレクションを展開している。コンスタントに一貫性のある商品をプロデュースしており、過去のコレクションと新作、異なるシリーズ同士の組み合わせなど多様なコーディネートが可能である。シルクシリーズの中の「マンダリーノ」は若々しい躍動感を与える色使いが特徴になっている。

● カラーバリエーション

901　902　903　911

「マンダリーノ」というアイテム（商品）である。絹100％のやや薄手でデュピオンシルクに見られるようなネップ（糸の絡み具合によりできる大小の節）がある。これは手織りに似た風合いを出すために機械織りで人工的にネップを施している。トレンドカラーを大胆なチェックに配したデザインになっている。チェックは別に新しいというものではなく、飽きがこない柄として引き継がれている。寒色系も使われるが、赤みの黄系が基本になっているため、暖かみのある心理効果を与える。

シルクシリーズ マンダリーノ

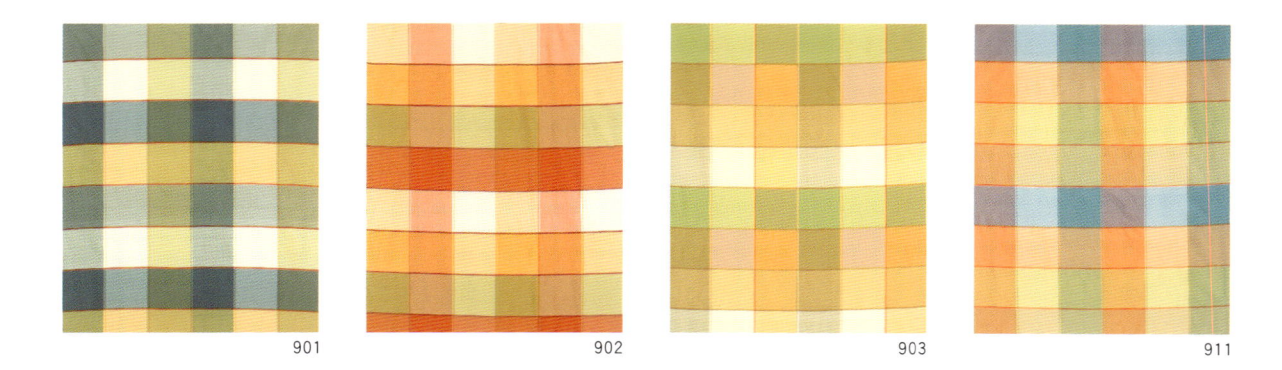

901　902　903　911

FASHION　　　　　　　　　　　　　　FISBA Beletage Series "BOTANICA"「フィスバ ベレタージュシリーズ ボタニカ」

フィスバのベレタージュシリーズの中の「ボタニカ」。ボタニカとは植物のことである。シリーズ名となっている「Beletage」とはフランス語で「美しい部屋」という意味である。ブリリアント（輝いているような発色）でクラシックなデザインシリーズとして定着している。シルキーで微妙な色合いが使われている。ボタニカルアート（植物の細密画）風の仕上げが、2004年度のインテリアファブリックトレンドとして注目されている。新しくデリケートなカラーの領域は室内装飾の世界に、遊び心溢れるインスピレーションと新しい息吹を吹き込んでいる。

● カラーバリエーション

201 　202 　203 　207

比較的明度の高い色で、同系色と反対色のアクセントカラーをコーディネートしている。ボタニカを中心に、蝶などの昆虫を小さく使って、リズミカルな心地良さを見る人に与えるものになっている。ファブリックの材質感が輝くような効果を与え、明るく生き生きとした空間にする効果をもたらしている。ヨーロッパの香りが漂う、年代に関係なく好まれるデザインである。

PM：日本フィスバ（株）
2004年

PM：NIHON FISBA K.K.
2004

● イメージの位置付け

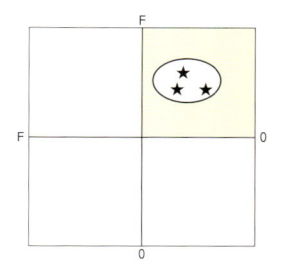

ベースイメージは「ロマンチック」、コアイメージは「しなやか」「柔和な」「なごやかな」という広汎にわたっている。非常に微妙な配色の上に成り立っていて、繊細な刺激を与えている。優しい雰囲気と上品さが特徴と言える。

ベレタージュシリーズ ボタニカ

201 　202 　203 　207

「横濱通養成講座」 A Course for the Yokohama Walker

ADVERTISING DESIGN

DD：中川憲造
D：中山典科
DF：(株)NDCグラフィックス
CI：横濱まちづくり倶楽部
2001年～

DD : Kenzo Nakagawa
D : Norika Nakayama
DF : NDC Graphics Inc.
CI : e-hamaclub
2001~

より深く、多面的に、横浜を知ってもらうための講座。ターゲットは横浜に住んでいる人、横浜で働いている人。その人たちに本当の「横浜」を知ってもらおうと、2001年から始まった。横浜に関係する企業や商店から講師が出て講座を担当する。毎年開催されるという前提で、共通のイメージと、年ごとの変化を表す表現を試みた。横浜のイメージカラーである青を基本色として選定。ただし、1色を選定したのではなく、青の範囲にある色を柔軟に選んでいく方法をとっている。配色の際の基本として、青の濃淡で透明感を出すようにした。透明感を出すことによって、印象を明快にし、さわやかな印象を与える。すでに4年間継続して行われ、イベントとして定着してきた。その中で、この色のイメージが講座の認識を深めるのに役立っている。

●イメージの位置付け

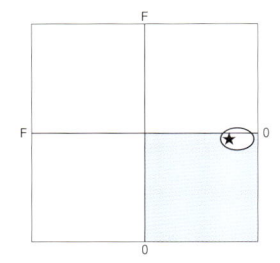

ベースイメージは「クール」である。コアイメージも同じ。一般的にこのイメージは冷たさにつながるが、青に少量の黄を混ぜた色が、ほんのりとした温かさを感じさせている。そのため、初々しさや清潔感につながるイメージにしている。この基本イメージに黒が加わり、シックなイメージを加味している。見る人にさわやかさと知的でおしゃれな印象を与えている。

●メインカラー

| C70M30 | C55Y5 | WHITE | K100 |

●サブカラー

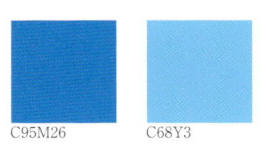

| C95M26 | C68Y3 |

青を基本色にしているが、青は特定の色があるわけではなく、その年によって変化させている。ここに、ピックアップした色は、2004年で中心的に使用した色である。ポスターとリーフレットで使用されている色も微妙に変え、面積の違いによる見え方を調整している。2004年の特徴は、パターンが直線的であったものを円に変えていること、白を全面的に取り入れたことである。その結果、リズム感とさわやかさが表現されている。

●配色比

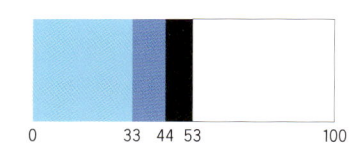

0 33 44 53 100

白地が50％近くを占めているので、青が持つ清涼感が強調されている。また、青に白を混ぜた水色は、若々しさがあり、それらが複合して、清潔でみずみずしいイメージになっている。

2004年ポスター

2004年リーフレット

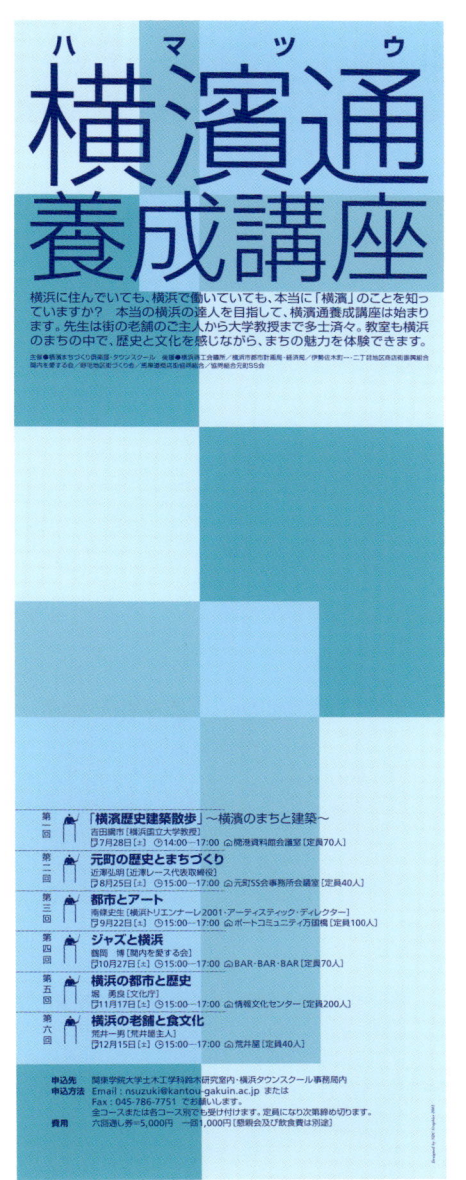

2001年ポスター

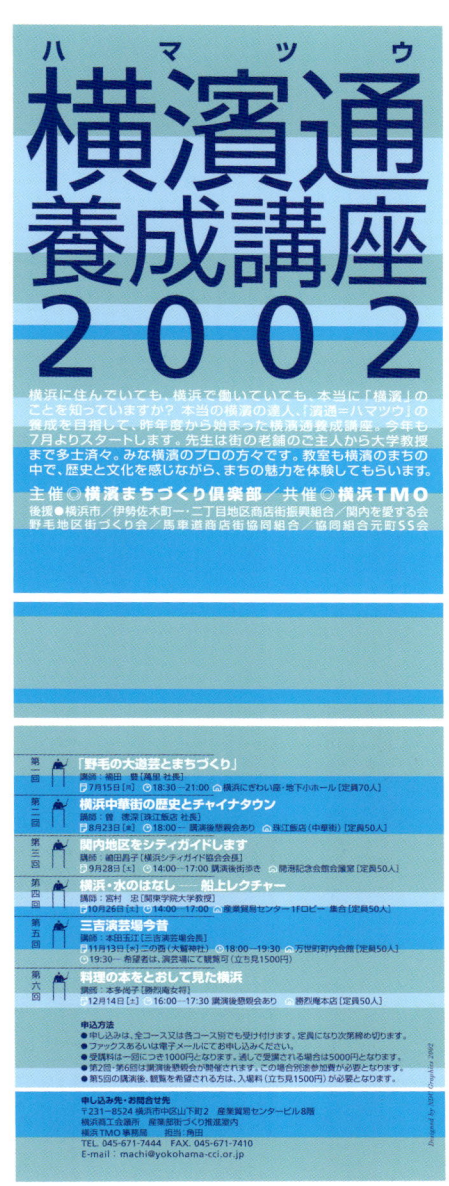

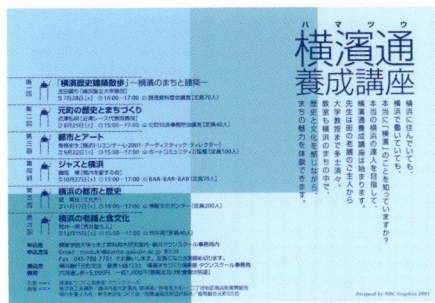

2001年DM

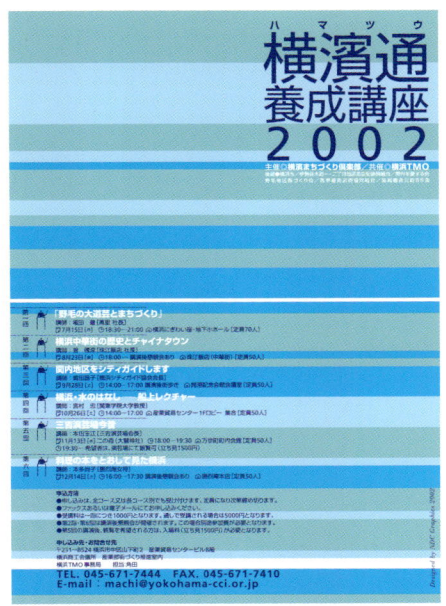

2002年ポスター

2002年リーフレット

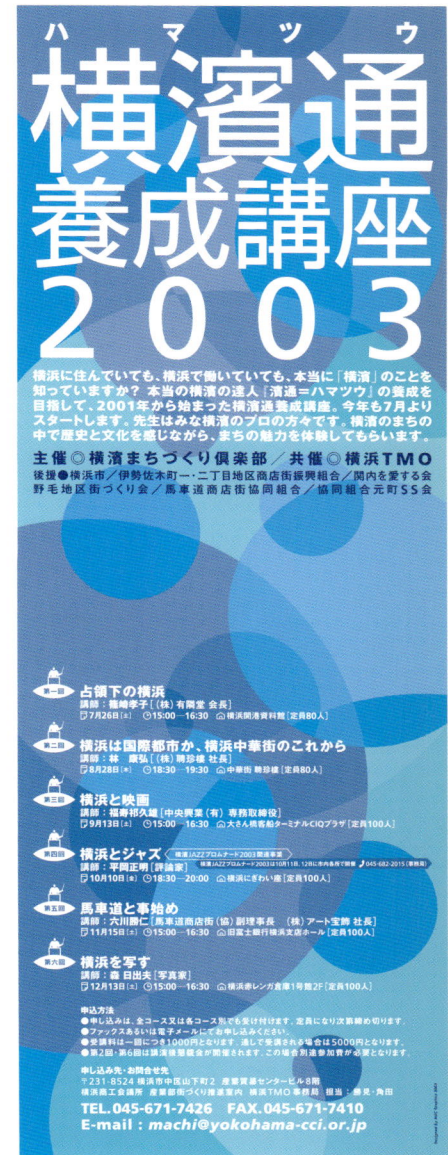

2003年ポスター

2003年リーフレット

「シャープ アクオス」 SHARP AQUOS

ADVERTISING DESIGN

CD：安井健
AD：Tokyo Great Visual
ColorD：Tokyo Great Visual
D：Tokyo Great Visual
P：青木健二
CW：金秀峯
DF：Tokyo Great Visual
A：電通関西支社
CI：シャープ㈱
2003～2004年

CD : Ken Yasui
AD : Tokyo Great Visual
ColorD : Tokyo Great Visual
D : Tokyo Great Visual
P : Kenji Aoki
CW : Subon Kin
DF : Tokyo Great Visual
A : DENTSU KANSAI INC.
CI : SHARP CORPORATION
2003-2004

シャープ株式会社「AQUOS」のブランディングにおけるシリーズ広告の展開である。感性の鋭い若い世代に向けてAQUOSをブランディングするため、プロダクトのデザインクオリティーや個性を写真のトーンと背景のカラーリングだけで見せるという独特の展開を試みた。ここまでシンプルにした理由として、フォルムが十分に個性的であることから、シンボリックなカラーとの関係で、さらにその個性を引き出すことが可能であると考えられたからである。それぞれの空間を最もミニマムに包む、人、環境、好みなど、AQUOSを取り巻くものをさまざまな色に凝縮して、AQUOS×色という関係性を浮かび上がらせた。その結果、あらゆるカラーにマッチングするAQUOSを表現することが可能となった。基本的には「日本」を感じさせつつも、伝統的になり過ぎずコンテンポラリーに見せることを意識した。

●イメージの位置付け

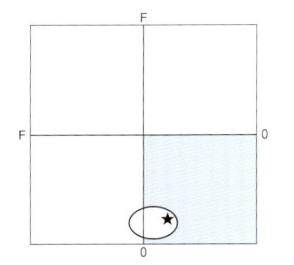

ベースイメージは「クラシック」である。コアイメージは「堅牢な」で、古典的なイメージが強いが、精神的な堅実さが感じられ、頼りがいのある雰囲気になっている。根底には伝統的な和風のイメージがある。白が入ると、スマートさが付加されるのが特徴である。

●メインカラー

C60M70Y35K25　C50M50Y30K30　C70M50Y45K45　C45M95Y65K65

C50M40Y60K30

グレー、ブルー、パープル、レッド、イエローの5色を採用した。グレーを除く4色はほぼ相対する色であり、バリエーションの豊かさを表している。トレンド5誌にこの5色を月ごとにシャッフルして掲載。1種の雑誌だけ講読していても、5カ月で全ての色に触れることになる。5つのカラーメッセージを届けることによって、刺激に富んだ、広がりのある媒体にすることができた。

	STUDIO VOICE	relax	BRUTUS	SWITCH	CUT
2004.6	黒	イエロー	パープル	グレー	パープル
2004.7	イエロー	パープル	黒	黒	黒
2004.8	パープル	グレー	黒	黒	イエロー
上図のパターンで5誌に右の5色を振り分けています。	C 60 M 70 Y 35 K 25	C 50 M 50 Y 30 K 30	C 70 M 50 Y 45 K 45	C 45 M 95 Y 65 K 65	C 50 M 40 Y 60 K 30

	BRUTUS STUDIO VOICE ミセス	Casa BRUTUS SWITCH pen	relax CUT エスクァイア
2004.10			
2004.11			
2004.12			

[このシリーズの同誌面での4ヶ月の見え方]

1回目 　　2回目 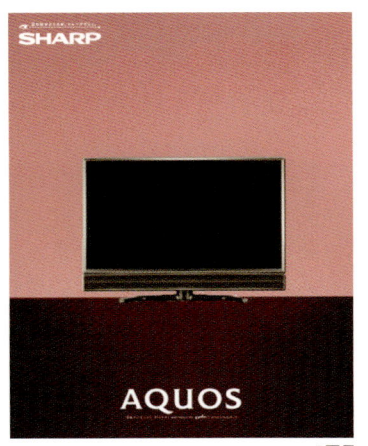　　3回目 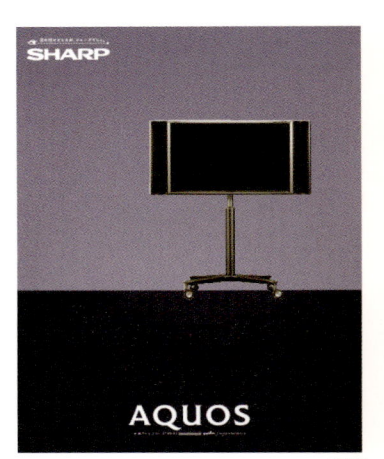　　4回目

「日本郵船」 NIPPON YUSEN

ADVERTISING DESIGN

CD：宗形英作
AD：東晃弘
ColorD：東晃弘
D：畑澤里香
P：百々新、児島孝宏
CW：渡辺潤平
DF：ツインズ
A：(株)博報堂
CI：日本郵船(株)、東京地下鉄(株)
2004年

CD : Eisaku Munakata
AD : Akihiro Azuma
ColorD : Akihiro Azuma
D : Rika Hatazawa
P : Arata Dodo, Takahiro Kojima
CW : Junpei Watanabe
DF : Twins
A : HAKUHODO Inc.
CI : NIPPON YUSEN KABUSHIKI KAISHA(NYK LINE), Tokyo Metro Co.,Ltd.
2004

日本郵船が東京メトロと組んで制作したキャンペーンポスター。この広告は、シリーズで展開されており、2002年の「チャレンジ！フネ」に続くもの。日本郵船では「サザエさん」の中の名脇役、磯野家の母親「磯野舟」をイメージキャラクターとし、人とものを結ぶ産業界における名脇役としての存在を目指している。今回は「東京を、遠足しよう。」をテーマに、より東京を知り、体験することで東京を楽しんで生活してもらうことを目的に制作された。特徴のある場所を選定し、そこに人を誘引するために、東京メトロのライン識別色と各ラインの上の場所をシンプルな構造で視覚化した。前作同様「フネ」がその場所ですべきポーズで登場している。東京メトロの利用者が普段から目にし、認識している色を使うことで、即時的で的確なコミュニケーションに仕上がっている。

●カラーバリエーション

M95Y95	M50Y95	C20M25Y100	C55M65Y5
C10K55	C100M5Y5	C90Y40	C95Y85K5

ここで使用されている色は、東京メトロのライン識別色で、8ラインの色が選定されている。有彩色の7色（いずれもピュアカラー）は虹の色である。ピュアカラー（純色）はもともと誘引性が高い。それぞれのポスター中で、色彩効果が高まるように配慮されている。また、円形という最もシンボリックなラインマークをそのままレイアウトしているので、さらに人の目を引き付けている。同時に、「フネ」の白、紫、緑の配色が小さいながらもアクセントになっている。

●イメージの位置付け

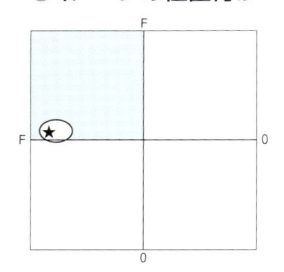

シリーズで使用されている色のベースイメージは「スポーティ」である。コアイメージも同じ「スポーティ」。このイメージはその名の通り、活発な行動を伴うもの。躍動的で生き生きしているのが特徴である。ピュアカラーが中心になっているので、自己主張が強く誘引性が高い。

B0版 ポスター（丸ノ内線 新宿御苑前駅 新宿御苑）

B0版 ポスター（銀座線 浅草駅 吾妻橋）

B3ワイド判 中吊り（有楽町線 新木場駅 東京港）

B3ワイド判 中吊り（半蔵門線 神保町駅 神田古書街）

B3ワイド判 中吊り（日比谷線 神谷町駅 増上寺）

B3ワイド判 中吊り（東西線 神楽坂駅 かくれんぼ横町）

B3ワイド判 中吊り（南北線 市ヶ谷駅 市ヶ谷フィッシュセンター）

B3ワイド判 中吊り（千代田線 明治神宮前駅 表参道）

ADVERTISING DESIGN

Yamato Life Insurance「大和生命」

2002年4月にあざみ生命と大和生命との合併により新生「大和生命」が誕生した。その告知と、認識を深めるために新聞広告が制作された。保険業界は企業の「色」そのものがシンボル性を持つという特殊な業界。大半の保険会社は暖色系の色を採用しており、その差別化があいまいになっていた。そこで、これまでの保険会社とは違う「色」を選定することを目指した。大和生命自体が、この変化の時代にチャレンジするベンチャースピリットに溢れる優良企業ということもあって、よりフレッシュでクリーンなイメージを持つ青系を選び、グラデーションで幕開けを演出した。

● メインカラー

やまとブルー

上部に黄を入れ、途中に青紫、下部に黒というグラデーションで表現されている。見た瞬間に感じるのは、夜明けのイメージである。目線が最初に行く場所に輝く青紫を配置することによって、希望や期待感を感じさせている。青紫は寒色系に属するが、配色に黄を入れることと、黒を入れることで温かみに変えている。また、ピュアな青を避けて冷たさを排除したのが成功した原因である。変化を表現するグラデーション効果も生きている。

CD：家田利一
AD：藤田誠
ColorD：藤田誠
D：古屋野貴之
P：辻佐織
CW：石井康裕
DF：(株)シルフ
A：(株)博報堂
CI：大和生命保険(株)
2002年

CD : Toshikazu Ieda
AD : Makoto Fujita
ColorD : Makoto Fujita
D : Takayuki Koyano
P : Saori Tsuji
CW : Yasuhiro Ishii
DF : Sylph
A : HAKUHODO Inc.
CI : Yamato Life Insurance co.,ltd.
2002

● イメージの位置付け

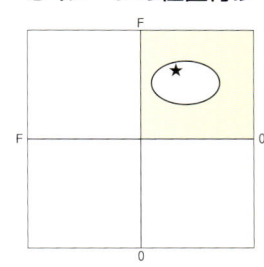

ベースイメージは「ロマンチック」で、コアイメージは「未来的」である。未来を感じさせ、これから新たなものが始まるイメージを含んでいる。このイメージには無彩色（シルエット）が入っているが、それは単に空想的なことではなく、現実感を持たせる効果になっている。

「未来のフツーをいま創ろう」新聞広告①

新聞広告②

新聞広告③

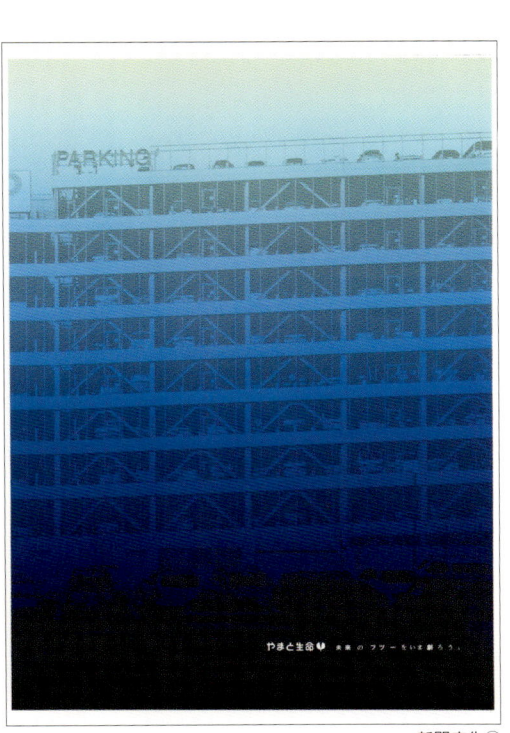

新聞広告④

「日産 LAFESTA ボディカラーイメージスタンド」 NISSAN LAFESTA COLOR IMAGE VISUAL　　ADVERTISING DESIGN

CD：池山悦朗(日産自動車)
手塚裕明(博報堂)
PI：淺井博之(博報堂)
AD：石井孝人
(博報堂フォトクリエイティブ)
ColorD：石井孝人
(博報堂フォトクリエイティブ)
D：小嶋隆太
(博報堂フォトクリエイティブ)
P：AFLO FOTO AGENCY、
amana、Corbis Japan
DF：(株)博報堂フォトクリエイティブ
A：(株)博報堂
CI：日産自動車(株)
2004年

*CD : Etsurou Ikeyama
(Nissan Motor Co.,Ltd),
Hiroaki Teduka(HAKUHODO Inc.)
PI : Hiroyuki Asai(HAKUHODO Inc.)
AD : Takato Ishii
(Hakuhodo photo creative incorporated)
ColorD : Takato Ishii
(Hakuhodo photo creative incorporated)
D : Ryuta Kojima
(Hakuhodo photo creative incorporated)
P : Aflo Foto Agency,
amana, Corbis Japan
DF : Hakuhodo photo creative incorporated
A : HAKUHODO Inc.
CI : Nissan Motor Co., Ltd.
2004*

日産自動車「LAFESTA」の新色を特別色として販売開始した時のスタンドデザインである。LAFESTAは明るく気持ちのいい室内空間がウリ。開放感をテーマに、毎日をもっと自由に、もっと楽しく暮らすための新しい発想に基づくミニバン。7人がゆったり乗れてしかもコンパクトなボディ。小回りの利く機動性を誇っている。5色の基本色の他に特別色として、ウォーターブルー、グラスグリーン、ソレイユオレンジの3色。この3色の色名から来るイメージを上部に、LAFESTAのデザイン性の高いパーツで下部をコラージュ。それによって、おしゃれ感を演出している。

●カラーバリエーション

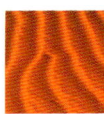

ウォーターブルー　グラスグリーン　ソレイユオレンジ

「LAFESTA」の色の選定は、単なる色合いではなく、固有色の中でも味のある物質や状況からネーミングされたものになっている。この3色に限って見れば、水、植物、太陽という生命感に溢れるカラーリングである。この固有色名から来るイメージを基に、材質感と色による表現が試みられている。その結果、色とマテリアルによる複合された効果によって、よりインパクトのある表現が得られ、店頭での存在感をアピールすることに成功している。

●イメージの位置付け

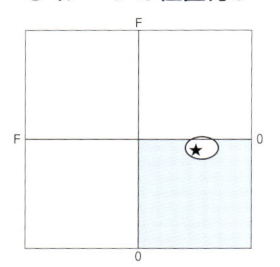

新色の3色は、基本色としてそれまでにあった5色のイメージ「モダン」の「ハイブリットな」に加えられたものである。この3色は「フレッシュ」をイメージする色であるため、全体の色ぞろえから見れば生命感が感じられる。

●配色比

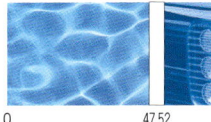

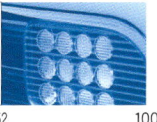

0　47 52　100

厳密な意味での配色比を求めるのは困難なため、水の色として使われている波紋と車のボディを合わせ、それに対する白との対比を計測した。白はロゴと空とハイライト部分に見られるが、その合計が全体の5％になっている。これは、白が緊迫した状況にあることを示している。そのため、緊張感のある表現となっている。

ボディカラーイメージスタンド(ウォーターブルー)

グラスグリーン

ソレイユオレンジ

ADVERTISING DESIGN

NISSAN FUGA「日産 FUGA」

日産自動車の高級車「FUGA」のための広告展開である。「FUGA」は人間の官能に響く、気持ちの高揚感をもたらすこれまでになかった車というコンセプトで造られ、2005カーオブザイヤーを受賞した。これを受けて広告制作では、高揚感とこれまでになかった高級車をキーワードに据え、「躍動するラグジュアリー」をメインコピーに採用した。躍動感とラグジュアリーを、光＝色で表現することを計画した。光や輝きが持つ色を、黒を効果的に使うことと、暖色系の色を選ぶことで、ビジュアルに実現した。このメッセージは予想以上の売上げに大きく貢献した。

● メインカラー

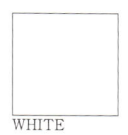

| GOLD | BLACK | WHITE |

この広告では色に決定的な役割を持たせている。「惑星とライト」と「メーターと月」では、黒（暗闇）に浮かぶ輝きで車のシルエットを美しく見せている。光を暖色系の色（金）で表現することで、より高級感、つまりねらいとなっているラグジュアリーのイメージを作り上げている。新車登場の雰囲気を盛り上げ、光とラインの一体化によって、導入期からの連作を強力なメッセージに仕上げている。ロゴ（FUGA）の白が印象的である。

CD：永井一史
AD：永井一史
ColorD：永井一史
D：大城直也
CW：木村透
DF：HAKUHODO DESIGN
CI：(株)日産自動車
2004年

CD：Kazufumi Nagai
AD：Kazufumi Nagai
ColorD：Kazufumi Nagai
D：Naoya Ooshiro
CW：Toru Kimura
DF：HAKUHODO DESIGN
CI：NISSAN MOTOR CO.,LTD.
2004

● イメージの位置付け

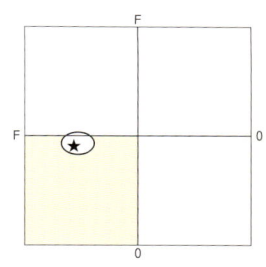

ベースイメージは「ゴージャス」、コアイメージは「豪華な」である。この広告のねらいそのままのカラーイメージになっている。彩度が高く、明度の低い暖色系の色と、このイメージにある黒によってよりぜいたくな高級感（ラグジュアリー）が表現できるのが特徴となっている。

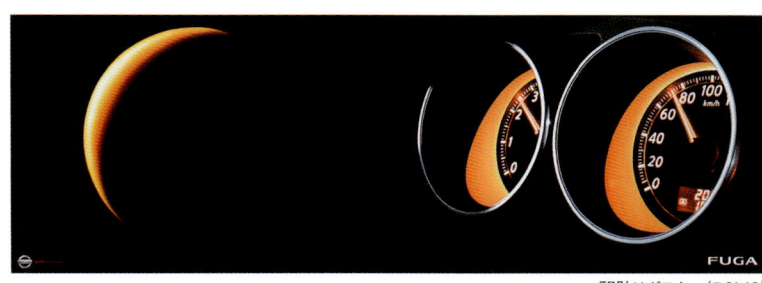

新聞広告

六本木ヒルズメトロハット内

駅貼りポスター（B0×2）

駅貼りポスター（B0×2）

「広島県大型観光キャンペーン」 HIROSHIMA BIG TOURISM CAMPAIGN

ADVERTISING DESIGN

CD：橋岡由枝
Co：牛尾英治（ブルズ）
AD：北林誠
D：北林誠
P：村井眞哉
CW：吉田一馬
DF：(株)アルフォックス
A：(株)電通西日本広島支社
CI：広島県観光キャンペーン実行委員会
2004年

CD : Yoshie Hashioka
Co : Eiji Ushio
AD : Makoto Kitabayashi
D : Makoto Kitabayashi
P : Shinya Murai
CW : Kazuma Yoshida
DF : ARFOX
A : DENTSU WEST JAPAN Inc. HIROSHIMA
CI : Hiroshima Tourism Campaign Executive Committee
2004

広島県は観光誘致のため「ええじゃん広島県」のロゴを制定しそのキャンペーンに使用している。観光誘致を促進するためには、その魅力を印象付けるキャンペーンの展開が必要である。制定されているロゴは、「ええじゃん」という言葉とほのぼのとした形、カラフルな配色を持つものになっている。配色にはピュアな5色が使用されており、明るく躍動的なイメージを伝えている。

この5色をレイアウトに大胆に採用した、5連貼りのポスターの制作を目指した。ねらいとしては、ポスター上部に使用した色と、広島の代表的な風景の中に象徴的に存在する写真を組み合わせ、色によるメッセージ性を強めた。広島県の様々な特色を前面に出すことによって、「観光に適した県」であることをPRした。

● メインカラー

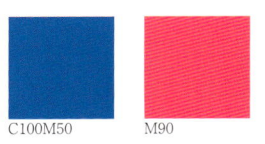

C100M50 ／ M90 ／ C90Y70 ／ M70Y80
M100Y100

● サブカラー

WHITE

メインカラーとしての5色はすべてピュアカラー（純色）であり、いずれも強いエネルギーを発散させている。そのため誘引性が強く、人の目を引く効果となっている。この5色のうち3色が暖色で占めており、暖かいイメージにしている。ピュアカラーに対して、サブ的に使用されている白は、澄んだ発色効果をもたらし、見た人に清潔で強烈なイメージを伝える。躍動的な刺激が、見る人の心理にわくわくした作用を生み出す。

● イメージの位置付け

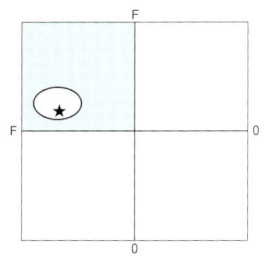

5色のベースイメージは「カジュアル」で、コアイメージも「カジュアル」である。このイメージに白を加えることによって、スポーティなイメージが加味されている。ピュアカラーは、主張が強く、エネルギーがもっとも充満している。そのため誘引性も高い。その結果、5色揃った時に、このイメージは楽しさを見る人に印象付けている。

キャンペーンマーク

● 配色比

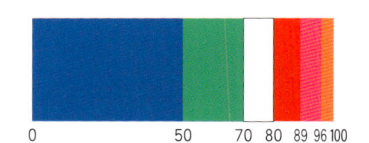

青50、緑20、白10、赤9、ピンク7、橙4の割合になっている。そのため、圧倒的に青のイメージが強くなっている。白は青空に浮かぶ雲の効果を生んでいる。

● 配色比

ここでは、メインカラーに対する風景の比で解析する。青1に対して風景1。配色はメインカラーの系統色で風景ができあがっているので、比率の意味はない。

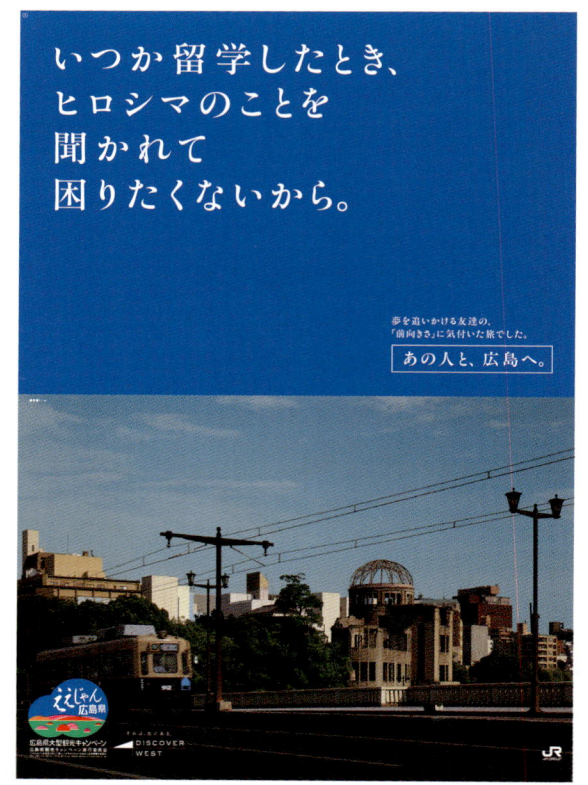

いつか留学したとき、
ヒロシマのことを
聞かれて
困りたくないから。

PRポスター①（原爆ドーム）

渡ってみたい気もするし、眺めていたい気もする。 潮風にあたりながら迷う彼女の、「純粋さ」に気付いた旅でした。 あの人と、広島へ。 PRポスター②（しまなみ海道）	 写真のかわりに、絵で思い出を残すのもいいかもな。 照れながら話す夫の、「繊細さ」に気付いた旅でした。 あの人と、広島へ。 PRポスター③（帝釈峡）
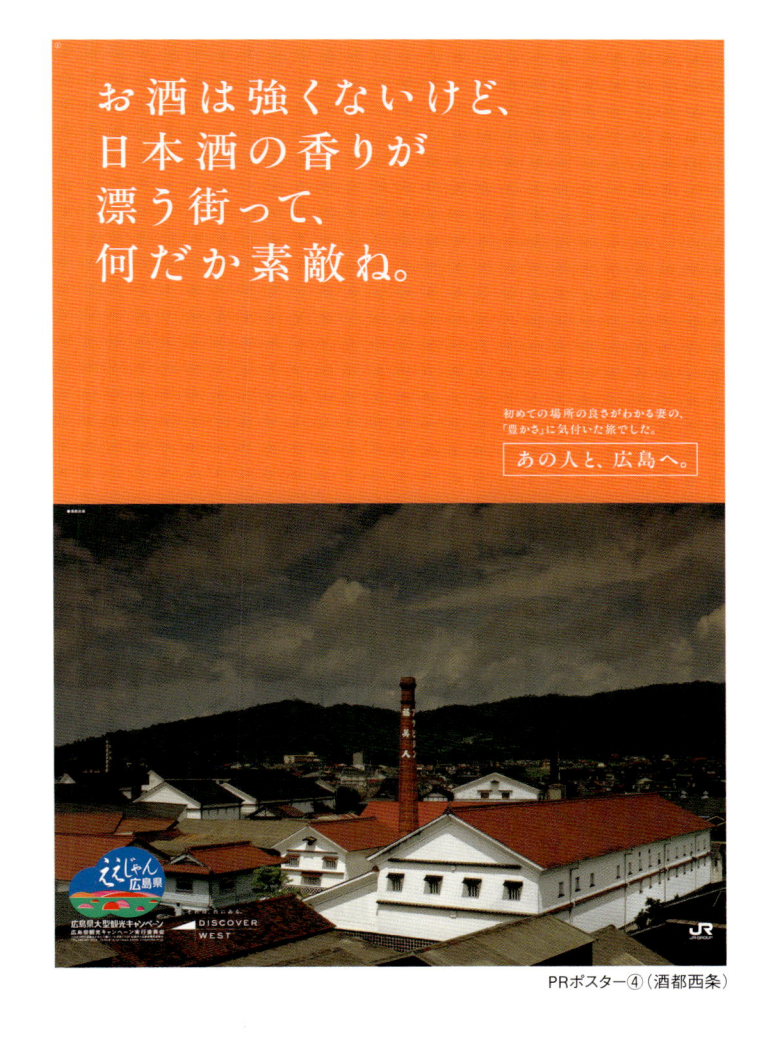 お酒は強くないけど、日本酒の香りが漂う街って、何だか素敵ね。 初めての場所の良さがわかる妻の、「豊かさ」に気付いた旅でした。 あの人と、広島へ。 PRポスター④（酒都西条）	 世界遺産と日本三景。ここなら同時に楽しんでもらえると思って。 体調を気遣ってくれる息子の、「やさしさ」に気付いた旅でした。 あの人と、広島へ。 PRポスター⑤（宮島）

「King's Hawaiian Case Study」 King's Hawaiian Case Study

ADVERTISING DESIGN

CD : Michael Dean,
Jamie Graupner
AD : Jamie Graupner
D : Jamie Graupner
I : Various
P : Dana Maione
CW : Michael Dean,
Mary Hawley
DF : Brand thirty-three
A : Lowell Wallace
CI : King's Hawaiian
Year : 2003-2004

● イメージの位置付け

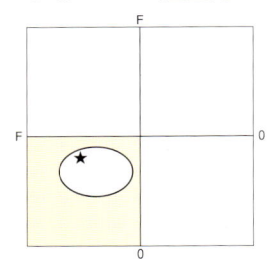

ベースとなっているイメージは「セクシー」で、コアイメージ「美味しそうな」である。これには「エスニック」が加わっている。「美味しそうな」は「スイート」が表現されており、甘さが感じられる。エスニックは地方独特の風味を表現している。ゴールドは豪華さだけでなく品質の良さを感じさせるのに効果を発揮している。

1950年の創立以来、King's Hawaiianはハワイアンスタイルのユニークなスイートブレッドとパンやロールの限定製品を製造してきた。創始者ロバート・テイラによってハワイで誕生したスイートブレッドは50年以上にわたり、変わらぬ情熱で、他にはない甘いフレーバー、そしてソフトなきめの製品を造り続けている。さらなる発展のために、ブランドイメージ強化、刷新、そして新たな位置付けにチャレンジした。CIにおけるメインカラーは橙で、この色はハワイの王を象徴する色である。王冠ロゴに使用されているのが金色で、パッケージのアクセントカラーとしても使われる。金色は製品が高品質であることを表している。さらにハワイのビーチに由来する黄褐色はもともとハワイ特産のスイートブレッドの色で、全体の配色を安定させるために背景色として使用している。その他それぞれの色をサポートするための色がカラーパレットとして設定されており、伝統ときめ、そしてユニークさをキーワードにブランドの正当性、オリジナリティ、伝統、高品質をコミュニケーションするためのデザインの展開を行っている。

● メインカラー

| M75Y90 | C6M9Y23 | GOLD |

● サブカラー

| C60M80Y100K45 | C9M15Y34 | C20M32Y58 | C40M8Y49 |

| ORANGEグラデーション | TANグラデーション | PURPLEグラデーション |

赤とベージュ、それに金を中心に配色するが、圧倒的にベージュ（黄褐色）の色が全体を占め、次いで赤が多く用いられている。その結果、暖色系中心の配色となり、ねらいとしている「スイート」を表現し、ソフトな暖かさで、食欲を刺激する配色にしてある。サブカラーは、制定に弾力性を持たしており1色を制定するのではなく、同系色を複数用意し、目的によって微妙にイメージをコントロールするようにできている。例えば、ベージュはグラデーションを入れて4色用意されている。

テレビスポット（10秒間用）

POPデザイン

主力商品のパッケージ

雑誌広告

チラシ

雑誌広告

ホームページ(トップページ)

「CO1デザイン学校 卒業展」 CO1 School of Visual Arts Design 04 Show

ADVERTISING DESIGN

CD：Paul Lam
AD：Paul Lam
ColorD：Paul Lam
D：Paul Lam, Cheng Kar Wai, Tequila Chan, Anissa Cheng, Patrick Chan, Queenie Shek
DF：Paul Lam Design Associates
I：Patrick Chan
CW：Nil
A：Nil
CI：CO1 School of Visual Arts 2004

●イメージの位置付け

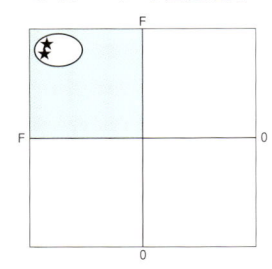

ベースイメージは「アバンギャルド」、コアイメージは「革命的な」と「歓喜」である。明るくエネルギッシュなイメージである。暖色系がエネルギーを感じさせ、誘引性が強くなっている。

「CO1」は2002年、香港に創立されたデザイン学校である。COとは、Concept（概念）、Cognition（認知）、Contemporary（現代）を意味している。1は、こうした学校のナンバー1を意味している。2年制（22カ月で卒業）を主にした教育課程を設置している。コンピューターを使ったデザインの教育を行っている。香港の経済情勢も決して良くなく、その中でデザイン技術を持つことによって、少ない就業機会を有利に乗り越えるための技能教育が習得できる。2002年に入学した一期生の、卒業展のためのプロジェクトで、制作されたグラフィックツール（ポスター、作品目録、背景幕、チラシ、招待状など）である。黄と黒をスクールカラーに選定し、その展開をメディアやツールで行っている。色使いが日本と違い、原色的な構成が多く見られる。

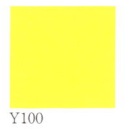

●メインカラー

Y100

●サブカラー

C1M97Y91　Y20　BLACK　WHITE

卒業展を熱く伝えようとしている気持ちが伝わる。暖色系の配色が持つ誘引性の高いビジュアル効果が得られている。黄がメインカラーになっているが、赤の方が誘引性が強く、黄よりも目立つ結果になっている。香港は中国的な色彩感覚が強く、ピュアな色の配色が多く見られる。色を調和させるというよりも、いかに目立たせるかに重点が置かれている。この卒業展のビジュアルアイデンティティーでも、日本では見られないカラーコーディネートになっている。そういった意味で、今後参考にしてもよい色彩計画と言える。

ロゴマーク

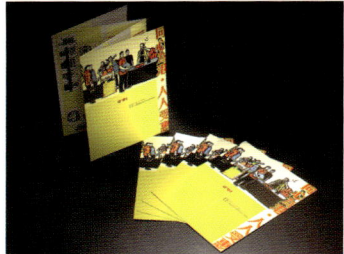

リーフレット

招待券

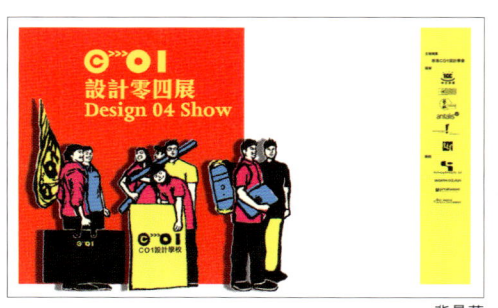

背景幕

ポスター

[卒業展カタログのタイトルページ]

CO1デザイン学校 卒業展のカタログ

[CD-ROM] ホームページでも見られる

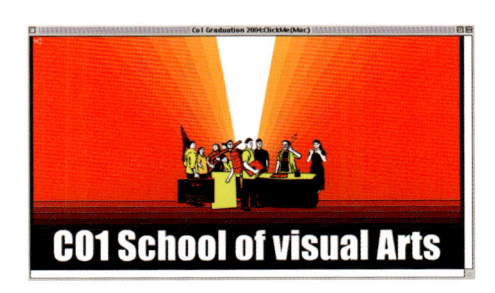

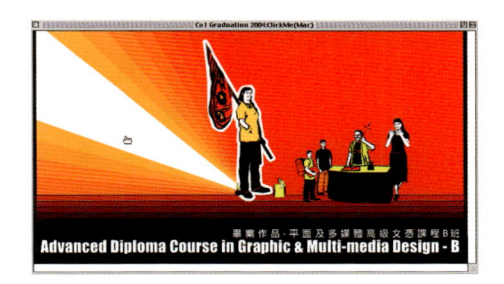

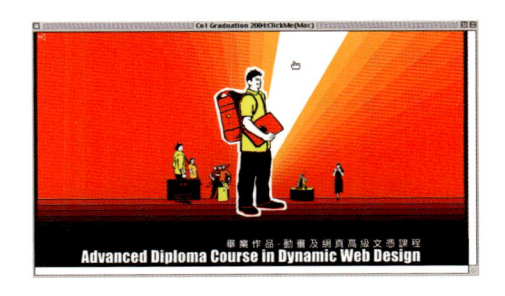

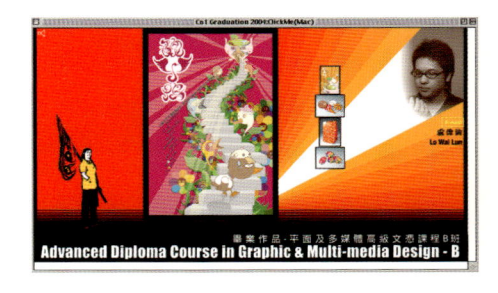

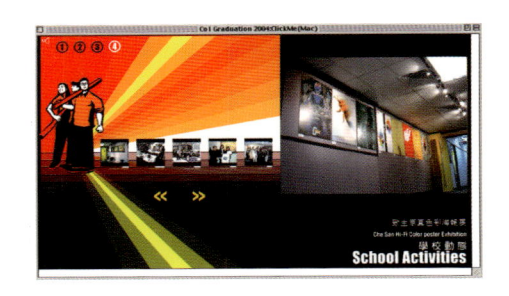

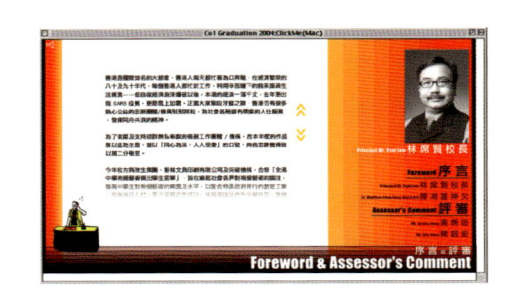

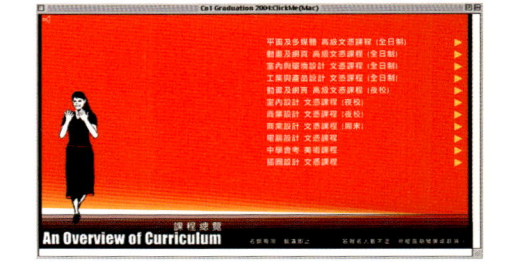

「清水港・みなと色彩計画」 PORT OF SHIMIZU COLOR HARMONIZATION PLAN

URBAN PLANNING/EVENT PLANNING

PI：清水港・みなと色彩計画推進協議会
2004年

PI : Port of Shimizu Color Harmonization Planing Association
2004

●イメージの位置付け

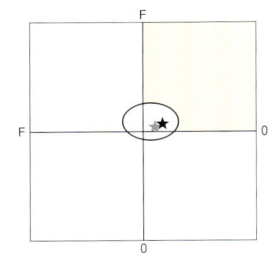

ベースイメージは「ナチュラル」、コアイメージは「アース調」と「エコロジー」であり、環境として気持ちの良い雰囲気をつくるイメージが選定されている。全体的に自然の色を引き立てる色が選定の基準になっている。

都市に色彩計画を導入することによって、都市としての個性をより強く打ち出そうという試みが行われている。静岡県静岡市の清水港周辺の「清水港・みなと色彩計画」は、その試みの一つである。富士山や自然防波堤の三保の松原など自然の風景に恵まれて発展してきた。清水港は日本三大美港の一つと言われていたが、人工的な建造物が増える中、自然景観と相いれない色が無秩序に使われ、美観を損ねるものも多くなっていた。それらをバランス良く調和させることがこの計画の目的になった。清水港周辺を地域の特性を生かした8つのゾーンに分け、各ゾーンの特徴を強める配色が設定されている。自治体と住民、企業と施設がそれぞれ協力し合って実施を支えている。これによって「世界に誇れる個性的で魅力的な美しい清水港を作る」ことを目指している。

●シンボルカラー

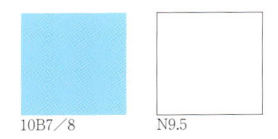

10B7/8　N9.5

●アクセントカラー

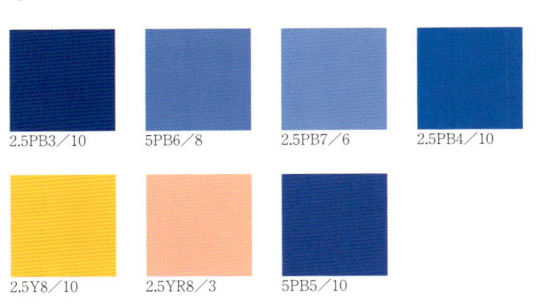

2.5PB3/10　5PB6/8　2.5PB7/6　2.5PB4/10

2.5Y8/10　2.5YR8/3　5PB5/10

シンボルカラーはアクアブルーとホワイト。清々しいイメージを与える色である。こうした色彩計画では、広い面積を持つ建造物の壁や塀、屋根などに使用される色が、環境に大きな影響を与える。ベースカラーの持っている性格が重要である。そのためにエリアごとに使用するカラーパレットを用意している。また、使用を遠慮してほしい色（回避色）をいかに守ってもらえるかが計画の成功の鍵となる。1991年より第1期計画が始まり、2004年に第2期計画に入っている。

■各地区の配色計画

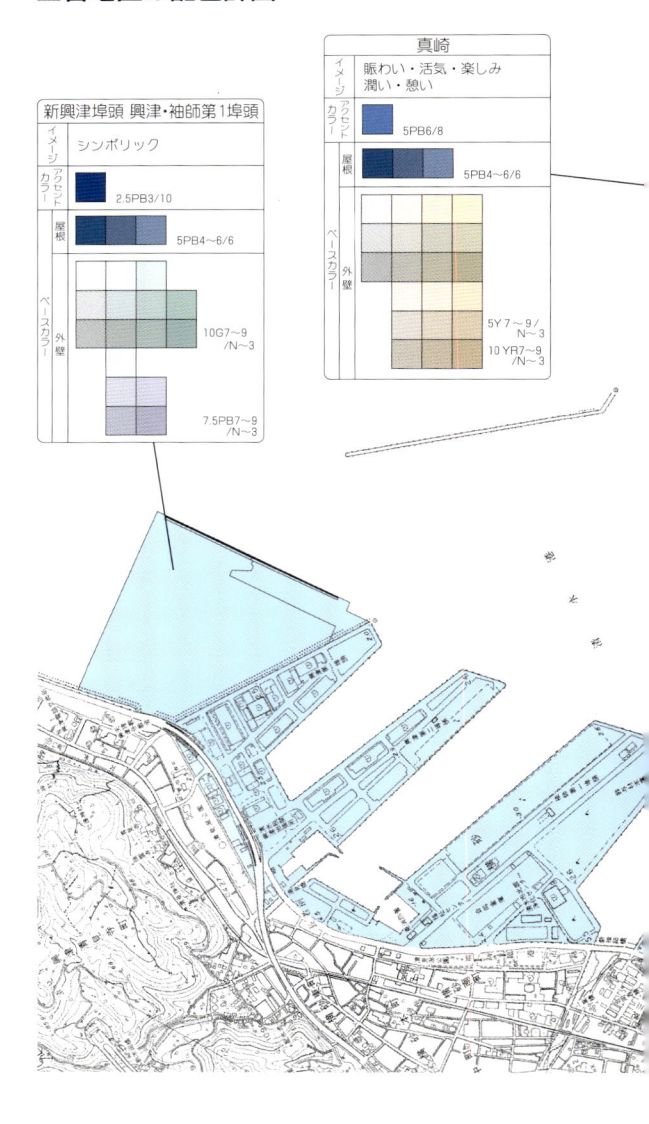

マリーナ係留施設（貯木場・折戸ゾーン）

コンテナクレーン施行前（新興津埠頭興津・袖師第1埠頭ゾーン）

コンテナクレーン施行後（新興津埠頭興津・袖師第1埠頭ゾーン）

空からの清水港

海と空に調和する色

巨大な施設の色は白が多い

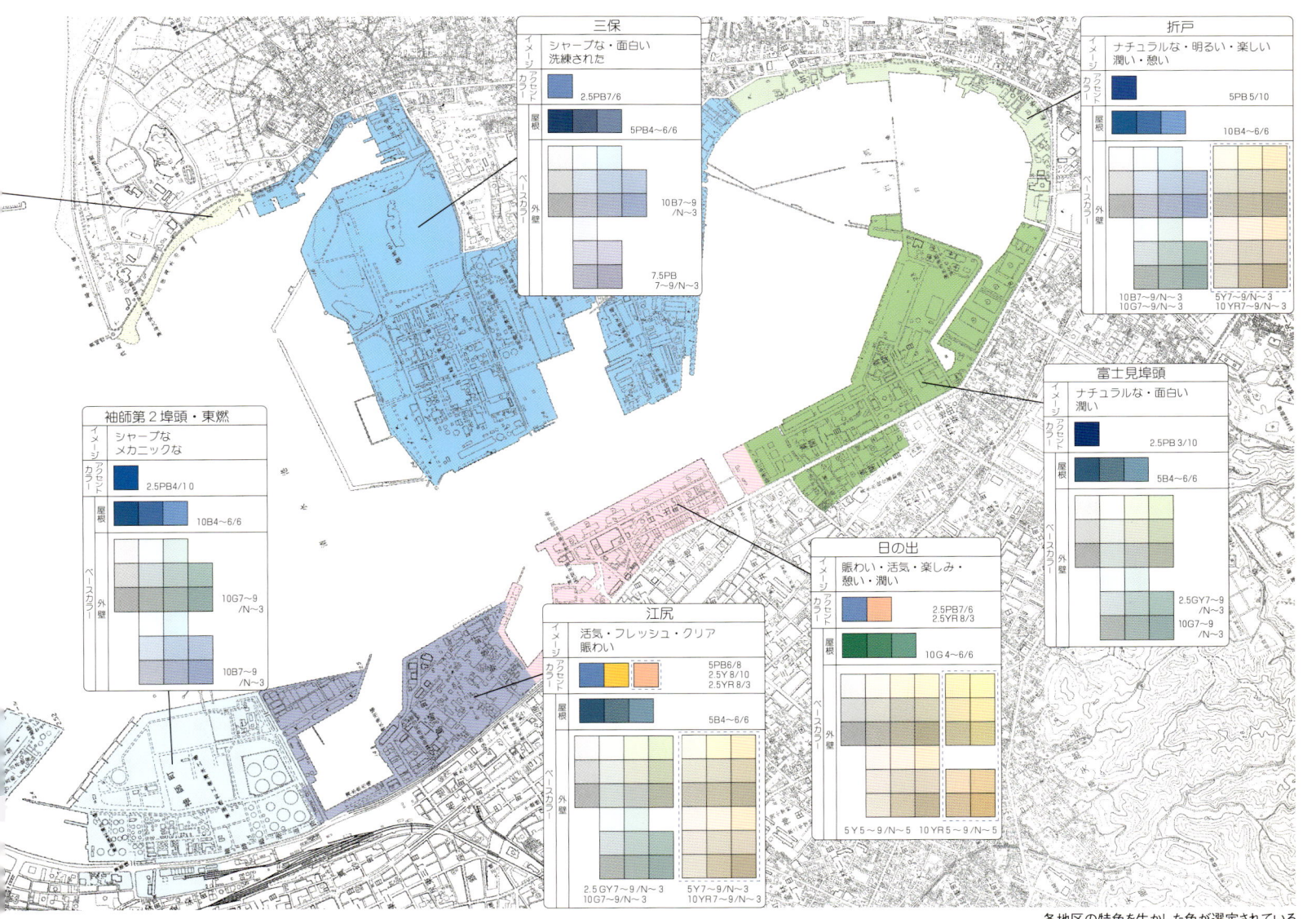

三保
イメージ：シャープな・面白い・洗練された
アクセントカラー：2.5PB7/6
屋根：5PB4〜6/6
外壁／ベースカラー：10B7〜9/N〜3、7.5PB7〜9/N〜3

折戸
イメージ：ナチュラルな・明るい・楽しい・潤い・憩い
アクセントカラー：5PB 5/10
屋根：10B4〜6/6
外壁／ベースカラー：10B7〜9/N〜3、10G7〜9/N〜3、5Y7〜9/N〜3、10YR7〜9/N〜3

袖師第2埠頭・東燃
イメージ：シャープな・メカニックな
アクセントカラー：2.5PB4/10
屋根：10B4〜6/6
外壁／ベースカラー：10G7〜9/N〜3、10B7〜9/N〜3

富士見埠頭
イメージ：ナチュラルな・面白い・潤い
アクセントカラー：2.5PB 3/10
屋根：5B4〜6/6
外壁／ベースカラー：2.5GY7〜9/N〜3、10G7〜9/N〜3

日の出
イメージ：賑わい・活気・楽しみ・憩い・潤い
アクセントカラー：2.5PB7/6、2.5YR 8/3
屋根：10G 4〜6/6
外壁／ベースカラー：5Y5〜9/N〜5、10YR5〜9/N〜5

江尻
イメージ：活気・フレッシュ・クリア・賑わい
アクセントカラー：5PB6/8、2.5Y 8/10、2.5YR 8/3
屋根：5B4〜6/6
外壁／ベースカラー：2.5GY7〜9/N〜3、5Y7〜9/N〜3、10G7〜9/N〜3、10YR7〜9/N〜3

各地区の特色を生かした色が選定されている

「国立国際美術館」 the National Museum of Art

URBAN PLANNING/EVENT PLANNING

発注者：国土交通省近畿地方整備局
設計：シーザー・ペリ アンド アソシエーツ ジャパン(株)
設計監修：国土交通省近畿地方整備局営繕部
監理：国土交通省近畿地方整備局営繕部 営繕監督室、シーザー・ペリ アンド アソシエーツ ジャパン(株)
施工：
建築工事／錢高・鴻池・大本特定建設工事共同企業体
電力設備工事／日本電設工業(株)
通信設備工事／(株)九電工 大阪支店
空調設備工事／新日本空調(株)
衛生設備工事／第一工業(株)
エレベーター設備工事／日本オーチス・エレベータ(株)
L：大阪市北区
2004年

Commissioning entity :
Kinki Regional Development Bureau,Ministry of Land, Infrastructure and Transport
Architectural Design :
Cesar Pelli and Associates Inc.
Architectural Supervision :
Government Buildings Department, Kinki Regional Development Bureau, Ministry of Land, Infrastructure and Transport
Supervision : Supervision Section, Government Buildings Department, Kinki Regional Development Bureau, Ministry of Land, Infrastructure and Transport
Cesar Pelli and Associates Inc.
Construction :
Construction work / JV(THE ZENITAKA COOPERATION, KONOIKE CONSTRUCTION CO.,LTD. and OHMOTO GUMI CO.,LTD.)
Electrical work / NIPPON DENSETSU KOGYO CO.,LTD.
Communication work / KYUDENKO CO.,INC.OSAKA BRANCH OFFICE
Air conditioning work / SHIN NIPPON AIR TECHNOLOGIES CO.,LTD.
Plumbing work / DAIICHI KOGYO CO.,LTD.
Elevator work / Nippon Otis Elevator Company
L : Kita-ku, Osaka
2004

● イメージの位置付け

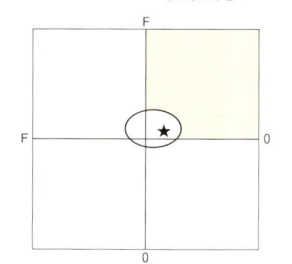

ベースイメージは「ナチュラル」、コアイメージは「アース調」である。ごく自然なイメージで、居心地の良さと懐かしさがある。アース調という落ち着きのある中に生命を感じさせるイメージは、この美術館の特徴を作っている。ここではステンレスの色のイメージが強いので、新しさとシャープな感覚が付加されている。

国立国際美術館は日本美術と世界美術の関連を明らかにするために、作品や資料の収集、展示や研究を行う施設として設立された。1970年建設の万国博美術館（後の国立国際美術館）の老朽化に伴い、大阪市中之島の大阪市立科学館玄関前の広場に移転建築されたものである。科学館の広場の機能を損なうことのないよう、ほとんどの構造体を地下に建設した。地上1階、地下3階の「開かれた、親しまれる美術館」を基本コンセプトに設計が進められた。素材の持つ色とアースカラーを基調として、自然光を取り込み、落ち着きと暖かみをかもし出すデザインで仕上げられている。

● メインカラー

| SILVER | GLASS | WALL |

建物の全体を茶系でまとめて、居心地の良い空間にしている。古代人のDNA鑑定の結果、土色になじんで生活していたという結果に基づき、茶（アースカラー）をメインカラーに選定している。地下という構造体であるため、自然光を地下まで通す工夫がされている。そのため、昼光が差している時の発色が自然に見える。ステンレスパイプが、近代的な雰囲気をつくり出し、自然と人工の融合が美しいシルエットを浮かび上がらせている。

ロゴマーク

完成イメージスケッチ

設計時エントランスゲートスケッチ

ほとんどが地下にある（断面図／提供：シーザー・ペリ＆アソシエーツ）

完成後のエントランスゲート

B2階吹き抜け部分

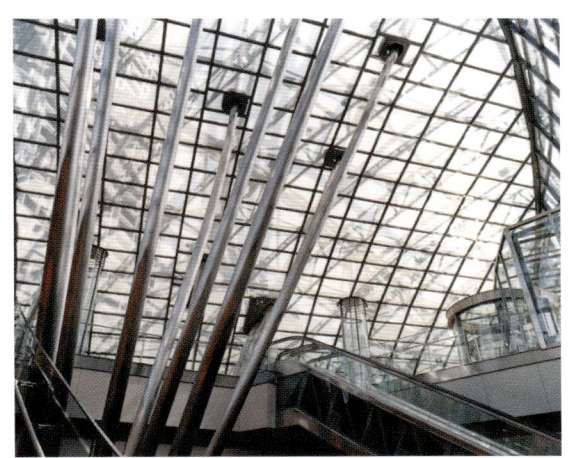

B1階から1階エントランスロビーを望む

1階エントランスロビー

B3階エスカレーター下

ステンレスパイプによるオブジェが美しい

「2005年日本国際博覧会 サイン・ファニチュア計画」 The 2005 World Exposition - Sign Equipment and Fixtures Planning URBAN PLANNING/EVENT PLANNING

Pl/Dir：田中一雄（GK設計）
Ar：加藤完治、入江寿彦、西潟眞佐子（GK設計）
ColorD：田中一雄（GK設計）
Cs：(株)丹青社、(株)乃村工藝社
Cl：(財)2005年日本国際博覧会協会
L：愛知県長久手町、瀬戸市、豊田市
2005年

Pl/Dir : Kazuo Tanaka(GK Sekkei)
Ar : Kanji Kato,Toshihiko Irie, Masako Nishikata(GK Sekkei)
ColorD : Kazuo Tanaka(GK Sekkei)
Cs : Tanseisha,co.,ltd., Nomura co.,ltd.
Cl : Japan Association for the 2005 World Exposition
L : Nagakute-cho,Seto-City, Toyota-City,Aichi-Ken,Japan
2005

2005年3月より9月までの185日間、愛知県の名古屋東部丘陵を拠点として、「2005年日本国際博覧会」（略称・愛知万博）が開催される。愛称を「愛・地球博」といい、21世紀の人類が直面する地球規模の課題の解決の方向性と人類の生き方を発信するために行われる。テーマである「自然の叡知」の下、新しい文化・文明の創造を目指して、各施設、イベントなどが計画された。この中でサイン・バナーに関する色彩計画をGK設計が担当した。「わかりやすさとにぎわいの創出を両立させること」を目的にした。会場外から会場内に至るまで、サインに機能色としてのEXPOシンボルカラー（緑）を使用し、博覧会のイメージの共通化を図った。ゲートごとのサイン性に寄与する4色を選定し、入出場の利便性を計画した。会場の雰囲気を高めるために6色の演出色を選定し、来場者が目的のコモン（地域別参加国エリア）に行きやすくするなど、全体に統一のとれた利便性の高い色彩計画が実施された。

●イメージの位置付け

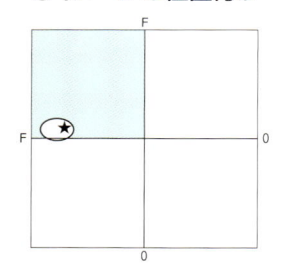

シンボルカラーだけでなく、愛知万博で使用され、来場者が目にする色をトータルにとらえたイメージとして分析する。ベースイメージは「スポーティ」で、コアイメージは「カーニバル」である。華やかさと躍動感の両方のイメージを持つカラーリングとなっている。背景に丘陵の緑があるため、健康的なお祭りの雰囲気が強くなる。

●シンボルカラー

PANTONE:348C
DIC:N-892

●サインベースグリーン

PANTONE:341C
DIC:F-306

ここでは愛知万博のシンボルカラーやサインベースカラーの緑を、使用全色の代表として掲載した。それぞれの色は、単独で配色されるわけではなく、常に背景色（自然や植物など）との関係でその機能を発揮するように計画されている。また、サインの基本は、必要な時に目に入ることであって、目立ち過ぎて周囲との調和を乱してはならない。さらに文字の視認性も十分考慮する必要がある。今回の色彩計画は分かりやすさに重点が置かれ、ハイレベルな効果を上げている。

[機能要素とサイン]

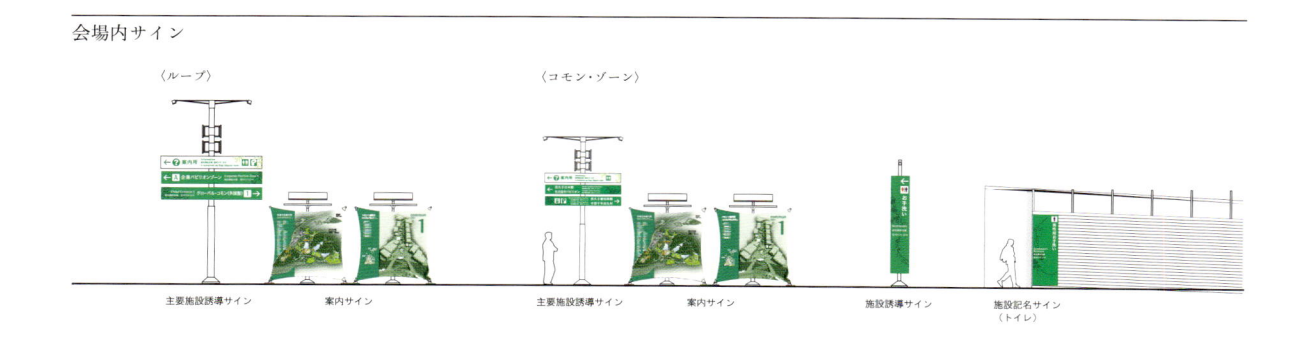

ターミナルサイン

ゲートサイン

会場内サイン

[ゲート演出要素に関する色彩方針]

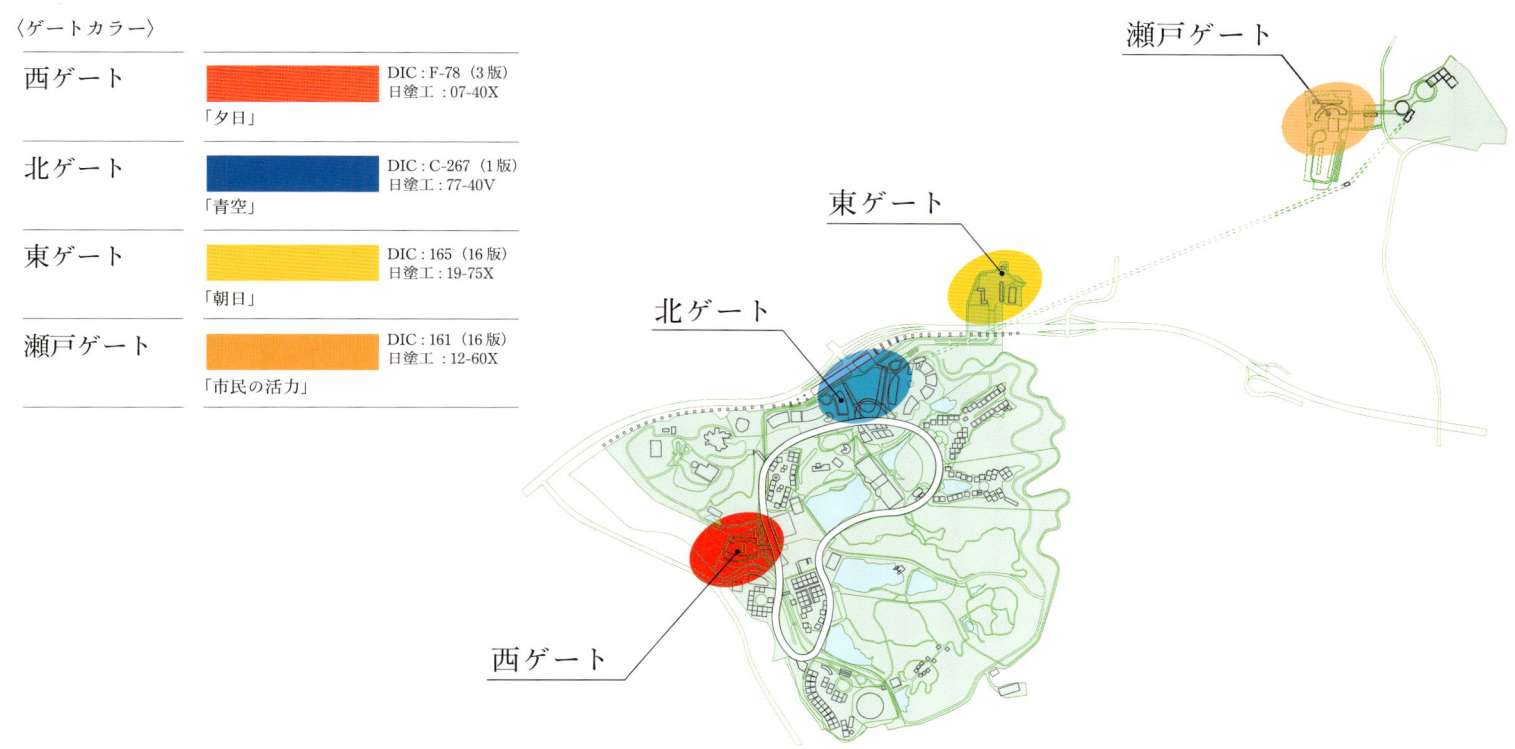

〈ゲートカラー〉

ゲート	色	DIC	日塗工	名称
西ゲート	赤	DIC：F-78（3版）	07-40X	「夕日」
北ゲート	青	DIC：C-267（1版）	77-40V	「青空」
東ゲート	黄	DIC：165（16版）	19-75X	「朝日」
瀬戸ゲート	橙	DIC：161（16版）	12-60X	「市民の活力」

〈ゲートバナー〉W800×H3500

西ゲート
The 2005 World Exposition, Aichi, Japan
25 March - 25 September, 2005
EXPO 2005 AICHI JAPAN

西ゲート
WEST GATE

北ゲート
The 2005 World Exposition, Aichi, Japan
25 March - 25 September, 2005
EXPO 2005 AICHI JAPAN

北ゲート
NORTH GATE

東ゲート
The 2005 World Exposition, Aichi, Japan
25 March - 25 September, 2005
EXPO 2005 AICHI JAPAN

東ゲート
EAST GATE

瀬戸ゲート
The 2005 World Exposition, Aichi, Japan
25 March - 25 September, 2005
EXPO 2005 AICHI JAPAN

瀬戸ゲート
SETO GATE

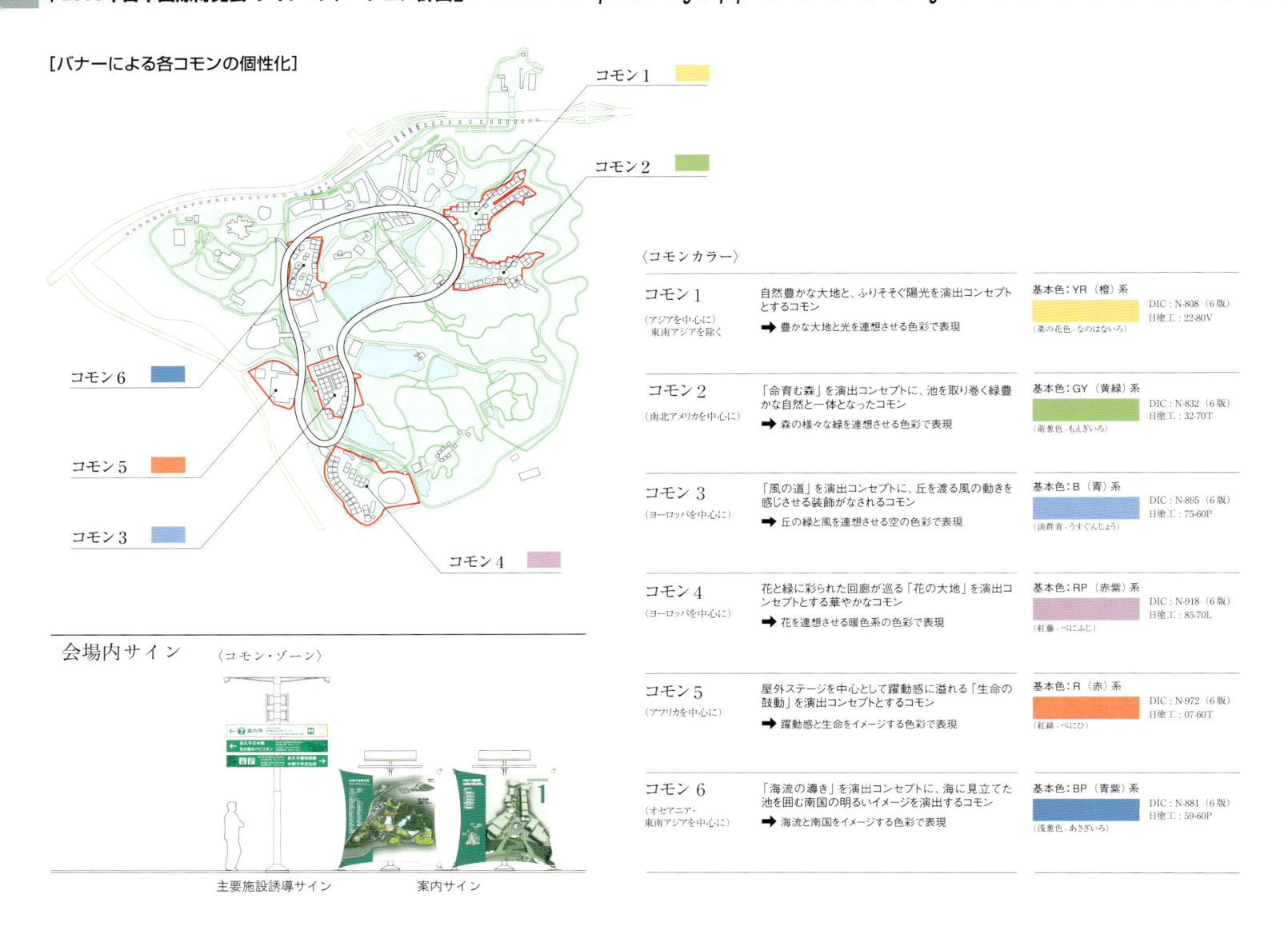

「2005年日本国際博覧会 サイン・ファニチュア計画」 The 2005 World Exposition - Sign Equipment and Fixtures Planning

URBAN PLANNING/EVENT PLANNING

[バナーによる各コモンの個性化]

〈コモンカラー〉

コモン1 （アジアを中心に 東南アジアを除く）
自然豊かな大地と、ふりそそぐ陽光を演出コンセプトとするコモン
→ 豊かな大地と光を連想させる色彩で表現
基本色：YR（橙）系　DIC：N-808（6版）　日塗工：22-80V
（菜の花色 - なのはないろ）

コモン2 （南北アメリカを中心に）
「命育む森」を演出コンセプトに、池を取り巻く緑豊かな自然と一体となったコモン
→ 森の様々な緑を連想させる色彩で表現
基本色：GY（黄緑）系　DIC：N-832（6版）　日塗工：32-70T
（萌葱色 - もえぎいろ）

コモン3 （ヨーロッパを中心に）
「風の道」を演出コンセプトに、丘を渡る風の動きを感じさせる装飾がなされるコモン
→ 丘の緑と風を連想させる空の色彩で表現
基本色：B（青）系　DIC：N-895（6版）　日塗工：75-60P
（淡群青 - うすぐんじょう）

コモン4 （ヨーロッパを中心に）
花と緑に彩られた回廊が巡る「花の大地」を演出コンセプトとする華やかなコモン
→ 花を連想させる暖色系の色彩で表現
基本色：RP（赤紫）系　DIC：N-918（6版）　日塗工：85-70L
（紅藤 - べにふじ）

コモン5 （アフリカを中心に）
屋外ステージを中心として躍動感に溢れる「生命の鼓動」を演出コンセプトとするコモン
→ 躍動感と生命をイメージする色彩で表現
基本色：R（赤）系　DIC：N-972（6版）　日塗工：07-60T
（紅緋 - べにひ）

コモン6 （オセアニア・東南アジアを中心に）
「海流の導き」を演出コンセプトに、海に見立てた池を囲む南国の明るいイメージを演出するコモン
→ 海流と南国をイメージする色彩で表現
基本色：BP（青紫）系　DIC：N-881（6版）　日塗工：59-60P
（浅葱色 - あさぎいろ）

会場内サイン 〈コモン・ゾーン〉

主要施設誘導サイン　案内サイン

[コモンカラーバナーデザイン（案）]

（ループ、西・北エントランス周辺）

| コモン1 COMMON 1 | コモン2 COMMON 2 | コモン3 COMMON 3 | コモン4 COMMON 4 | コモン5 COMMON 5 | コモン6 COMMON 6 | グローバル GLOBAL |

［ゲート色彩と場外バナー類］

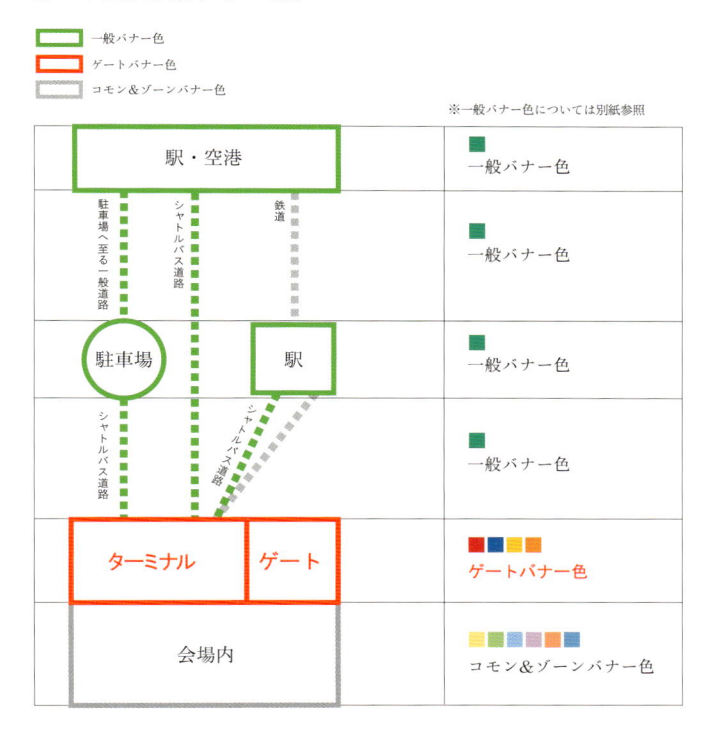

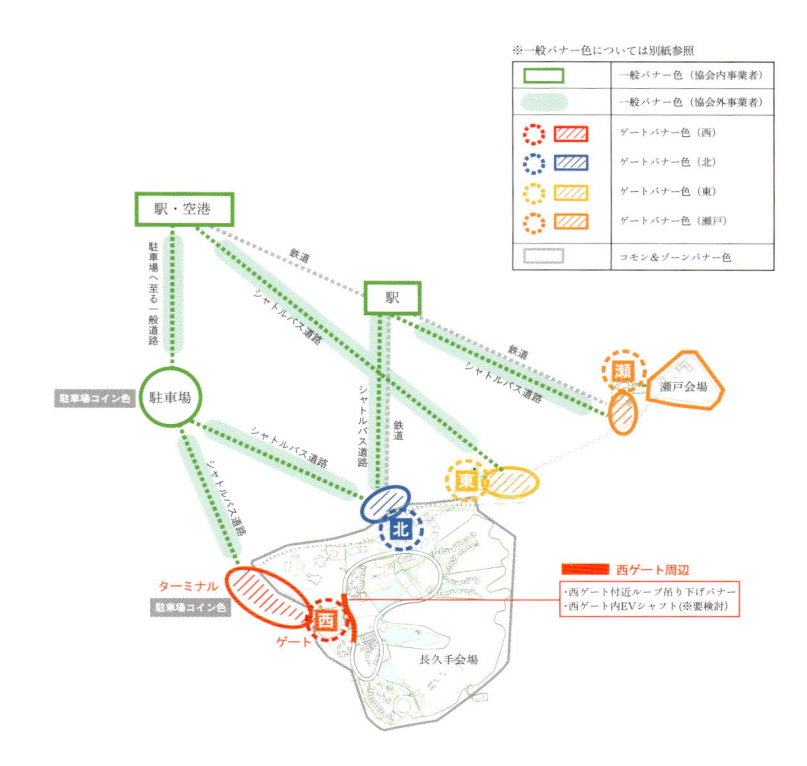

- 一般バナー色
- ゲートバナー色
- コモン＆ゾーンバナー色

※一般バナー色については別紙参照

駅・空港	一般バナー色
駐車場へ至る一般道路／シャトルバス道路／鉄道	一般バナー色
駐車場　駅	一般バナー色
シャトルバス道路／シャトルバス道路／鉄道	一般バナー色
ターミナル　ゲート	ゲートバナー色
会場内	コモン＆ゾーンバナー色

※一般バナー色については別紙参照

- 一般バナー色（協会内事業者）
- 一般バナー色（協会外事業者）
- ゲートバナー色（西）
- ゲートバナー色（北）
- ゲートバナー色（東）
- ゲートバナー色（瀬戸）
- コモン＆ゾーンバナー色

駅・空港／駐車場へ至る一般道路／鉄道／シャトルバス道路／駅／鉄道／瀬戸会場（瀬）

駐車場コイン色　駐車場　シャトルバス道路　シャトルバス道路　鉄道　東

ターミナル　駐車場コイン色　西　ゲート　長久手会場　北

西ゲート周辺
・西ゲート付近ループ吊り下げバナー
・西ゲート内EVシャフト（※要検討）

［場外バナー類に関する色彩・デザイン］

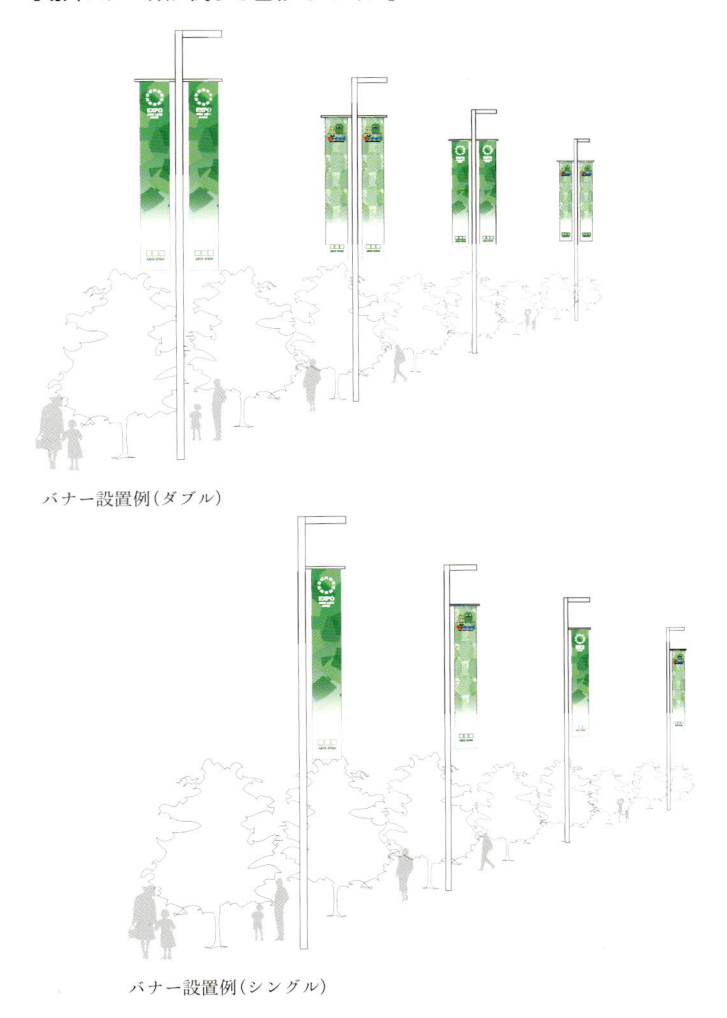

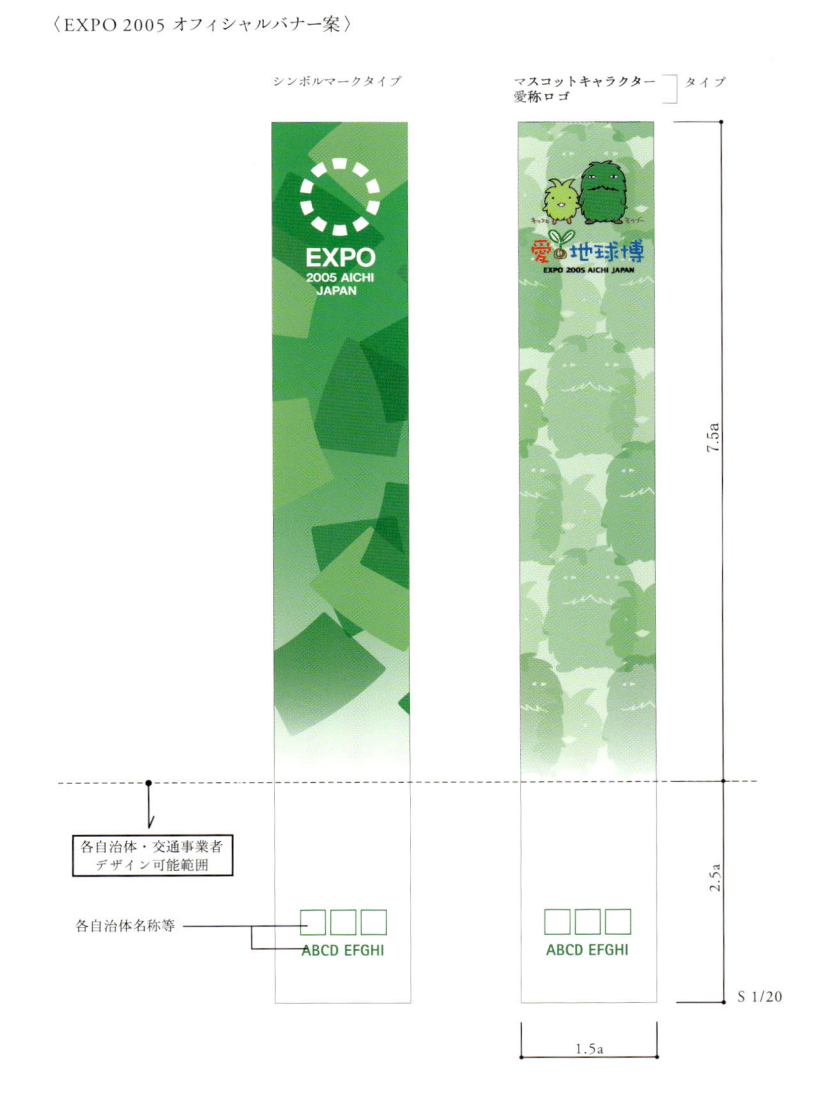

バナー設置例（ダブル）

バナー設置例（シングル）

〈EXPO 2005 オフィシャルバナー案〉

シンボルマークタイプ　　マスコットキャラクター 愛称ロゴ タイプ

EXPO 2005 AICHI JAPAN

愛・地球博 EXPO 2005 AICHI JAPAN

各自治体・交通事業者 デザイン可能範囲

各自治体名称等　ABCD EFGHI　ABCD EFGHI

7.5a

2.5a

S 1/20

1.5a

「多摩モノレール トータルデザイン計画」 Tama monorail Total Design Project

URBAN PLANNING/EVENT PLANNING

Pl/Dir：宮沢功（GK設計）
Ar：田中一雄、日比谷憲彦、後藤浩介、松岡智之、片山英子、名木山景（GK設計）
ColorD：田中一雄（GK設計）
Cs：京王エージェンシー、フロム トゥ
Cl：多摩都市モノレール（株）
L：立川市、他
2000年

Pl/Dir : Isao Miyazawa(GK Sekkei)
Ar : Kazuo Tanaka, Norihiko Hibiya, Kosuke Goto, Tomoyuki Matsuoka, Eiko Katayama, Kei Nagiyama (GK Sekkei)
ColorD : Kazuo Tanaka(GK Sekkei)
Cs : Keio Agency, From To
Cl : Tokyo Tama Intercity Monorail
L : Tachikawa Area Tokyo,Japan
2000

2000年1月多摩都市モノレールは開通した。全長16km、立川を中心に北は東大和市の上北台から、南は多摩センターまでを約36分で結んでいる。多摩自立都市圏の心とも言うべき立川市の機能の充実のために役立っている。このモノレールを利用者の利便とデザインの統一性を図るために、デザイン計画が実施された。

多摩都市モノレールのイメージは、駅舎や車両、案内サインといったものが、相互に関連し合って創出される。対象物を3つの領域に分けた。視覚要素、車両、駅舎（サービス環境）の3つがトータルデザインの対象となった。そのコンセプトは、「輝く多摩」を基本テーマに、地域の誇りとなり、またシンボルともなりうるような活力を表現する。そのための色彩計画を行った。「輝く多摩」を日の光をベースに活力のある表現で完結させた。

● メインカラー

M70Y100

● サブカラー

M40Y100 M20Y100

メインカラーとサブカラーの3色は暖色系である。人を朗らかに迎え入れる色であり、明るく輝く太陽の色である。天気は晴れの日ばかりではない。曇りや雨の日もある。そんな日でも、この色は、人の心に太陽を届ける。人を笑顔にしてしまう配色である。彩度の高い暖色系は、環境の中で浮いてしまうため、無彩色の白か明るい灰で抑える。車体にも使用されているが、その周囲は無彩色になっている。モノレールカラーは地域に浸透し普遍化してきた。

● イメージの位置付け

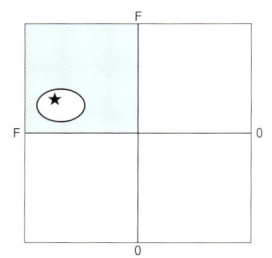

メインカラーとサブカラーで3色であるが、この3色の他に頻繁に露出する黄緑と緑があり、この色を含めて全体のイメージを分析する。ベースイメージは「カジュアル」で、コアイメージは「愉快な」である。気軽で、朗らかなイメージである。決して曇っている雰囲気ではなく、明るく太陽がさんさんと降り注ぐイメージになっている。

コミュニケーションマーク

● 配色比

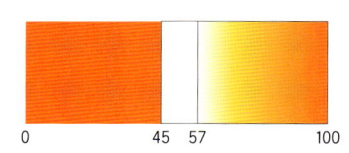

0　45　57　100

マークは楕円形が使用されており、白の帯の部分で、おおよそ半分になっている。下半分の橙のベタの部分がやや多く45％、白は12％、グラデーションの部分43％になっている。ここで使用されている白の分量が最も重要な意味を持っている。これ以上太ければだれるし、細ければインパクトが弱くなる。この12％は絶妙な割合となっている。

［視覚要素デザインの基本的考え方］

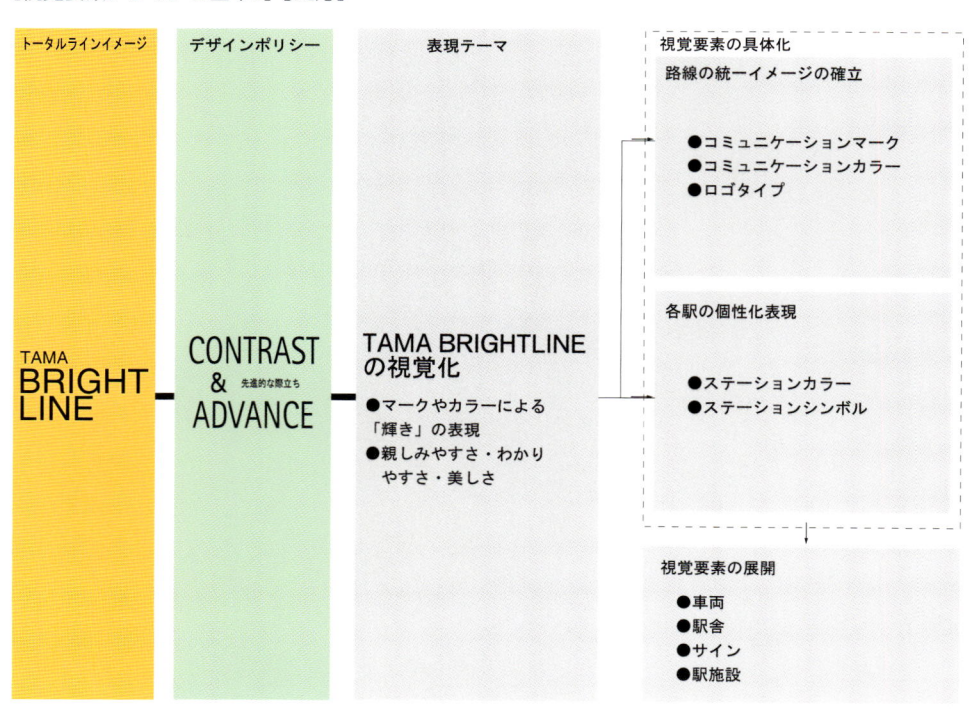

トータルラインイメージ	デザインポリシー	表現テーマ	視覚要素の具体化
TAMA BRIGHT LINE	CONTRAST & ADVANCE 先進的な際立ち	TAMA BRIGHTLINEの視覚化 ●マークやカラーによる「輝き」の表現 ●親しみやすさ・わかりやすさ・美しさ	路線の統一イメージの確立 ●コミュニケーションマーク ●コミュニケーションカラー ●ロゴタイプ
			各駅の個性化表現 ●ステーションカラー ●ステーションシンボル
			視覚要素の展開 ●車両 ●駅舎 ●サイン ●駅施設

［アプリケーションデザイン例］

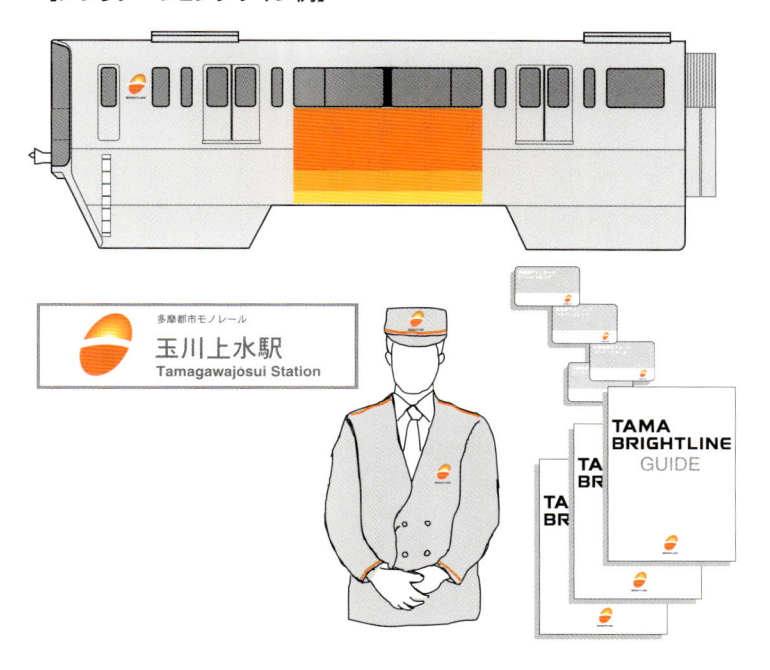

ホーム カラーデザイン

ホーム 案内板

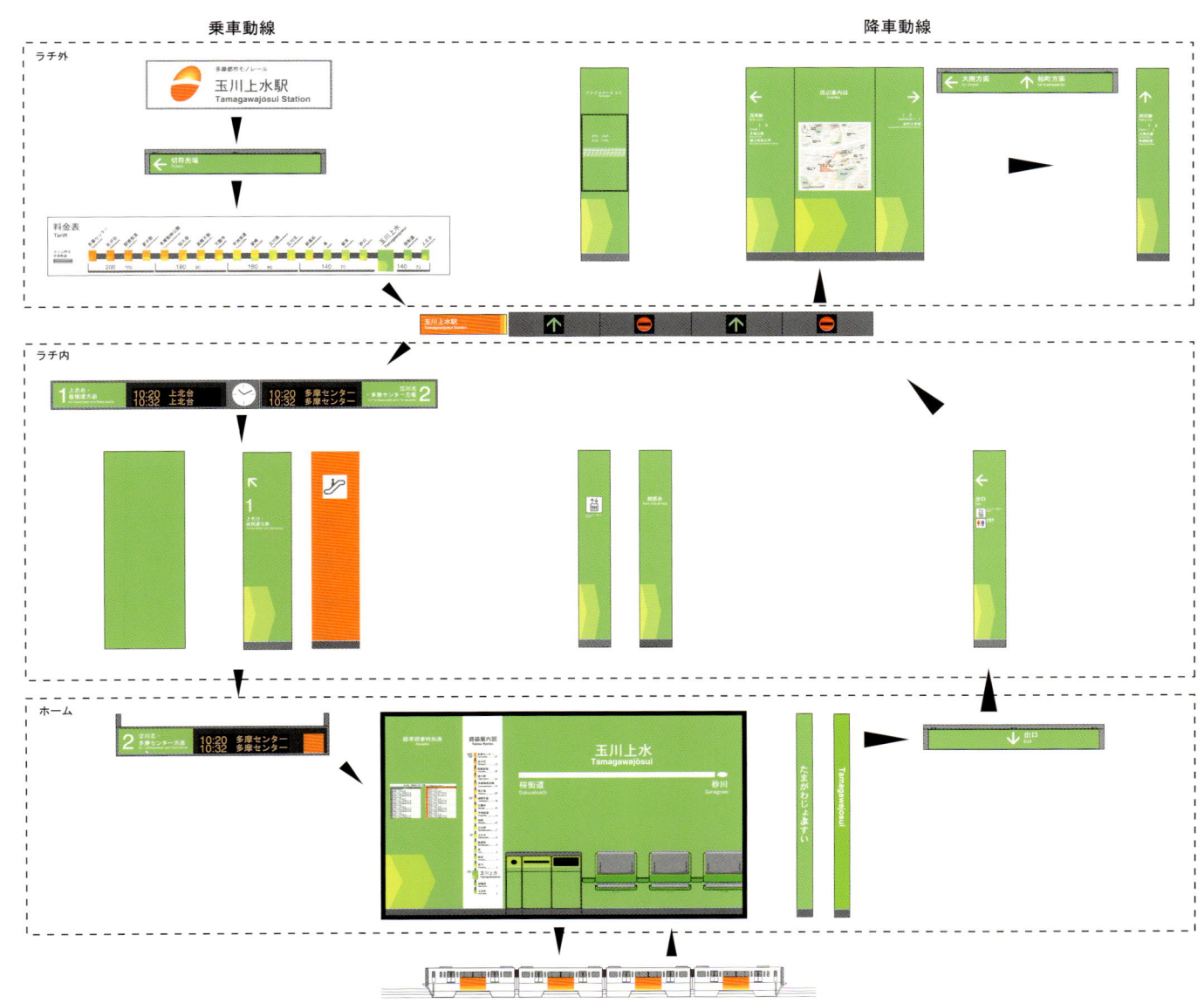

［サインシステムの概要］

乗車動線　　　　　　　　　　　　　　　　　降車動線

ラチ外

ラチ内

ホーム

173

「多摩モノレール トータルデザイン計画」 Tama monorail Total Design Project　　URBAN PLANNING/EVENT PLANNING

[ステーションカラー・シンボル最終案]

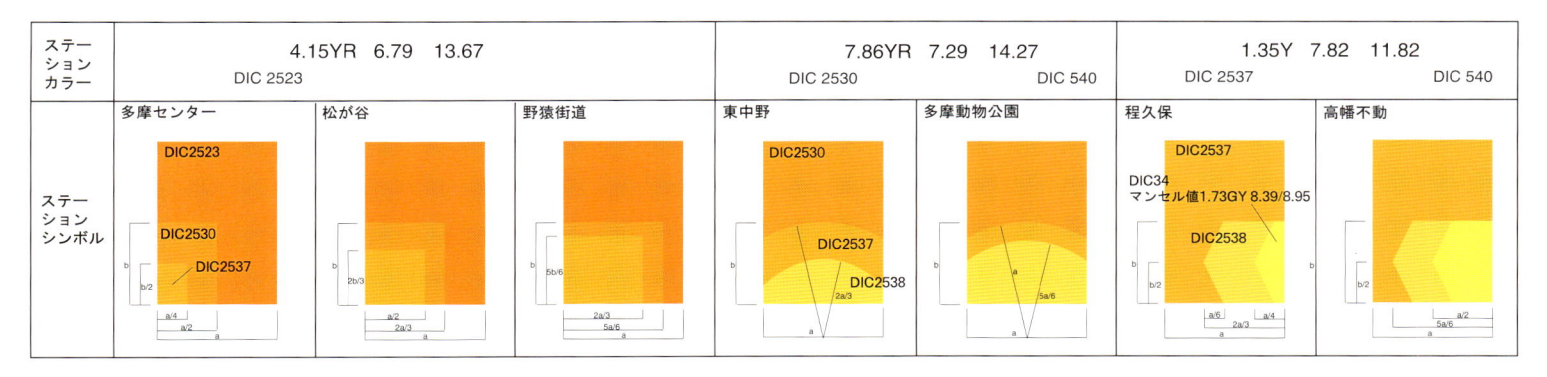

ステーションカラー	4.15YR 6.79 13.67 DIC 2523			7.86YR 7.29 14.27 DIC 2530　　　DIC 540			1.35Y 7.82 11.82 DIC 2537　　　DIC 540	
ステーションシンボル	多摩センター	松が谷	野猿街道	東中野	多摩動物公園	程久保	高幡不動	

ステーションカラー	DIC 2537	4.05Y 8.29 14.07 DIC 2538　　　DIC 540		1.91GY 7.94 12.40 DIC 169　　　DIC 540			DIC 2544
ステーションシンボル	万願寺	甲州街道	柴崎	立川南	立川北	新高松	泉

ステーションカラー	7.03GY 7.44 11.66 DIC 2544		7.19GY 6.42 9.69 DIC 2546				
ステーションシンボル	新泉	砂川	玉川上水	桜街道	上北台		

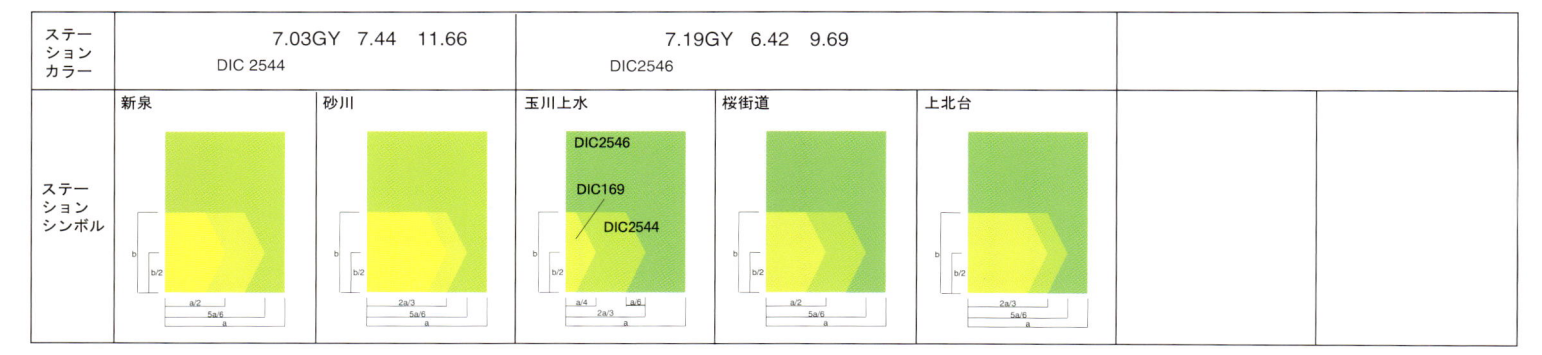

●サインへの展開例

駅舎内デザイン

駅舎 案内板

駅舎 案内板

ホーム カラーデザイン

車両デザイン

ホーム 案内板

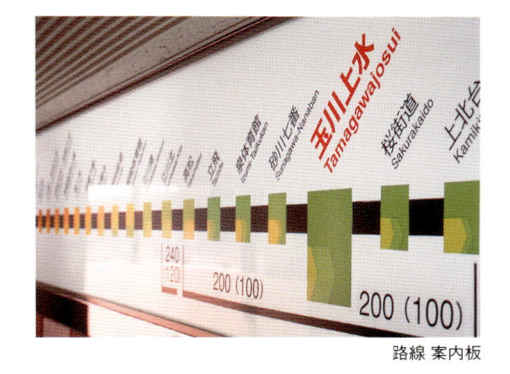

路線 案内板

ホームベンチ

駅舎 案内板

駅舎 外壁デザイン

「日テレTOWER Studio Graphic」 Nittele TOWER Studio Graphic

URBAN PLANNING/EVENT PLANNING

AD：久田邦夫
ColorD：久田邦夫
D：久田邦夫、真野元成
山田昭仁、井上慎太郎
DF：(株)GKグラフィックス
(株)丹青シグネクス
A：(株)丹青社
CI：日本テレビ放送網(株)
2003年

AD : Kunio Hisada
ColorD : Kunio Hisada
D : Kunio Hisada, Motonari Mano, Akihito Yamada, Shintaro Inoue
DF : GK Graphics Incorporated TANSEI SIGNEX Co., Ltd
A : TANSEISHA Co., Ltd
CI : NIPPON TELEVISION NETWORK CORPORATION
2003

日本テレビ汐留新社屋のサイン計画の一環である放送スタジオのグラフィック展開を行った。「解りやすい区別化」を目的として、デザイン並びに色彩設定を行った。言葉（色名）で明確に表現可能な色を選定した。大きな4つのスタジオは色の3原色（赤、青、黄）に光の3原色の中の緑を加え、基本色（4色）とした。この4色をベースに区別化を計画した。例として第1スタジオは赤いスタジオというように、色でスタジオが連想できるようにした。

色彩表現（カラーリング）する対象が大きいため、大面積に対して明度の膨張による色彩の変化を考慮して、最終的な色彩を決め、その他デジタルメッセージをイメージしたスクエア（方形）のドットをスタジオ入り口のシンボルとしてデザインした。それを共通のグラフィックパターンで表現し、テレビ局のスタジオにふさわしい華やかな演出を行った。

● メインカラー

C30M100Y100 / M40Y100 / C100M70Y20 / C100M50Y100
C70M81 / C85M20Y5 / M16Y100

● サブカラー

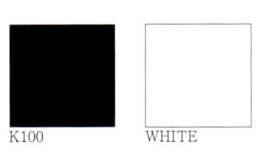

K100 / WHITE

色の選定の仕方として、顔料系の3原色と色光の3原色の緑を合わせ、赤、青、黄、緑の4色を基本色にし、そのうちスタジオに使用する黄は、明度が高くかなり膨張して見えることから、彩度を落とさずに明度を下げるため橙に近付けた。その他に紫、水色、黄をプラスし、色のバリエーションを増やした。彩度を高くしているため、強く印象に残る。また、この配色によって動的で快活な空間が出来上がっている。

● イメージの位置付け

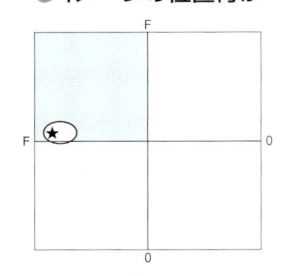

メインカラー（基本色）となっている7色のイメージは「スポーティ」に属している。コアイメージも「スポーティ」で活動的な雰囲気を表現している。ピュアイメージに近いものは複雑な意味がない。それによって、シンプルで強烈な刺激を見る人に与え、印象付けられる。目印としての役割も十分果たしている。巨大な空間は、威圧的になるが、「スポーティ」はそれを動的なものにする力がある。

■ 施設色別表

	基本カラー	スタジオセットアクリル	駐車場用塗装色	DICカラー	屋外用シート	屋内用シート
・S1スタジオ ・駐車場車室ナンバー 1～33		ファンタレックス （ハーモニー） H-403M	日塗工 A 05-40X	DIC 2492	3M Scotchcal Film JS-1236 （カーミン）	セキスイハルカラー SHJ-794 （紅色）
・S2スタジオ ・駐車場車室ナンバー 72～105		ファンタレックス （ハーモニー） H-411M	日塗工 A 17-70X	DIC N-743 （柑子色 こうじいろ）	3M Scotchcal Film JS-1410 （コズメティックオレンジ）	セキスイハルカラー SHJ-254 （柑子 こうじ）
・S3スタジオ ・駐車場車室ナンバー 48～71		ファンタレックス （アート） A-90M	日塗工 A 72-40T	DIC 2594	3M Scotchcal Film JS-1616 （コバルトブルー）	セキスイハルカラー HC-650 （コバルトブルー）
・S4スタジオ ・駐車場車室ナンバー 34～47		ファンタレックス （アート） A-53M	日塗工 A 49-40P	DIC 2562	3M Scotchcal Film JS-1710 （マラカイトグリーン）	セキスイハルカラー HC-538 （クロームグリーン）
・SVスタジオ		ファンタレックス （パステル） P-214M	日塗工 A 82-40T	DIC 2425	中川ケミカル NOCS 45-46	セキスイハルカラー HC-710 （パンジー）
・SKI 1スタジオ ・SKI 2スタジオ		ファンタレックス （パステル） P-203M	日塗工 A 65-70L	DIC 2165	3M Scotchcal Film JS-6620 （アクアブルー）	セキスイハルカラー SHJ-644 （新橋色）
・駐車場車室ナンバー セキュリティー外 301～322、401～437		ファンタレックス （アート） A-93M	日塗工 A 19-75X	DIC 165	3M Scotchcal Film コントロールタックプラス 180-25 （サンフラワー）	セキスイハルカラー HC-310 （マリーゴールド）
・報道スタジオ	なし					
・マイスタ	未定					
・0スタジオ	なし					

S1スタジオ　　S4スタジオ　　S3スタジオ

S1スタジオ大扉

S1スタジオ入口

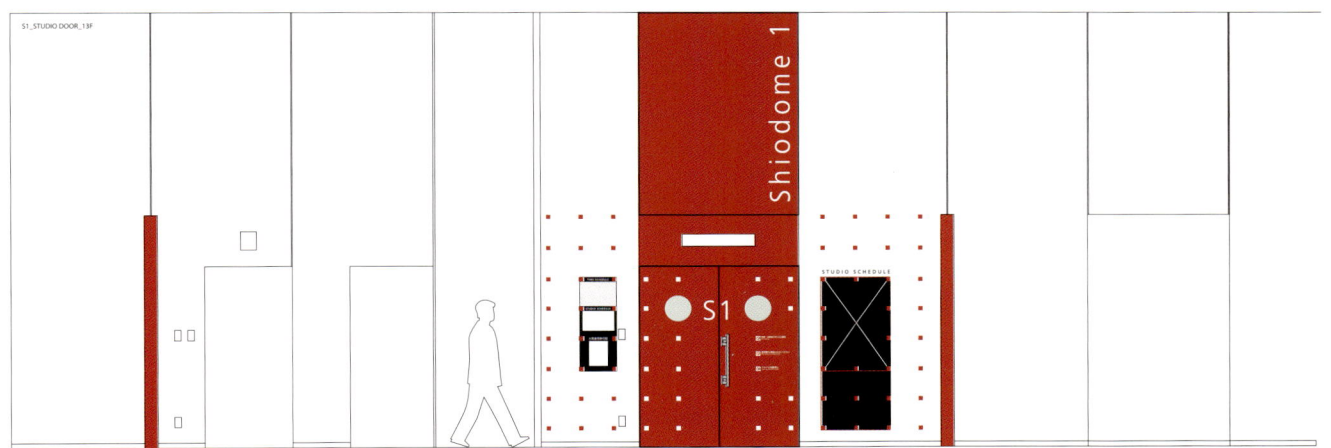

S1スタジオ 壁面グラフィック

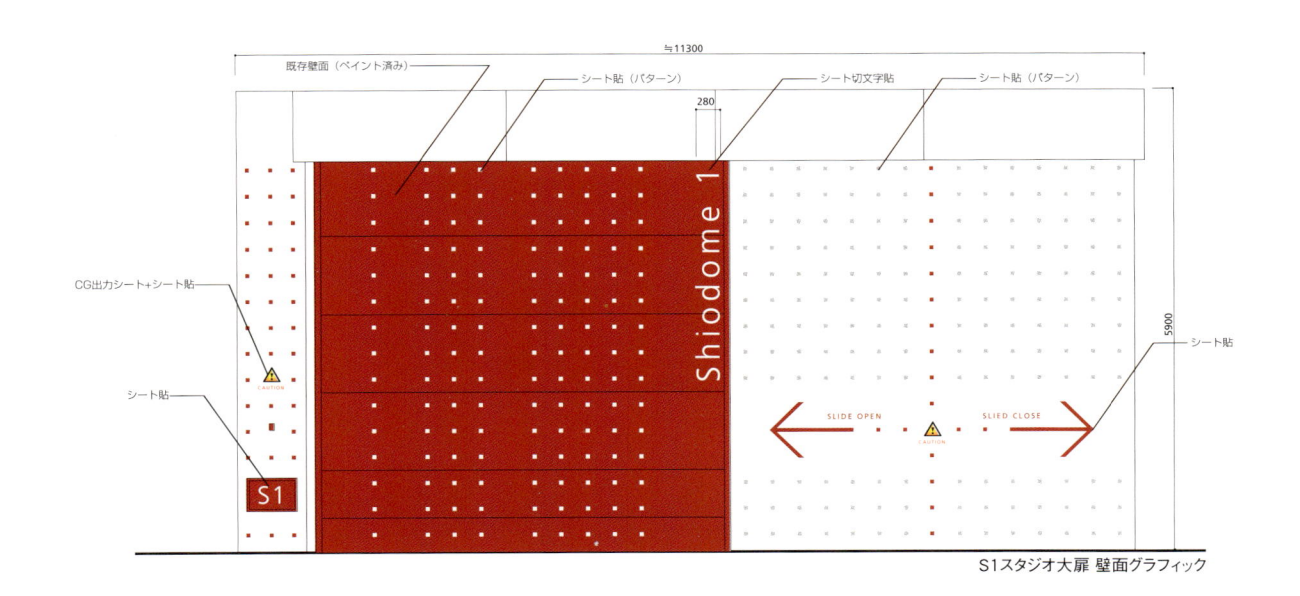

S1スタジオ大扉 壁面グラフィック

177

「日テレTOWER Studio Graphic」 Nittele TOWER Studio Graphic　　URBAN PLANNING/EVENT PLANNING

S2スタジオ大扉 壁面グラフィック

S2スタジオ大扉 壁面グラフィック

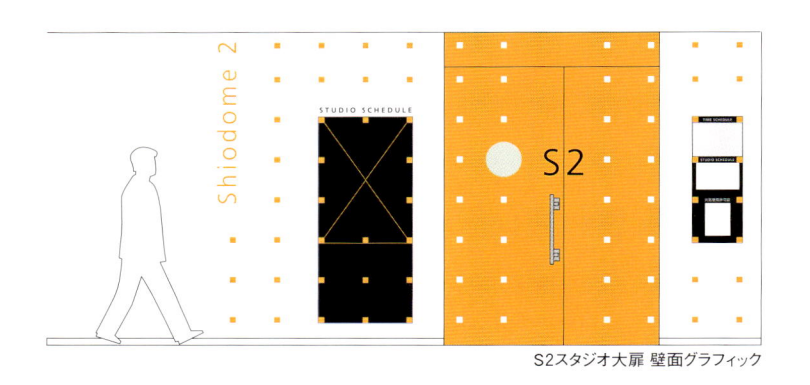

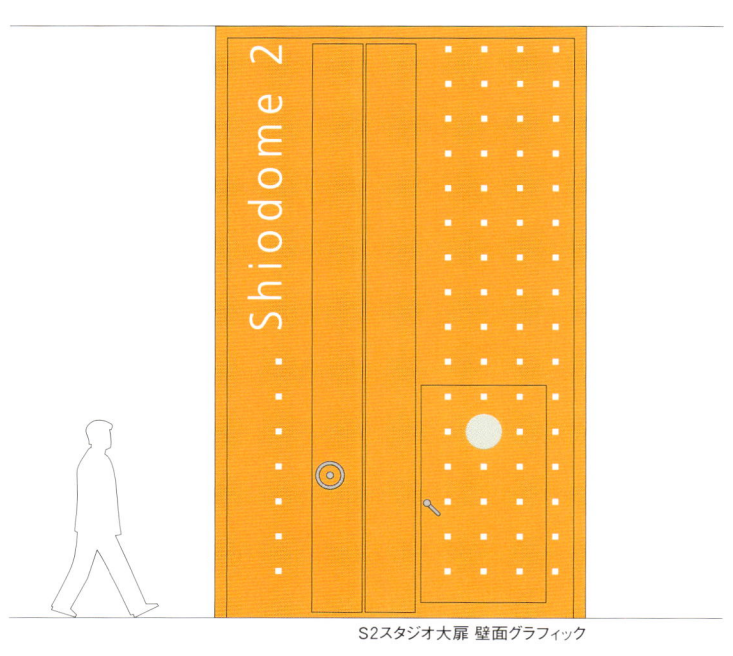

S2スタジオ入口

S2スタジオ大扉

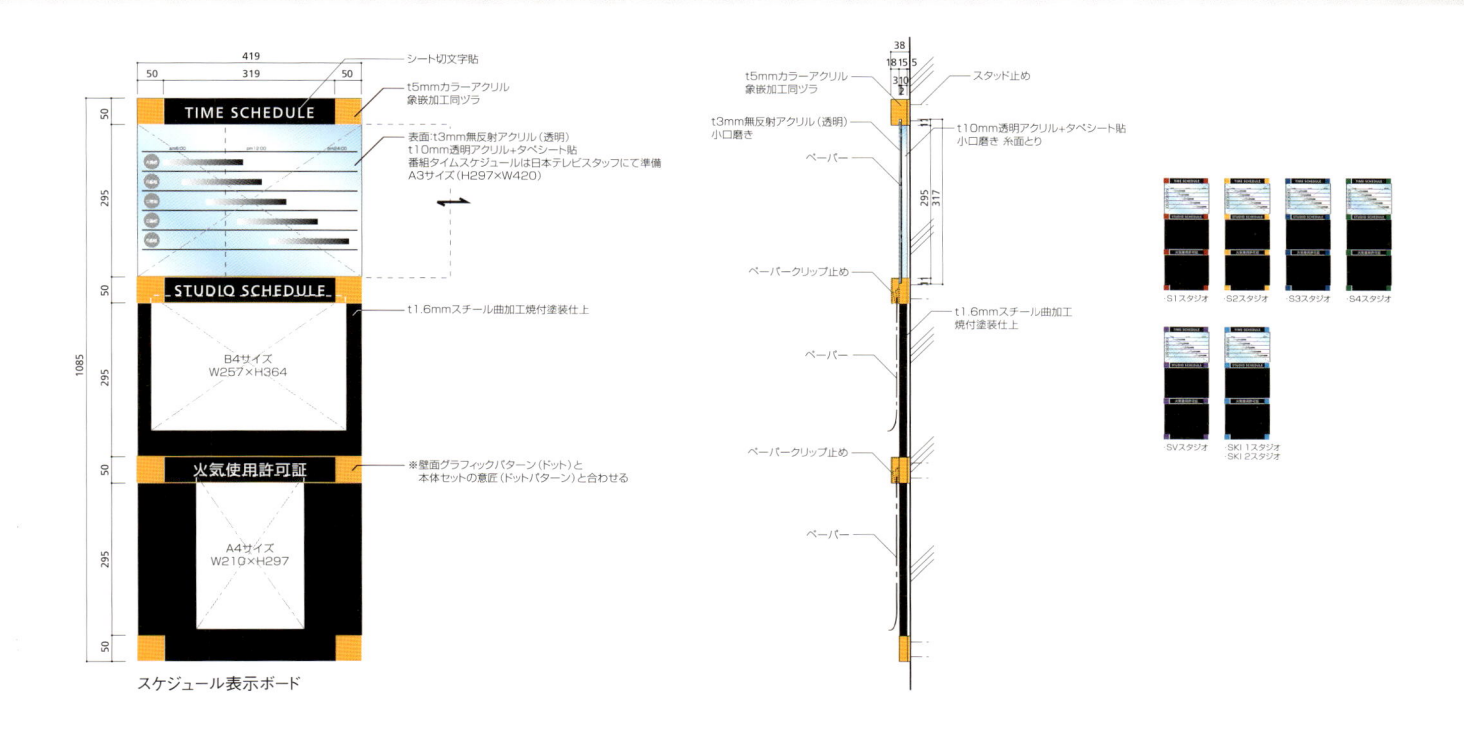

スケジュール表示ボード

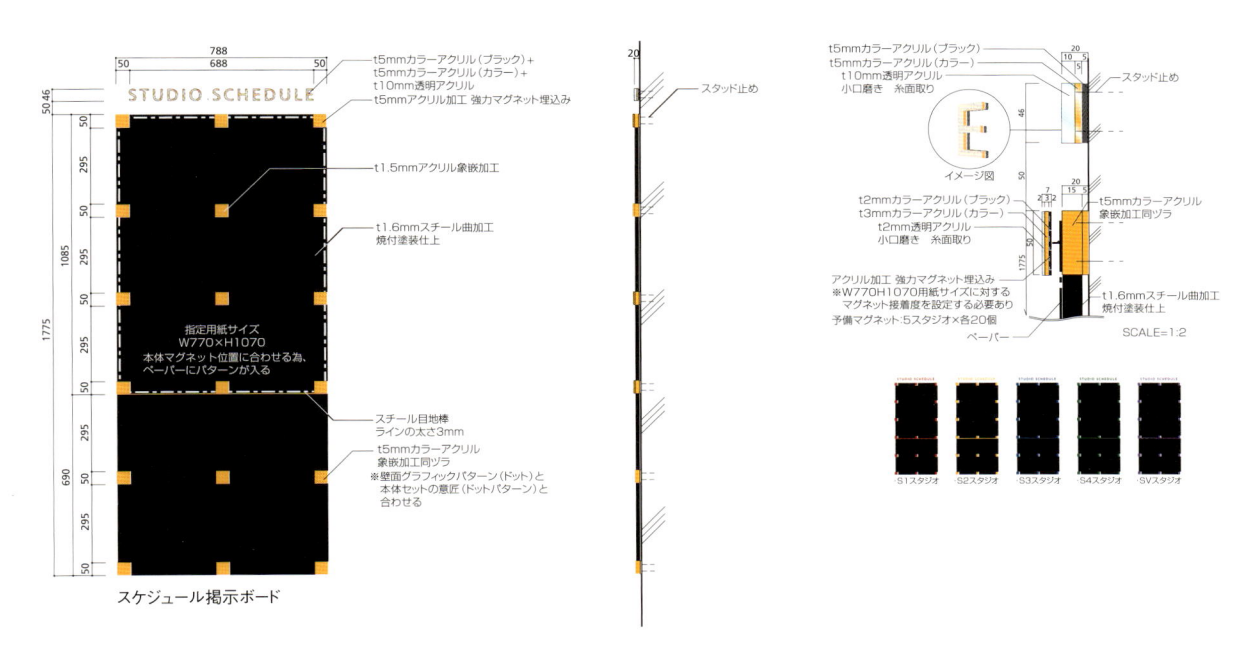

スケジュール掲示ボード

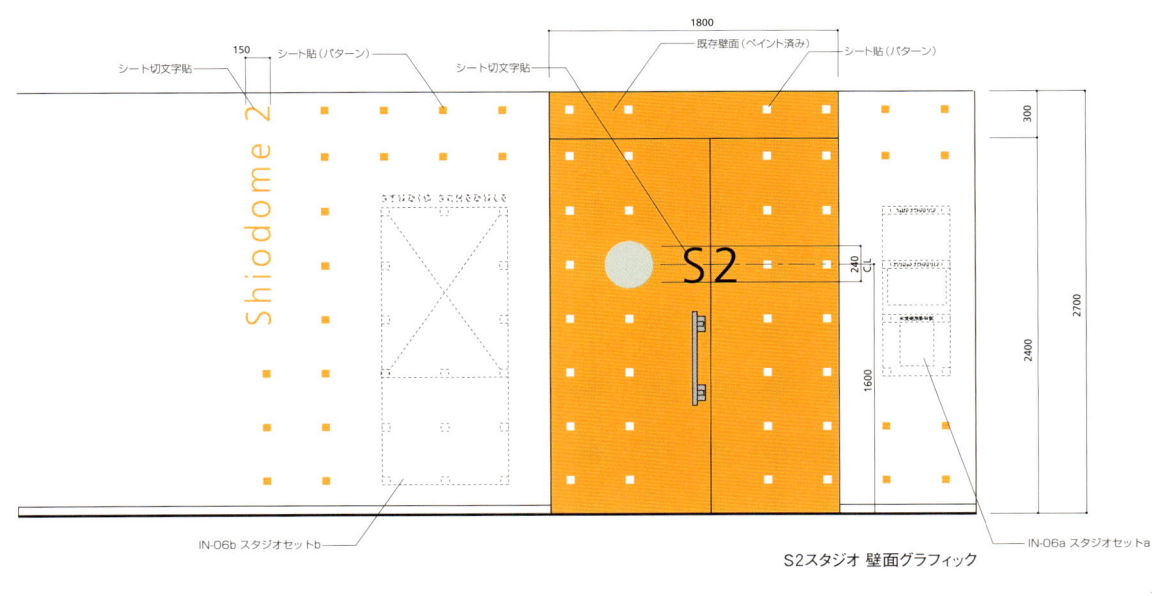

S2スタジオ 壁面グラフィック

「Save the Children 一緒に、始めよう。」 "Save the Children with Love" Campaign

URBAN PLANNING/EVENT PLANNING

CD：横野正憲
AD：横野正憲
ColorD：横野正憲
D：横野正憲、小埜和昭
WebD：荒澤英之
P：百々新
CW：斎藤春樹
DF：(株)スパイス
A：(株)博報堂
CI：(株)ファミリーマート
2003年

CD : Masanori Yokono
AD : Masanori Yokono
ColorD : Masanori Yokono
D : Masanori Yokono, Kazuaki Ono
WebD : Hideyuki Arasawa
P : Arata Dodo
CW : Haruki Saito
DF : spice inc.
A : HAKUHODO Inc.
CI : FamilyMart Co., Ltd.
2003

ファミリーマートが支援する「セーブ・ザ・チルドレン・ジャパン」のキャンペーン展開。この活動は世界の子どもたちの基本的な暮らしと権利を守るために、1919年に英国で設立された。日本では1986年にセーブ・ザ・チルドレン・ジャパンが設立された。ファミリーマートがこの活動に参加したのが1993年、それから10年を経て、新たな思いを込めてキャンペーンが企画された。「一緒に、始めよう。」というテーマはボランティア精神の普及も意図している。

通年展開する上で、季節感をあまり感じさせず、さらに店内で展開されている、他のキャンペーンとの差別化が図れるテーマカラーの設定が必要であった。すぐに理解される色であり、なおかつ社会貢献という柔らかいイメージと、マストバイキャンペーンではインパクトのあるイメージという条件で色が絞られた。最終的にはファミリーマートの店頭のカラーイメージ（緑、青、白）に調和する色ということで、ピンクが選定された。

● メインカラー

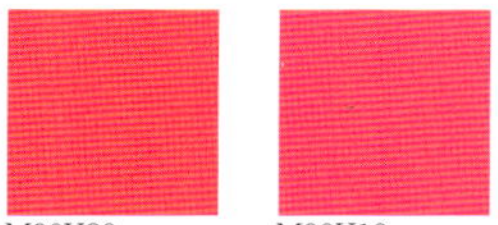

M90Y30　M90Y10

● サブカラー

K100　WHITE　C100M100

ピンクはファミリーマートのブランドカラーに対して反対色の位置にある。この色を加えることによって、配色イメージは生き生きとしたものになる。さらに彩度の高いピンクは、明度が低くなるので、インパクトが強まる。コアイメージのカラーパレットにある白を組み合わせると、ピンクの性格が強調され、より躍動感が増す。全体のイメージは清潔感のあるものとなり、印象付けする力も強まる。可愛らしさが見る人を優しくする配色として成功している。

● イメージの位置付け

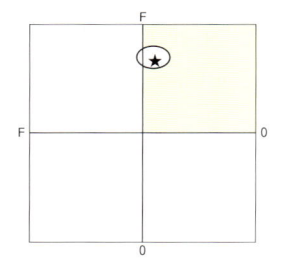

ベースイメージは「プリティ」であり、コアイメージは「可愛らしい」である。このイメージは主に子どもに対して使用される。嫌味のない清潔感が漂い、見る人に微笑みを与える効果がある。本来は明度の高いパステルトーンで配色されるが、明度が低い場合にはメッセージ対象の年齢層は高くなる。

大陳ディスプレイ

液晶フレームPOP

ショーカード

ホームページ

181

「東雲キャナルコート CODAN1街区」 SHINONOME CANALCOURT CODAN 1ST BLOCK

ARCHITECTURE/INTERIOR

Dir：山本理顕
Ar：(株)山本理顕設計工場
Cs：三井住友建設、鴻池組、大日本土木 JV
P：大橋富夫(TO)、大野繁(SO)、ナカサ&パートナーズ(N)
Cl：都市再生機構
L：東京都江東区
2003年

Dir : Riken Yamamoto
Ar : Riken Yamamoto & Field Shop
Cs :
JV of SumitomoMitsui, Konoike, and Dai Nippon Construction
P : Tomio Ohhashi,
Shigeru Ohno,
Nacása & Partners Inc.
Cl : Urban Renaissance Agency
L : Koto-ku,Tokyo,Japan
2003

●イメージの位置付け

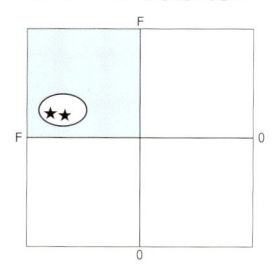

ベースイメージは「カジュアル」、コアイメージも同じ「カジュアル」と「楽しい」が複合されている。カジュアルは気軽さや若々しいファッション性を感じる。空間全体から、楽しい気分にさせる雰囲気が作られている。また、ストライプとして使用したときには、スポーティな感覚が加味される。総合的に見ると、レインボーカラーが持つ、夢のあるイメージが、グレイッシュな色(壁面)との組み合わせで現実性のあるイメージになっている。

江東区東雲は都心から5km圏内にあり、臨界副都心に隣接している地理的利便性の高い場所である。ここに、総戸数2000戸の高密度都市型集合住宅が建設される。都市再生機構が2001年より工事に着手し、2005年に6街区のすべてが竣工する。周辺の整備も含め、すべてが完成するのは2013年である。6つの街区を6人の建築家のチームと公団によって設計が進められた。1街区の設計と6街区全体の調整役を担当しているのが山本理顕である。1街区はすでに竣工しているが、単なる集合住宅ではなく、ここでは仕事と生活との境界があいまいになると考えた。生活の場、アトリエ、SOHOなど多用途に対応するユニットはどうあるのかをコンセプトにした。ユニット(住宅)と中廊下は、ガラスの扉で仕切り、住戸内部と外部の連続した関係を作り出している。ガラス張りの玄関扉を入ったところに、ホワイエスペースが用意されている。このスペースはアトリエやショールームに使える。東雲住宅では、色の持つ効果が随所に採用されている。昼と夜の雰囲気は、大きく異なり、居住者を楽しませる。色の心理的効果が都市の閉塞感を和らげ、生活への刺激となっている。形と色との融合、東雲住宅はその大いなる実験場とも言える。建築家山本理顕の目指したものが、ここに確かな虹として架かっている。

●メインカラー

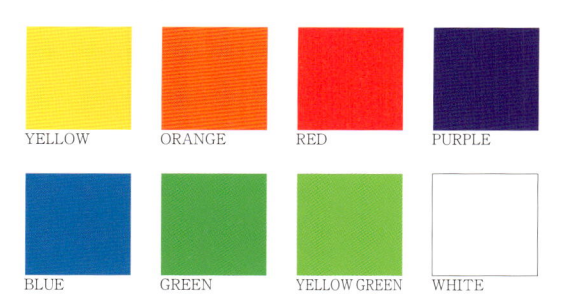

| YELLOW | ORANGE | RED | PURPLE |
| BLUE | GREEN | YELLOW GREEN | WHITE |

かつてこれだけ色が展開された集合住宅はなく、建築と色との関係について出された画期的な提案でもある。色はレインボーカラーが採用された。サインデザイナーの廣村正彰とのミーティングで、1階のエントランスホール部分のポストに施されたレインボーカラーのストライプがきれいで面白かったので、建物のすべての階を同じようにストライプで埋めることを考えた。2〜14階までの各階に、黄・橙・赤・紫・青・緑・黄緑の7色を割り当て、その色を使ったストライプのデザインを各住戸エントランスやエレベーターホールサインなど、建物全体のサインシステムとして使用した。さらにこのカラーストライプは、2層吹き抜けのコモンテラス(＊)の壁や、妻面住戸の建具に施すことで、なるべく建築の表現にこのカラーデザインが表れてくるように計画された。この色彩計画によって、建物にリズムが生まれ、住む人の心に心地良い刺激を与えている。

＊コモンテラス：ファサードにあり、居住者が自由に使うことができる共用スペース。中廊下に対して、採光、通風の役割も果たしている。

S字街路南端ゲート部分、左が1街区、右が2街区

CODAN6街区全体模型、右手奥が晴海通り（SO）

1・2街区部分模型、所々にコモンテラスの穴が開けられている（SO）

1街区、中庭からの全景

1街区妻面、ストライプの建具でゲート性を強調

南棟、西棟をつなぐ連結ブリッジ

1、2街区に囲まれた大きな中庭と中央を貫くS字街路（TO）

「東雲キャナルコート CODAN 1街区」 SHINONOME CANALCOURT CODAN 1ST BLOCK   ARCHITECTURE/INTERIOR

住棟の所々に開けられたコモンテラス（N）

各住戸エントランスに設けられたストライプサイン（N）

それぞれの階に特定のカラーが割り当てられている（N）

全体のサインシステムと連動した郵便受け（N）

ストライプの建具がついたコモンテラス

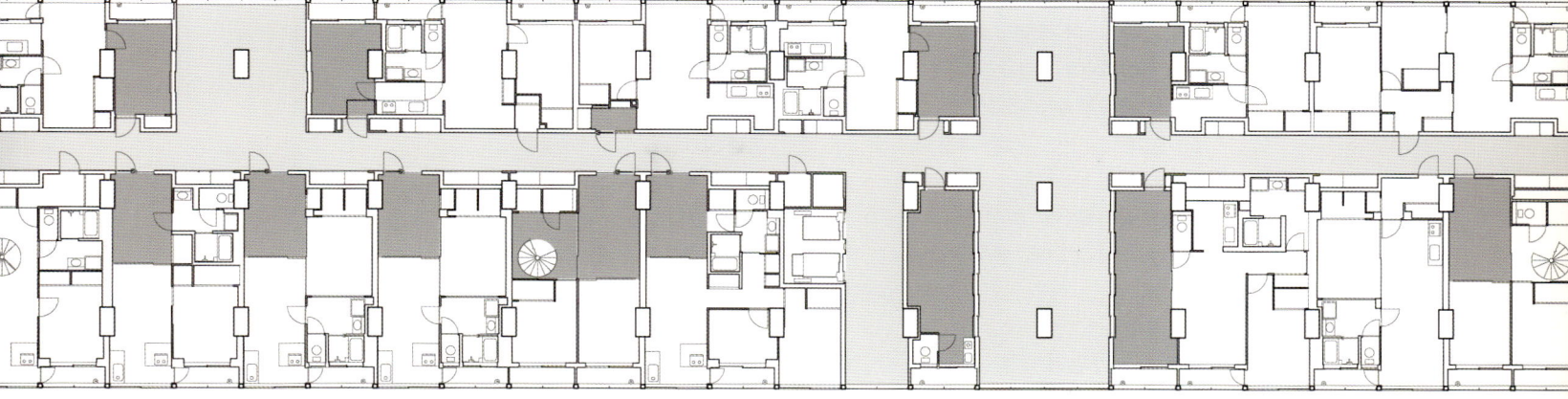

一般階部分平面図、グレーがホワイエコーナー

中廊下と各住戸の構成（模型）

ガラスの扉で仕切られた開放的な玄関部分

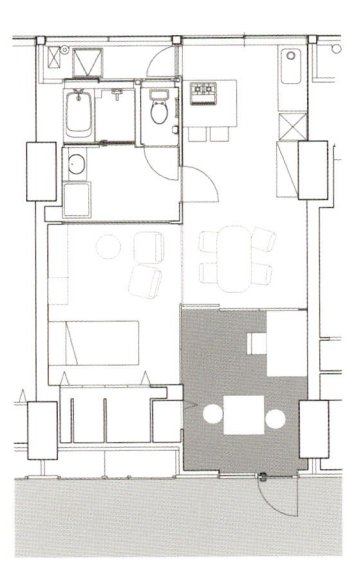

ベーシックユニット平面図、グレーがホワイエコーナー

水回りがコンパクトに窓側にまとめられたベーシックユニット内観（N）

185

「門司港ホテル」Mojiko HOTEL

ARCHITECTURE/INTERIOR

AD：内田繁
Ar：アルド・ロッシ、モリス・アジミ、堀口豊太＋SDA
[内装設計]内田繁、田中好美＋スタジオ80
GD：浅葉克己
実施設計：レック都市地域研究所
家具設計：内田繁＋スタジオ80
Cs：フジタ・若築建設共同事業体
P：ナカサ＆パートナーズ
CI：門司港開発
L：福岡県北九州市
1998年

AD : Shigeru Uchida
Ar : Aldo Rossi,Morris Adjmi, Toyota Horiguchi+SDA
[Interior Design]Shigeru Uchida, Yoshimi Tanaka+STUDIO80
GD : Katsumi Asaba
[Execution Plan]Research, Engineering & Consulting Institute
[Furniture Design] Shigeru Uchida+STUDIO80
Cs :Fujita/Wakatsuki Construction Consortium
P : Nacása & Partners inc.
CI : Mojiko Development
L : Kita-kyushu-City,Fukuoka-Ken
1998

門司港ホテルは1998年に完成した。建築をアルド・ロッシ、室内を内田繁が担当した。このホテルは、北九州市門司区港町にある。門司港に面して、海峡を望む場所に位置している。明治以降、日本の貿易を支えてきた特殊な地域であり、その記憶を手がかりにデザインされた。明治、大正を代表する建築のイメージは西洋建築であるが、そうした建築の姿も現代化によって消えようとしている。そうした状況を考え、素材はその時代に製作されたタイルなどを再現し、現代風にアレンジしている。色彩計画としては、現代に寄った構成にすることで、現代性と記憶性を結び付けている。色彩計画をする際に、色を図と地における地と考えるか、図と考えるかによって表現が違ってくるが、門司港ホテルでは、すべて地に徹して計画された。それは素材を生かすための色彩計画であった。全体のモダンレトロなイメージはそこから来ているが、単なる懐かしさではなく、未来に向かう空間が色彩で表現されている。

●エクステリアカラー

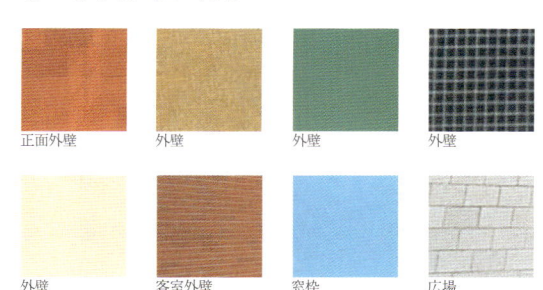

| 正面外壁 | 外壁 | 外壁 | 外壁 |
| 外壁 | 客室外壁 | 窓枠 | 広場 |

建築は一般的にその形が取り上げられることが多い。形から受けるイメージも重要だが、実際には色彩や素材から受けるイメージによって、そこにいる人は深い心理的な印象を受ける。門司港ホテルは外装と内装が統一された色彩イメージがある。レンガを感じさせる茶系の色と青銅色のタイルが色調にメリハリを与え、さらに明暗のコントラストを生かした配色で現代を感じさせるのに成功している。色使いは、どれがメインということはなく配色されている。

●イメージの位置付け

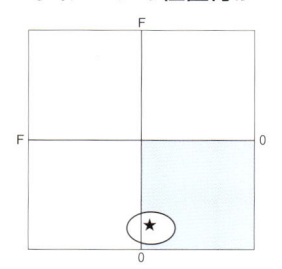

ベースイメージは「クラシック」、コアイメージも「クラシック」であるが、「ダンディ」との複合イメージになっている。色の合わせ方（配色）が現代的であることから、新鮮なものを感じる。特にコントラストを重視した配色では、空間にリズムが生まれ、現代的なイメージが強くなる。

外観

アルド・ロッシの最初のスケッチ
※スケッチはすべて
「『門司港ホテル』アルド・ロッシ 内田繁」六耀社刊より

外観夜景

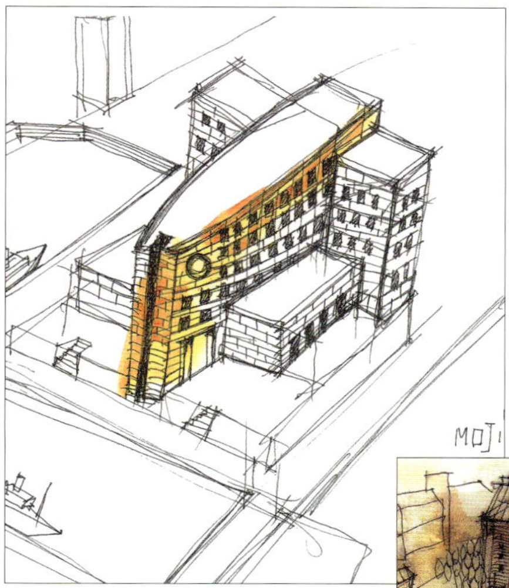

● インテリアカラー

エントランス・ロビー床	エントランス門	ロビー天井	ロビーソファ
吹き抜け(Portone)	床・壁(Portone)	壁(Eterno)	壁(Spazio)
床(Spazio)	床(Gioia)	壁(Tempo)	床(一聚庵)
ランプ	サイン		

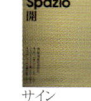

門司港ホテルで採られた色彩計画は、徹底した色と素材の関係の上で行われた。一つ一つの素材が持つ材質感と色が、慎重に吟味され選定されていった。その結果、色をコントロールするため、使用したタイルのほとんどが特注色にされた。

正面入口スケッチ

カラーリングのための着彩スケッチ

正面入口

エントランス門

ホテルロビー

「門司港ホテル」 Mojiko HOTEL　　　　　　　　　　　　　　　　　ARCHITECTURE/INTERIOR

トラットリアPortone

セレモニーホールEterno

茶室―聚庵

古いタイルを参考にした特注タイル

客室

バーTempo

ARCHITECTURE/INTERIOR　　　　　　　　　　　　　　　　　Nail Salon Longleage「ネールサロン ロングルアージュ」

ロングルアージュはネールケアを美容院のサービスから、独立したジャンルに発展させた先駆的なネールサロンである。1994年西麻布から広尾に移転し、ネールサロンを新装オープンさせた。インテリアデザインを内田繁が担当し、それまでになかったサロンを開設した。広尾という高級住宅地、オフィス、商業空間、大使館、外国人住宅などが混在する特殊な地域に計画された。広尾は、ある意味で最も都会的であると同時に、ネールサロンといった業態そのものが都会的なものである。それを踏まえて「都会」というテーマが設定された。色彩の多用により都会と現代性を表現するのがふさわしいとの考えから色彩計画が行われた。女性が日常から離れ、心の癒しを求める場として、柔らかな色彩の配列をつくり出した。キーカラーは白であり、どのくらいの分量にするか、またどこに配置するかに注意が払われている。白によって、軽やかさや透明感がつくり出された。色が図になるようにし、都会というテーマを表現している。

● コーディネートカラー

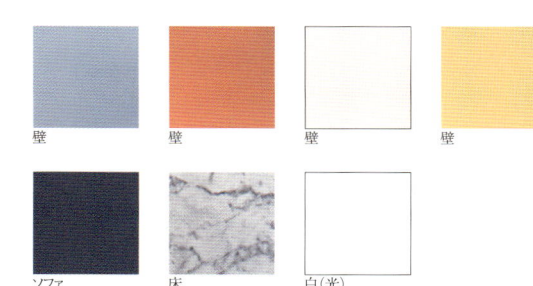

壁　壁　壁　壁
ソファ　床　白（光）

エレガントなイメージの配色になっているが、ここで最も心理的効果を高めているのが、白であり光である。全体の色調は決して明るいトーンではなく、落ち着いたトーンになっている。このトーンに対して軽やかなリズムをつくり出しているのが、光による白である。この白によって、青の壁面や赤の壁面が輝きを持ち、神秘的な効果を与えることになる。色を前面に押し出し、光を採り入れた色彩的な空間にすることに成功している。

D：内田繁
P：ナカサ＆パートナーズ
CI：ロングルアージュ
1994年

D : Shigeru Uchida
P : Nacása & Partners inc.
CI : Longleage
1994

● イメージの位置付け

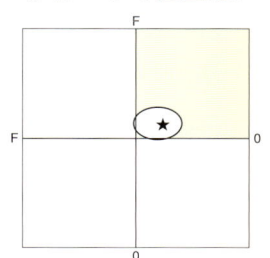

ベースイメージは「エレガント」、コアイメージは「しっとりとした」である。わずかにフェミニンのイメージが付加されている。イメージの効果として、心をくつろがせ癒すことができる。同時に、日常では得られない心理作用を与える。女性の好みのイメージでもあり、人を上品にさせる力がある。

天井の高いラウンジ

光と色が作り上げる空間

光と色のアプローチ

189

「国際障害者交流センター『ビッグアイ』」 International Communication Center for Persons with Disabilities "Big·I" ARCHITECTURE/INTERIOR

Pl/Dir：
国土交通省／近畿地方整備局、
(株)日建設計／塩井保則
Ar：
[内装・家具] (株)日建スペース
デザイン／二瓶学、伊藤節子
[バリアフリー監修]
摂南大学教授／田中直人
ColorD：島津勝弘
P：柄松稔
Cs：(株)ピーエス三菱、
(株)森本組、JV
Cl：厚生労働省
L：大阪府堺市
2001年

Pl/Dir : Ministry Land,
Infrastructure and Transport/
Kinki Regional Development
Bureau,Yasunori Shioi/
NIKKEN SEKKEI LTD.
Ar :
[Interior・Furniture]
Manabu Nihei,Setsuko Ito/
NIKKEN SPACE DESIGN LTD.
[Barrier-free Advisor]
NaotoTanaka/Professor of
Setsunan University
ColorD : Katsuhiro Shimazu
P : Minoru Karamatsu
Cs : Joint Venture/
P.S.Mitsubishi Construction Co.,Ltd.
&Morimoto Corporation
Cl : Ministry of Health,Labour
and Welfare
L : Sakai-City,Osaka,Japan
2001

●イメージの位置付け

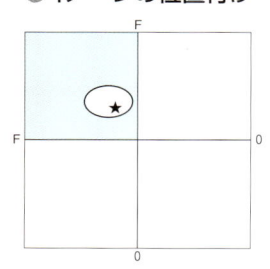

空間に使用されている色のうち、影響の大きい色、空間を性格付けている色をトータルにとらえて位置付けを分析した。
ベースイメージは「フレッシュ」で、コアイメージは「堅実な」である。空間としては理想的な生き生きと生活するイメージになっている。新鮮でありながら、存在感を感じることは、そこを利用する人にとって重大な問題である。このイメージでは、無彩色の灰の働きが大きい。いずれにしても、人への思いやりに支えられたイメージである。

1990年に制定された「国連障害者年」の10周年を記念して大阪府堺市に障害者のより一層の社会参加を願い、整備された施設。1983年から1992年を「国連・障害者の10年」とし、障害者の権利「完全参加と平等」の実現に向けて国際的なキャンペーンが実施され、障害者への認識と理解を深めた。

そうした流れの延長線上で、この施設は計画された。広い空間を確保したバリアフリー仕様の宿泊室、車椅子が最大300席設けられる多目的ホール、音声案内など、あらゆる人に利用しやすいように考慮されている。デザインについても、来館者に対しての利便性に重点を置き、分かりやすく楽しめるものを目的とした。宿泊ゾーンや多目的ゾーンの色分けをはじめ、視覚障害を持つ人との表示文字の大きさや表示高さの検証を重ね、室名・トイレピクトなどはポッティング表示（UV樹脂による凹凸表示）とし、見て触って理解できるようにデザインされている。

●配色比

マークとロゴの場合、白地を含めるかどうかで割合が変わってくる。背景色は色彩効果上、不可欠なので、ここでは白を含めた。また、ロゴは表示によく使われる「BiG-i」のみ計算に入れた。その結果、白72%、紫5%、赤4%、青4%、黄4%、緑4%、灰7%である。有彩色の5色が輝いて見えるのは白が有効に作用しているからである。

シンボルマーク

●メインカラー

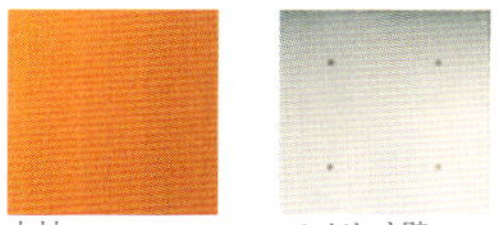

木材　コンクリート壁

●サブカラー

| M75Y75 | C72M40.5K9 | M10Y100 | C70Y60K5 |
| C20M60K15 | K70 | WHITE | |

床と壁に賜与されている木材の色（ブラウン系）と打ちっ放しのコンクリート（灰）がメインになっている。この2色から、落ち着きと、安心感が生まれている。茶系の色は赤や橙が基本になっているため、暖かさとエネルギーが秘められている。また、シンボルマークに使用している5色が彩度や明度が調整されて、空間にも組み込まれている。また、床材のようにフロアごとに材質を変えているので、目に見えない人でも足で感じられる「色」として生きている。

ビッグホール入口

エントランスホール

BIF

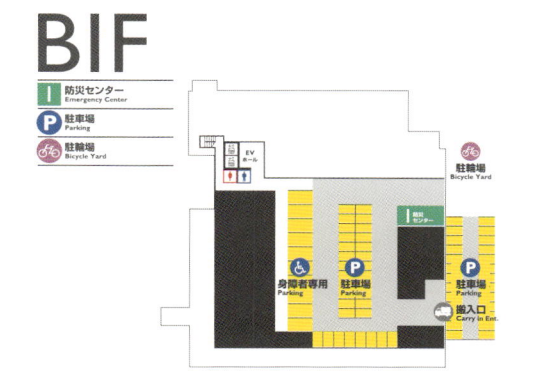

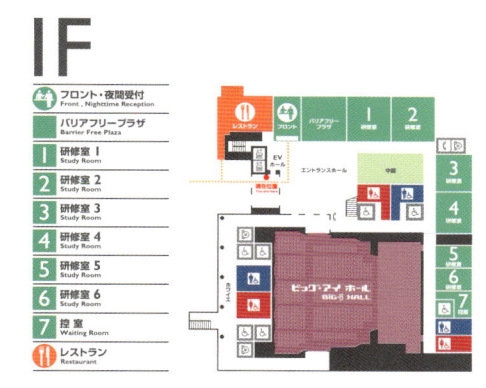

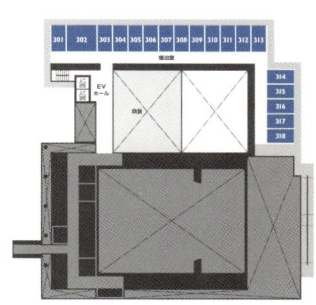

- 防災センター Emergency Center
- P 駐車場 Parking
- 駐輪場 Bicycle Yard

IF

- フロント・夜間受付 Front, Nighttime Reception
- バリアフリープラザ Barrier Free Plaza
- 1 研修室1 Study Room
- 2 研修室2 Study Room
- 3 研修室3 Study Room
- 4 研修室4 Study Room
- 5 研修室5 Study Room
- 6 研修室6 Study Room
- 7 控室 Waiting Room
- レストラン Restaurant

2F

- 宿泊室 201-217 Guest Room
- 事務室 Office

3F

- 宿泊室 301-318 Guest Room

案内サイン

3階 EVホール

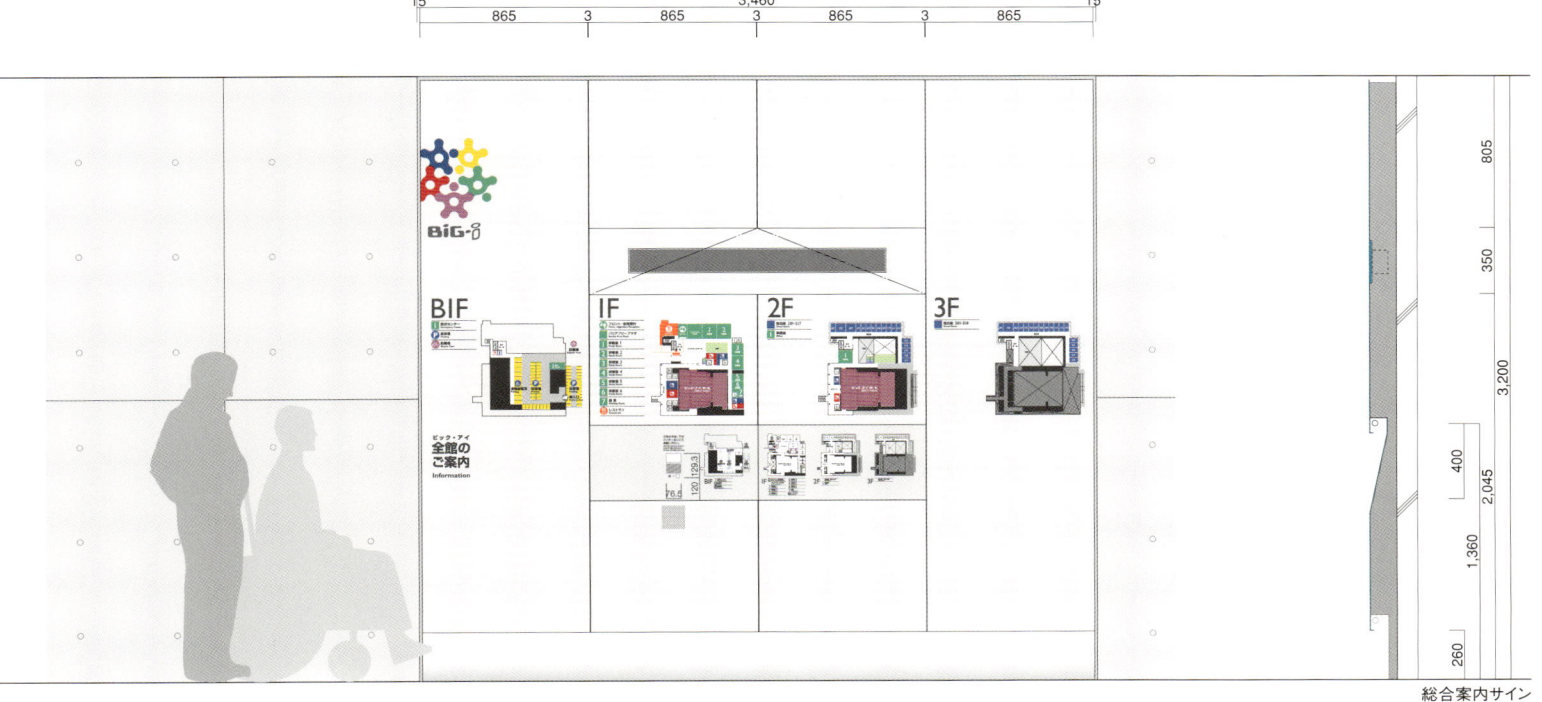

総合案内サイン

191

「福井県済生会病院東館」 Fukui-ken Saiseikai Hospital Annex

ARCHITECTURE/INTERIOR

Pl/Dir：
久保田秀男／広島国際大学
Ar：
[建築設計] 協同組合　福井県建築設計監理協会
[内装設計] (株)日建スペースデザイン／吉川昭
P：ナカサ＆パートナーズ
Cs：鹿島建設
Cl：社会福祉法人 恩賜財団 福井県済生会病院
L：福井県福井市
2004年

Pl/Dir : Hideo Kubota/ Hiroshima International University
Ar : [Architectural Design] Fukui-Ken Architecture design association
[Interior Design] NIKKEN SPACE DESIGN LTD./ AkiraYoshikawa
P : Nacása & Partners inc.
Cs : Kajima Corporation
Cl : Fukui-Ken Saiseikai Hospital
L : Fukui-City Fukui-Ken,Japan
2004

福井県済生会病院・東館は2004年福井県福井市に建設された。既存の病院に併設されたもので、全身のガン細胞を一回の検査でチェックする設備を備えている。病院や福祉設備の場合、暖色系のカラースキームを求められることが多いが、寒色系を多く用いながら、全体として暖かみを感じさせるカラーリングを試みている。最近の病院や福祉施設では、優しさや暖かさを追求するあまり、赤やピンクなど暖色系の色やパステルカラーを用いるケースが多い。ここの建物では、視認性を優先させ、サインボードは紺をベースに白抜き文字で設定した。バックボーンとなる壁の色をベージュとし、全体に暖かみのある印象になるように調整している。インテリアはナラ材の建具、ダークグリーンのイス張りやカーペットパターン、アクセントカラーにブルーグレーやライトレッドの壁紙を用いて変化をつけている。この壁紙の色は施設を案内しやすくするための目印にもなっている。

● メインカラー

BEIGE

● サブカラー

MAJOLICA BLUE　GREEN

空間全体に最も影響を与え、その性格を支配しているのが、メインカラーのベージュである。このベージュは濃いめになっており、浮いた感じにならないよう選色されている。サブカラーの紺と青緑は落ち着いた穏やかなものにする効果を持っている。ライトレッドが配色に組まれた場合、空間を親密度の高いものにする。アクセントカラーとして、空間を活性化する効果も発揮している。

● イメージの位置付け

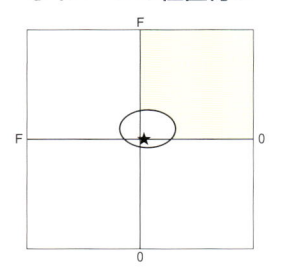

ベースイメージは「ナチュラル」、コアイメージは「平和な」である。このイメージの空間は、心理的に安らいだものにしてくれる。もともとナチュラルには、融和性があり、どんな人もこの空間に対して違和感を感じることはない。このイメージに橙を加えると親密感が生じる。

検診センター待合ロビー

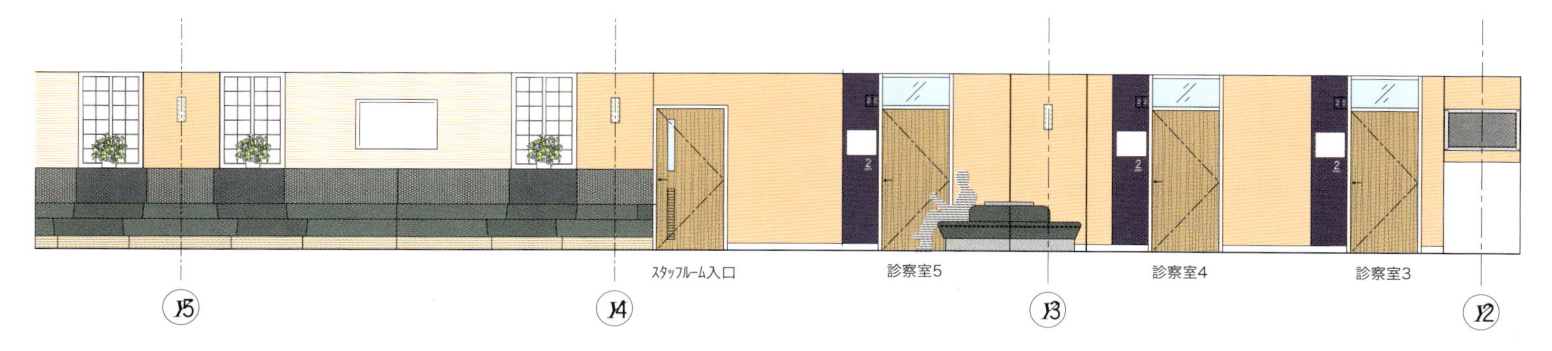

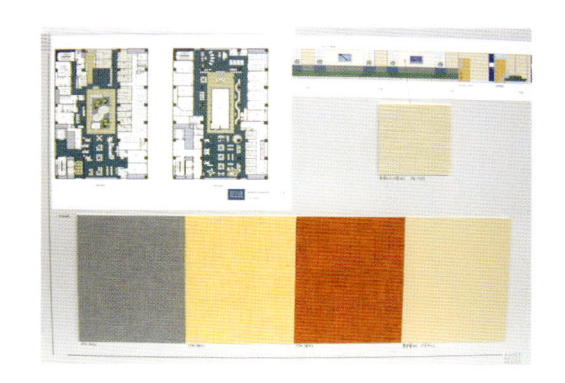

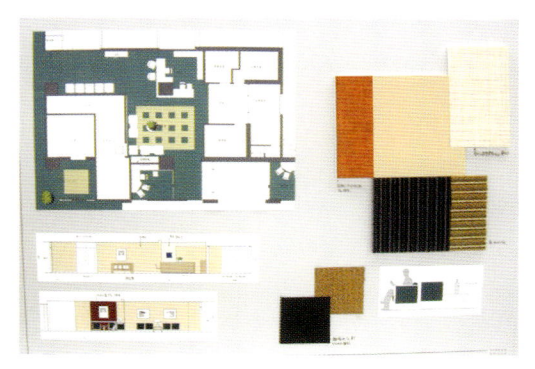

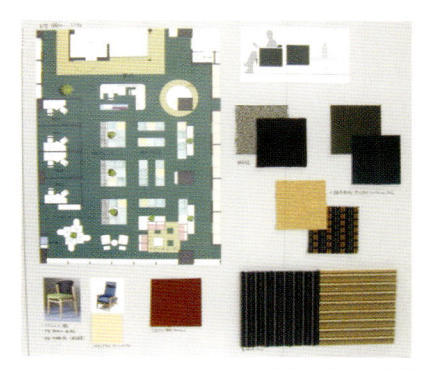

カラースキームボード

中庭に面した待合

PETセンター受付ロビー

吹き抜け

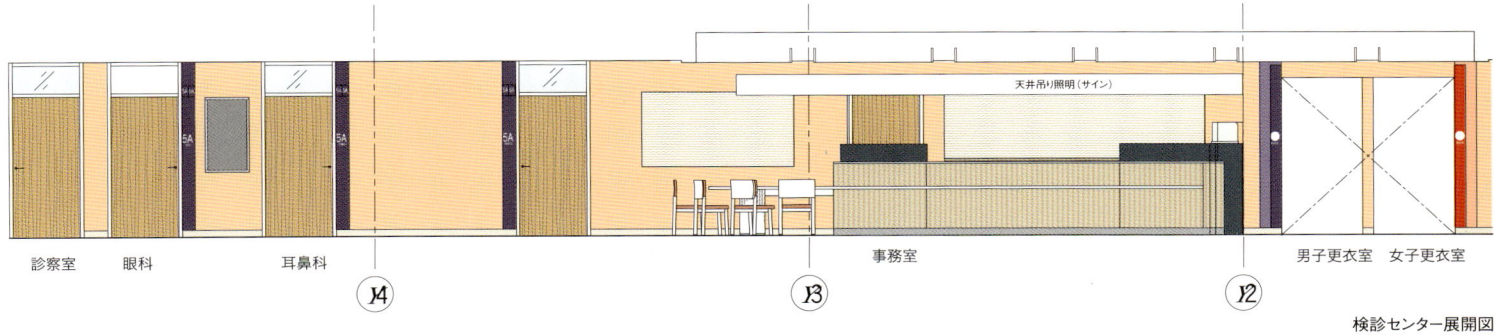

| 診察室 | 眼科 | 耳鼻科 | 事務室 | 男子更衣室 | 女子更衣室 |

天井吊り照明（サイン）

検診センター展開図

「国立成育医療センター」 National Center for Child Health and Development

ARCHITECTURE/INTERIOR

Pl/Dir：
厚生労働省医政局国立病院課
Ar：厚生労働省医政局国立病院課、(株)日建設計、仙田満十環境デザイン研究所
ColorD：(株)日建スペースデザイン／吉川昭、大西美紀
P：三輪晃久写真研究所
Cs：大成・奥村・安藤 特定建設工事共同企業体
CI：国立成育医療センター
L：東京都世田谷区
2001年

Pl/Dir : Ministry of Health, Labour and Welfare
Ar : Ministry of Health,Labour and Welfare,
NIKKEN SEKKEI LTD.,
Mitsuru SENDA Professor,
Tokyo Institute of Technology
+Environment Design Institute
ColorD :
NIKKEN SPACE DESIGN LTD./
Akira Yoshikawa,Fuki Onishi
P : KOKYU MIWA ARCHITECTURAL PHOTOGRAPH LABORATORY
Cs : Taisei・Okumura・Ando JV
CI : National Center for Child Health and Development
L : Setagaya-ku,Tokyo,Japan
2001

● イメージの位置付け

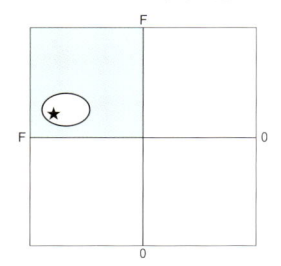

ベースイメージは「カジュアル」、コアイメージは「楽しい」である。居心地の良い、その空間にいるだけで、楽しくなる力を持っているイメージである。中心となるのがピュアイメージカラー（純色）であるが、赤と紫がパレットにはない。そのため色彩的な激しさはなく、穏やかで朗らかな配色効果になる。

東京世田谷区に2001年に建設された医療機関。小児から成人までの継続医療を行う「成育医療」という新しい概念で整備された国立の医療センターである。このインテリアデザインと色彩計画、家具計画を日建スペースデザインが担当した。治療を受ける子どもたちが少しでも楽しい時間が過ごせること、分かりやすいことをコンセプトにデザインされた。「子どもたちが行きたくなる病院」「楽しく過ごせる病院」を実現するにあたり、色と形を重視した。子どもにこびるのではなく、付き添いの大人にとっても居心地の良い空間を目指し、デザインの方向性として、分かりやすいシンプルな形、ピュアな色彩をベースに、遊びの要素を加え、明るく躍動感のある空間を造り上げている。色の役割は、内装だけにとどまらず、最終的には同一空間に表れてくるアートワークやサイン、そして家具にも及ぶ。そのために同時にトータルなカラースキームを実施した。子どもと保護者にも好評で、病院福祉建築学会賞も受賞している。

● メインカラー

生成色（白）

● サブカラー

ORANGE　YELLOW　GREEN　BLUE

橙、黄、緑、青の4色を展開色として選定している。この4色を偏ることなく配色構成している。基調色（背景色）として生成色（白）を採用し、肌触りの良い温かさを感じさせている。壁面に生成色、床面は緑青や青緑を使用し、浮いた雰囲気にならないよう注意が払われている。同様に、子どもだからパステルカラーという短絡的な選色を避け、4色のピュアイメージカラーで現実感を持たせるなど、卓越したカラーリングになっている。

外来待合

病棟廊下

チルドレンズモールカフェ前

チルドレンズモールのシンボルアート

ARCHITECTURE/INTERIOR　Patisserie QUEEN ALICE&SAKURA「Patisserie QUEEN ALICE & さくら by ALICE in HASHIMOTO」

JR橋本駅の駅前広場に面する「Mewe橋本」。地下1階に「パティスリー・クイーン・アリス」、その2階にクイーンアリスのカフェ「さくら」を出店することによって、ビル全体にインパクトを与え、活気を与えることを目的としたプロジェクトである。ターゲットは広い層の女性で、永遠の憧れであるピンクをメインにすることで、誘引性を高めた。

地下1階の「クイーンアリス」は食品売り場というフロア全体を、活性化するためにそのブランドを生かした計画になった。周囲環境と調和しつつも、独自の存在感を出すことが考慮された。2階の「さくら」はカフェとして利用しやすく好まれるものにということで桜をモチーフにデザインが展開された。このプロジェクトのポイントはピンクの見せ方で、甘い色にならないよう、可能な限りクールに近づけてイメージを作り上げたところが、集客につながった。

● メインカラー

PINK　　さくら

● サブカラー

BLACK　　WHITE　　スチール

ピンクを空間的に広げた時は、女性には心地良く、男性には抵抗感が芽生え、くつろげないものになる。これによってターゲットを的確に絞り込んでいることが分かる。ピンクと黒や白の組み合わせは、清潔感と落ち着いたおしゃれ感を表現するのに適している。「さくら」で使用している什器や家具は、金属、ガラス、アクリル製のもので、これらから受ける心理的なものも大人の感覚のものである。非日常的な演出となっていることが多くの客を引き付ける理由である。

Pl/Dir：(株)日建スペースデザイン／大久保豊
Ar：鈴木規子、藤井崇司（Patisserie QUEEN ALICEのみ）（日建スペースデザイン）
ColorD：鈴木規子（日建スペースデザイン）
P：ナカサ&パートナーズ
Cs：(株)内外テクノス
CI：住商アーバン開発(株)
L：神奈川県相模原市
2003年

Pl/Dir : NIKKEN SPACE DESIGN LTD./Yutaka Okubo
Ar : Noriko Suzuki,Takashi Fujii (Patisserie QUEEN ALICE only) (NIKKEN SPACE DESIGN LTD.)
ColorD : Noriko Suzuki (NIKKEN SPACE DESIGN LTD.)
P : Nacása & Partners inc.
Cs : NAIGAI TECHNOS CO.,LTD.
CI : SUMISHO URBAN KAIHATSU CO.,LTD.
L : Sagamihara-City, Kanagawa-Ken,Japan
2003

● イメージの位置付け

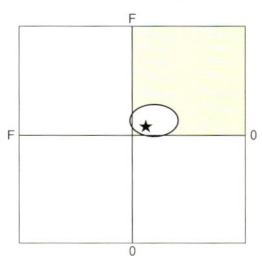

ベースイメージは「エレガント」、コアイメージは「ドレッシー」である。おしゃれな大人を感じさせるイメージになる。このイメージに属するピンクは、子供っぽさや甘い感じはなく、エレガントな感じが強い。無彩色との組み合わせで、それはさらに増幅される。

2階「さくら」エントランス

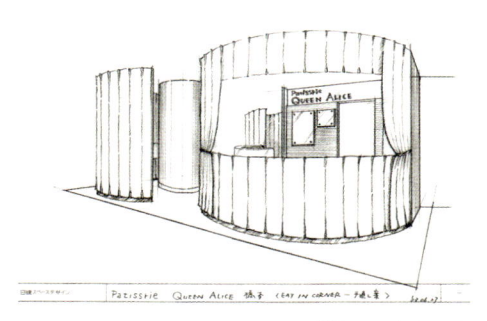

外観パース（スケッチ）

「さくら」店内（昼間）

地下1階「パティスリークイーン・アリス」コーナーから店内を見る

「リーガロイヤルホテル改修 23〜27階:ザ・プレジデンシャルタワーズ」 RIHGA ROYAL HOTEL Renovation 23F-27F: The presidential towers　ARCHITECTURE/INTERIOR

Pl/Dir：(株)日建スペースデザイン／二瓶学
Ar：
石橋容子(日建スペースデザイン)
ColorD：
石橋容子(日建スペースデザイン)
P：(有)象　遠山桜王
Cs：(株)竹中工務店
Cl：(株)ロイヤルホテル
L：大阪府北区
2002年

Pl/Dir : NIKKEN SPACE DESIGN LTD./Manabu Nihei
Ar : Yoko Ishibashi (NIKKEN SPACE DESIGN LTD.)
ColorD : Yoko Ishibashi (NIKKEN SPACE DESIGN LTD.)
P : STUDIO ZOU sakuraou Toyama
Cs : Takenaka Corporation
Cl : THE ROYAL HOTEL,LTD.
L : Kita-ku,Osaka,Japan
2002

●イメージの位置付け

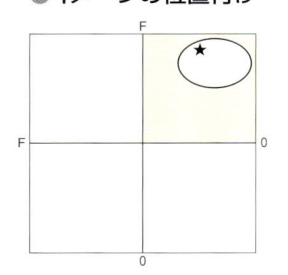

ベースイメージは「クリア」で、コアイメージは「さわやかな」である。このイメージには人の荒立つ神経を押さえる力がある。そのためヒーリング効果を必要とする時に採用されるイメージとなっている。このイメージには本来暖色系が入っていない。橙は心理的に明るい気分にさせる効果がある。健康的なイメージを持っている。

関西の老舗の一つであるリーガロイヤルホテルのタワーウィング23階から27階に位置したところに、エグゼクティブフロアーがあり、その改修工事が2002年に行われた。ホテルの中に最高級ホテルがもう一つ誕生するという基本方針で計画が行われた。計画の内容は2層全面改装で専用フロント、ラウンジ、ライブラリーの新設、39室の客室を「スタイリッシュ・ラグジュアリー」に改装するもので、従来型の発想とは異なる斬新さが求められた。客室の設計においてはヒーリング効果のあるカラースキーム提案を行った。客室自体がアートという大胆なカラーリングで、39室ある客室を10タイプの色彩で構成した。例えば、ビジネスマン対応にはストレス解消や安眠効果のある色を、レジャー対応にはリラックス、活力の出る効果のある色彩を選定した。

●メインカラー

DICF255　DICN-886　DICN-893　DICN-885
DICN-912　DICN-899　DICF304　DICN-849
DICN-738　DICN-869　DICN-797

●サブカラー

DICN-757　DICN-789　DICN-960

「さわやかな」イメージカラーには人の心を癒す力がある。それぞれが単色ではあるが、空間に使用された時は、体でこの色を感じることになるので、効果がより大きくなる。睡眠効果を青系、リラックス効果を緑系、気分高揚効果を橙系などの色を採用している。客室のカラーリングとして、同じ色目でまとめ過ぎないよう配慮されている。変化をつけるために、反対色などをアクセントに使用している。客室の構成材にも大胆なカラーリングを採用し好評を得ている。

ラウンジ

ラージツイン

アイソメ

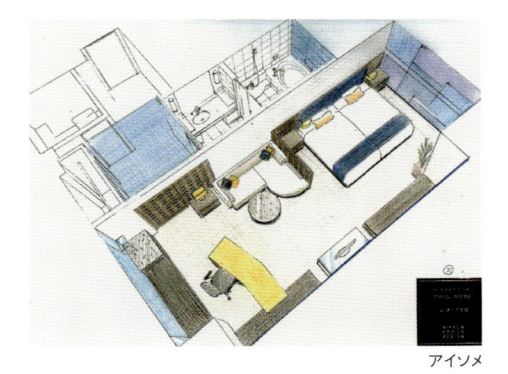

アイソメ

ツイン

ヒーリング効果を与えるカラースキーム提案

ルームタイプ	ビジネス ←				→ レジャー	専用ラウンジ
	DT	CSu	Su 寝室	Su パーラー	LT	
テーマカラー	フォレストグリーン Ⓐ forest green	アクアマリン Ⓔ aquamarine	パープルヘイズ Ⓖ purple haze	オレンジグロー Ⓘ orange glow	グラシアブルー Ⓒ glacier blue	ウッドストーン wood stone
ヒーリング効果	・ストレス解消 ・安眠効果 ・目に優しい ・血流を整える	・リラックス ・クールダウン ・ストレス解消	・安眠効果 ・瞑想、思考力を高める ・自尊心を高める	・抑うつ効果 ・食欲を刺激する ・活気、ユーモアを引き出す	・リラックス ・クールダウン ・ストレス解消	・知性 ・安心感 ・洗練された ・高貴な雰囲気 ・奥ゆかしさ ・上品で優雅
	●グリーン	●ターコイズブルー	●パープル	●オレンジ	●ライトブルー	●ブラウン ●ベージュ ●ブラック ●ホワイト
	クワイエットブルー Ⓑ quiet blue	ブルースプラッシュ Ⓕ blue splash	パープルヘイズ Ⓖ purple haze	メドウグリーン Ⓙ meadow green	スイートパステル Ⓓ sweet pastel	
	・ストレス解消 ・沈静効果 ・安眠効果	・ストレス解消 ・沈静効果 ・安眠効果	・安眠効果 ・瞑想、思考力を高める ・自尊心を高める	・ストレス解消 ・目に優しい ・血流を整える	・消化促進 ・抑うつ効果 ・活気を与える ・頭脳の活性化	
	●ブルー	●ダークブルー	●パープル	●グリーン		
			ライムツイスト Ⓗ	オレンジグロー Ⓘ		
			・ストレス解消 ・目に優しい ・血流を整える ・安眠効果	・抑うつ効果 ・食欲を刺激する ・活気、ユーモアを引き出す		
			●グリーン	●オレンジ		

※ Ⓐ～Ⓙ はカラースキームタイプを示す。

日建スペースデザイン

「お茶カフェ sui」 Cafe sui Tokyo

ARCHITECTURE/INTERIOR

Pl/Dir：
(株)日本レストランエンタプライズ
Ar：(株)日建スペースデザイン／
平岡直樹
ColorD：
[内装]平岡直樹
(日建スペースデザイン)
[サイン]川村貞知
P：ナカサ&パートナーズ
Cs：(株)丹青社
CI：(株)日本レストランエンタプライズ
L：東京都渋谷区
2003年

Pl/Dir：
Nippon Restaurant Enterprise Co.,Ltd.
Ar：NIKKEN SPACE DESIGN LTD./Naoki Hiraoka
ColorD：
[Interior]Naoki Hiraoka
(NIKKEN SPACE DESIGN LTD.)
[Sign Fixtures]
Sadatomo Kawamura Design
P：Nacása & Partners inc.
Cs：TANSEISHA CO.,LTD.
CI：
Nippon Restaurant Enterprise Co.,Ltd.
L：Shibuyaku,Tokyo,Japan
2003

JR東日本では社内ベンチャーが活発に行われている。その一端としてお茶を主体としたカフェが計画された。20代の女性をターゲットにした、駅地下という雑多で人通りの多い通過動線の中に「ほっと一息つける」安らぎの場所を提供することがコンセプトになった。計画地がJR山手線渋谷駅と地下鉄半蔵門線を結ぶ地下通路で、人通りはあるが立ち止まる人は少ない、という環境条件。その条件下で、パッと目につくインパクトがあり、「お茶」が視覚的に伝わり、派手さを押さえてくつろげる空間を提供すること、20代の女性が利用しやすいこと、この相反する条件を満たすためのカラーリングを行った。

メインカラーはお茶からストレートに発想された。国際的な流行色の傾向をチェックし、大きな面に使用することでインパクトを得た。また、通路側のガラス面に使い、遮断と広がりを両立させている。サブカラーとの組み合わせでは、和風に偏らず、モダンな渋谷のカフェを演出している。結果として、ねらい通り若い女性の人気を集めている。

● メインカラー

イエローグリーン

● サブカラー

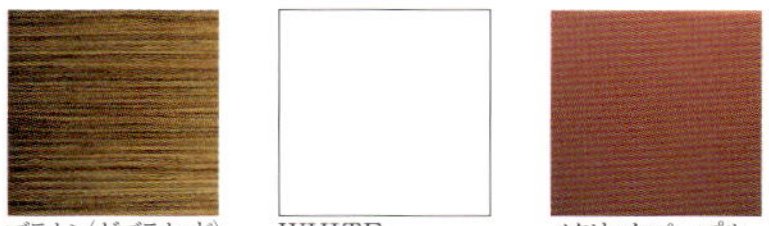

ブラウン(ゼブラウッド)　WHITE　メタリックパープル

メインカラーである黄緑が空間全体に与えている影響は大きい。そのため若々しく生き生きとした効果が生まれている。サブカラーのブラウンは木目の激しいゼブラウッドと壁の白によるハイコントラストで新鮮な刺激になっている。白の壁面と木の床の色とが和やかさと落ち着きをもたらし、メタリックパープルはアクセントとして女性らしさを感じさせる。全体の雰囲気にメリハリを与えているのが黒であり、空間に程よい緊張感を与えている。

● イメージの位置付け

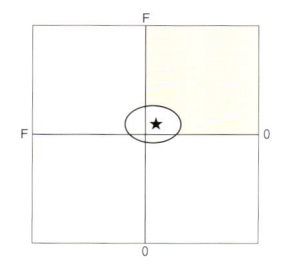

ベースイメージは「ナチュラル」で、コアイメージは「家庭的な」になっている。自然で親しみがあり、安らかなくつろぎを生み出すイメージである。全体に占めている木材(セピア調)の雰囲気から落ち着いた和やかさもある。

エントランスから見る店内

店内奥から見返すローカウンター席

ファサード

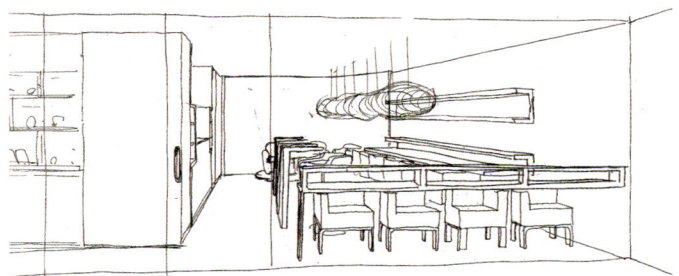

内観パース（スケッチ）

内観パース（スケッチ）

ローカウンター席から見る店内

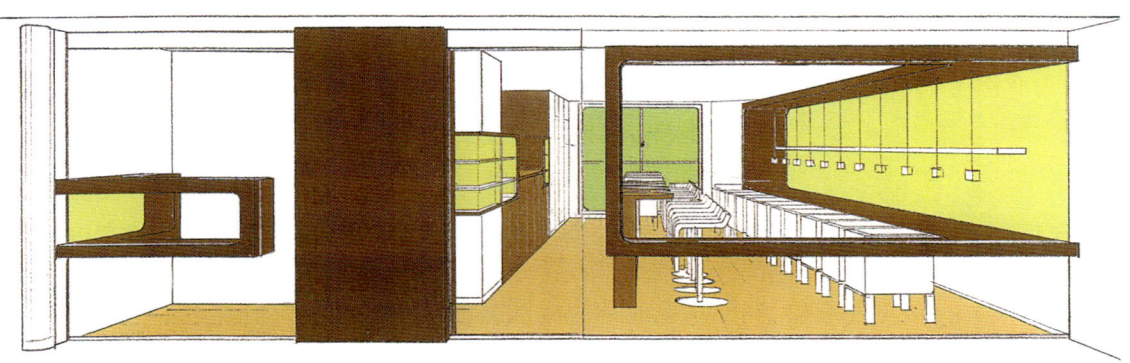

内観着彩パース

店舗ファサード

「アニバーサリー・フォトサロン リビュート」 anniversary photo salon ReBEAUT

ARCHITECTURE/INTERIOR

Pl/Dir：(株)日建スペースデザイン／浦一也、藤井崇司
Ar：浦一也、藤井崇司
(日建スペースデザイン)
グラフィック協力：加藤デザインオフィス／加藤三喜
ColorD：浦一也、藤井崇司
(日建スペースデザイン)
P：馬場祥光
Cs：(株)綜合デザイン／横田秀正、渡辺拓馬
CI：リビュート
L：東京都港区
2004年

Pl/Dir :
NIKKEN SPACE DESIGN LTD./
Kazuya Ura,Takashi Fujii
Ar : Kazuya Ura,Takashi Fujii
(NIKKEN SPACE DESIGN LTD.)
Cooperation in Graphic :
KATO DESIGN OFFICE/
Miki Kato
ColorD : Kazuya Ura,Takashi Fujii
(NIKKEN SPACE DESIGN LTD.)
P : Yoshiteru Baba
Cs : SOGO DESIGN CO.,LTD./
Hidemasa Yokota,Takuma Watanabe
CI : ReBEAUT
L : Minato-ku,Tokyo,Japan
2004

リビュートは、従来の写真スタジオとは一線を画す、メイクアップとデジタルフォトを結んだハイクオリティー・フォトサロンとして発想された。ターゲットは30代の働く女性であり、「特に背伸びをするわけではなく、どこかいつもと違う自分を発見し、その瞬間を写真に残す」ことがねらいとなっている。リビュートとしての第1号店になるため、その色彩計画はブランドイメージを強く打ち出すものとなった。企画段階からインテリアデザイナーとともにグラフィックデザイナーも参加するプロジェクトが進められた。カラースキムはブラックブラウンの木質、アイボリー、コンポーズブルーなどでまとめ、落ち着きと洗練された雰囲気を演出。同時に床にはグラデーションのあるタイルカーペットをランダムに張ることで、バーチャルな非日常性を体感させる空間を創出させている。

● コーディネートカラー

ブラックブラウン　アイボリー　コンポーズブルー　グラデーション

ワインレッド

カラーリングに際してはコーディネート（配色）を重視し、複数の色を組み合わせ繊細な印象を与えることをねらっている。グラデーションの床やコンポーズブルーとアイボリーの壁も非日常的な効果を演出する。ただバーチャルな感じを与えるだけではなく、メリハリをつけるためのブラックブラウンで締まった感じがある。アクセントカラーとしてワインレッドが使われており、空間に生き生きとしたリズムを作り出している。その結果、印象性に富んだ空間を実現した。

● イメージの位置付け

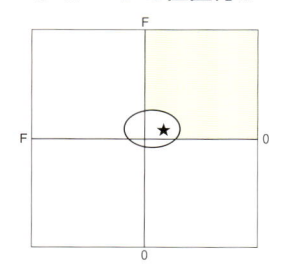

ベースイメージは「ナチュラル」、コアイメージ「アース調」である。本来このイメージは自然な地球を感じさせるものであるが、ここでは、グラデーションの床の効果によって不思議な非日常的な空間にしている。この空間に入ると浮揚感が感じられ、ワクワクした気分になる。

ファサード

ファサードスケッチ

スタジオ通路

VIの展開

スタジオD

ARCHITECTURE/INTERIOR

Nikken Space Design Booth「IPEC21-2001 日建スペースデザインブース」

IPEC21という展示会のためのブース。IPEC21は暮らしをとりまく環境「インテリア」とそれをつくり上げる素材、製品、技術、システムなどを提案するための展示会で毎年開催されている。日建スペースデザインは、新しいデザイン提案の場として4年連続して出展している。第1回目にあたるこのプロジェクトは、「触からインテリアを発想する」というコンセプトでワークスペースをデザインした。床、壁、天井、家具に様々な感触の材質をちりばめ、触れたり、もたれたりすることでバーチャルではなく、リアルな体験ができるようにしたのが特徴。このブースにおける色彩計画は視覚触覚の錯覚効果を得るため、白と赤を採用したものになった。

● メインカラー

RED　WHITE

赤は日建スペースデザインのコーポレートカラーでもある。白とのコントラストで、かなり衝撃を与える配色となっている。ここでは赤地に白のドットをパターン的に並べ、錯覚を生じさせている。こうした空間に身を置くと、めまいに似た感覚を受ける。さらに、光をふんだんに使用することによって、さらにその感覚を強めている。視覚的な衝撃を見る人に与えようというねらいは達成されている。

ColorD：米澤研二、水原宏、日野智之、梅村典孝、砂川洋一郎
Cs：(株)イヨベ工芸社
L：東京ビッグサイト
2001年

ColorD : Kenji Yonezawa, Hiroshi Mizuhara, Tomoyuki Hino, Noritaka Umemura, Yoichiro Sunagawa
Cs : IYOBE
L : TOKYO BIG SIGHT
2001

● イメージの位置付け

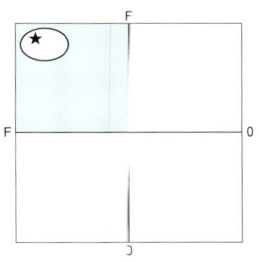

ベースイメージは"アバンギャルド"、コアイメージは「歓喜」である。この空間には、ドキドキさせるような歓喜の雰囲気がみなぎっている。アバンギャルドは前衛的心理を見る人に与え、新鮮な衝撃を感じるイメージである。

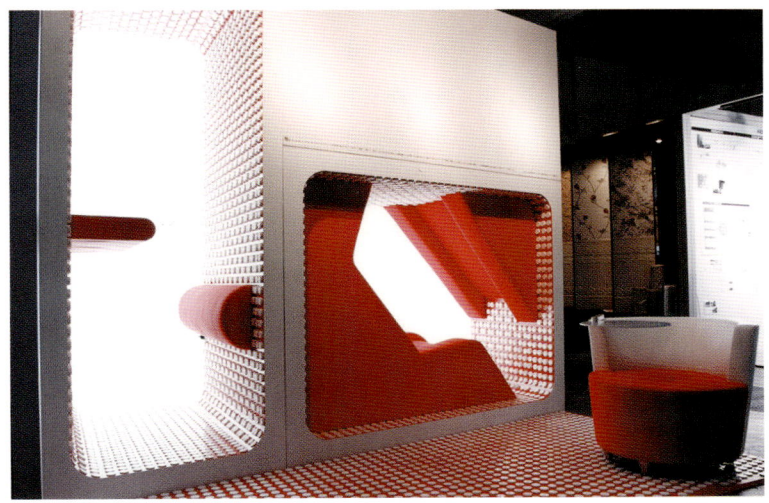

ブース全景

ソファ

コンセプトイメージ

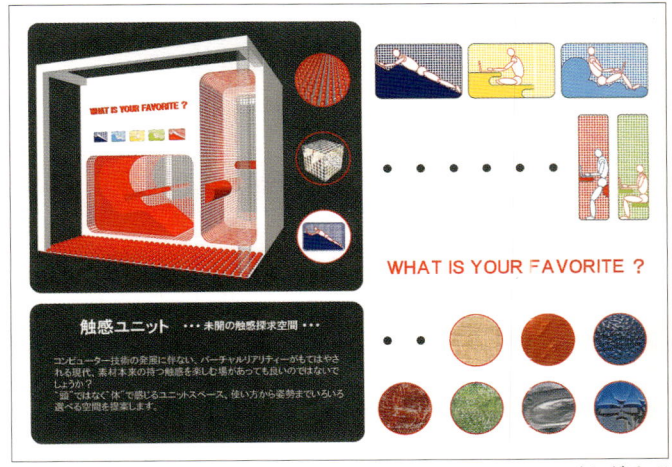

イメージパース

「IPEC21-2002 日建スペースデザインブース」 Nikken Space Design Booth

ARCHITECTURE/INTERIOR

ColorD：米澤研二、生嶋日美子、梅村典孝、藤井崇司、永合貴之、重田利生
P：SS東京
Cs：(株)イヨベ工芸社
L：東京ビッグサイト
2002年

ColorD : Kenji Yonezawa, Himiko Ikushima, Noritaka Umemura,Takashi Fujii, Takayuki Nago,Rie Shigeta
P : SS Tokyo
Cs : IYOBE
L : TOKYO BIG SIGHT
2002

IPEC21第2回目の出展作品である。「人間の行為からインテリア空間をデザインする」というコンセプトで制作された。立ち入れば空間、座ればいす、食事をすればテーブル、寝転べばベッドにそれぞれなる、という行為がしつらいを決めることを表現した。素材としてウレタン製の透明なコードを用い、それを無数に張り巡らし空間をつくり出している。その空間に人がかき分けて入り、赤い家具を使って空中に浮遊しているようにおのおのの空間を造り出し、「座」式の体感空間を生み出した。色彩計画は前回と同様であるが、白い空間に家具だけが浮いているように見せるようプランニングされている。

● メインカラー

RED　WHITE

圧倒的な白の中に、赤があり、それが空間的な広がりを持った時、自分が今生まれてきたかのような清新な感覚を受ける。ブース自身の目的とは別の心理的な効果を体験者に与える。さらに、照明効果を利用して、色の刺激と浮揚感を高めている。アイディアが面白いことはもとより、どれだけ色が持つ心理作用を活用できるかにかかっているが、成功している例である。

● イメージの位置付け

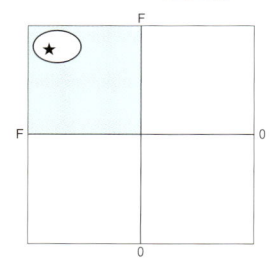

ベースイメージは「アバンギャルド」でコアイメージも同じ「アバンギャルド」である。清新なイメージを伴う前衛的なものになっている。白が圧倒的に多いため、前回(2001)のものと同じ色を使いながらイメージが微妙に変化したのはそのためである。

好みの位置に座れる

■ コンセプト
行為から生まれるインテリア

あなたが一歩入ればそこは空間になり、
あなたが座ればそれは椅子になり、
あなたが食事をすればそれはテーブルになり、
あなたが寝転べばそれはベッドになる。

しつらいがあって行為が決められるのではなく、
行為があってしつらいが決められる。

という空間の考え方。

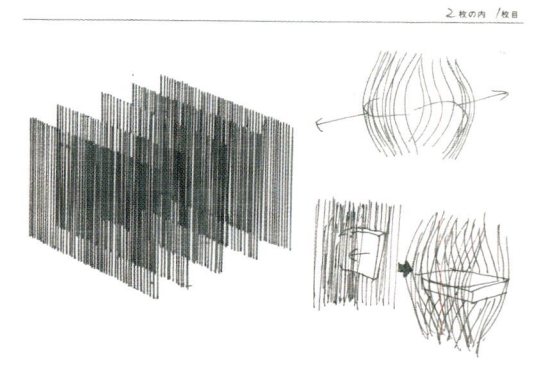

ブース全景

コンセプトスケッチ

ARCHITECTURE/INTERIOR　　Nikken Space Design Booth「IPEC21-2003 日建スペースデザインブース」

IPEC21第3回目の出展作品である。この回のコンセプトは「空気から空間をデザインする」。実際に制作されたのが「茶室」であり、快感を体験する空間の創造を目的としている。「何もない形」をデザインすることで、人間にとって心地良い空間形態を追求している。白い壁面に透明な膜というシンプルな色彩計画で行われた。3年連続で同色を採用することで、出展者のヴィジュアルアイデンティティーを高めることができた。同社はこのシリーズで連続受賞を果たし、それ以上に空間デザインへの貴重な体験を得た。

● メインカラー

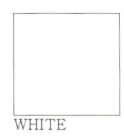

RED　WHITE

使用されている色は前回同様、赤と白。透明素材を用いているために影響する色を特定することはできない。しかも、透明素材の中は空気で、照明の光がその膜に反射するので、不思議な感覚を味わうことになる。特に下からの照明は、雲の上にいるような感覚を与え、心地良い感じを覚える。光は色を強めたものであり、その相乗効果を計算してデザインとなっている。

ColorD：西田徹太郎、藤井崇司、永合貴之、重田利生、鈴木啓介、大高真弓
Cs：(株)イヨベ工芸社、(株)キャッスル
L：東京ビッグサイト
2003年

ColorD : Tetsutaro Nishida, Takashi Fujii, Takayuki Nago, Rie Shigeta, Keisuke Suzuki, Mayumi Otaka
Cs : IYOBE, CASTLE
L : TOKYO BIG SIGHT
2003

● イメージの位置付け

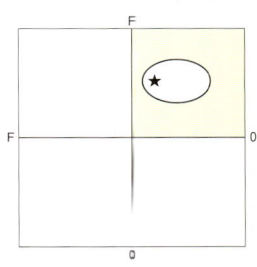

ベースイメージは「ロマンチック」、コアイメージは「希望」である。透明な素材を使い、周囲の色が直接見る人に影響を与える。壁面の白と中にしつらえられた赤の平面が反射的な色の効果を出している。この空間はロマンチックな気分にさせる。

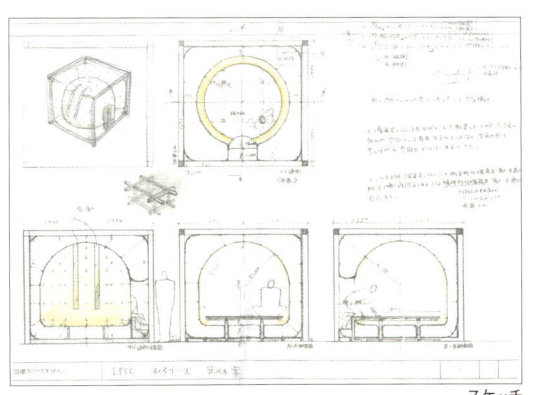

スケッチ

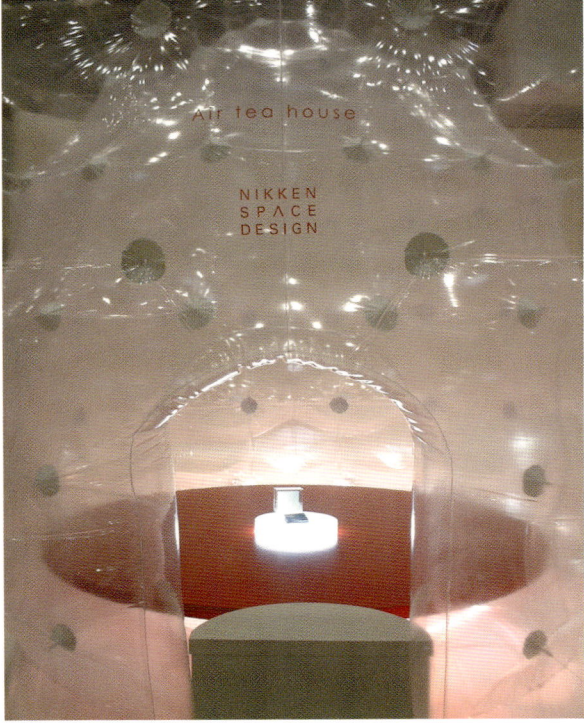

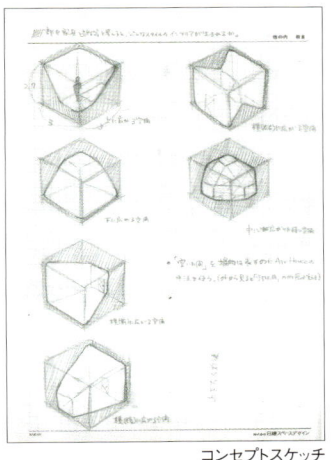

コンセプトスケッチ

入り口

光のテーブル

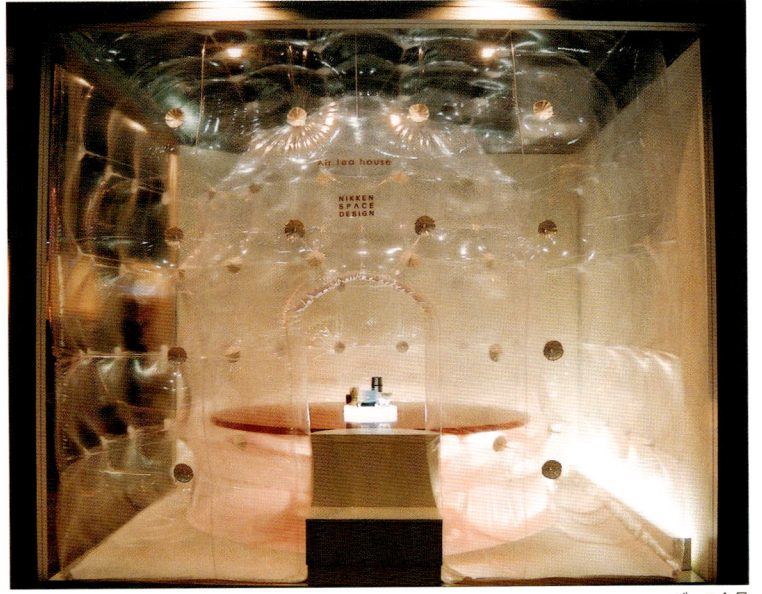

ブース全景

「インターフェイス 歩行補助機能付電動車椅子 UDカート」 Interface "UD Cart"

UNIVERSAL DESIGN

PM：野口英明（インターフェイス）
DD：野口英明
ColorD：野口英明
D：野口英明、田村恭宏
E：野口英明、田村恭宏
M：(株)インターフェイス
2003年

PM : Interface Co.,Ltd./
Hideaki Noguchi
DD : Hideaki Noguchi
ColorD : Hideaki Noguchi
D : Hideaki Noguchi,
Yasuhiro Tamura
E : Hideaki Noguchi,
Yasuhiro Tamura
M : Interface Co.,Ltd.
2003

（株）インターフェイスが2003年に発表したユニバーサルデザインプロダクツ（UD）による車椅子である。加齢による下肢の衰えや怪我・妊娠などによる一時的な負担や障害、生まれつき下肢に障害を抱える人など、種々の状況に対応するため、年齢や性別によるバリアーを感じさせない色彩および形態をコンセプトにデザインした。形状は動態としての機能を記号化（アイコン化）し、色彩はその形態の中で機能別に認識できるよう配慮した。特に横断歩道などを横断中に周囲の景色に同化しないが、調和のとれた色彩や形態に配慮したデザインとなっている。

●メインカラー

| BLUE | WOOD | YELLOW | WHITE |

これまでこのジャンルの製品の色は一般的に暗いイメージがあったことと、環境における視認性が必須条件であることから、「明るく、視認性の高いカラーリング」をコンセプトにした。健常者にとっては、目に優しいと感じられる色でも、加齢による視覚の黄変や色弱の人の目には識別しにくい。ビビッド過ぎても健常者には刺激的で疲労する。ビビッドでもユーザーの目に優しく映る配色の配慮が行われ、UDのカラーリングの先鞭を果たしたデザインである。

●イメージの位置付け

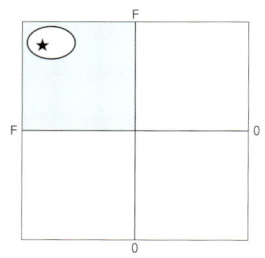

ベースイメージは「アバンギャルド」、コアイメージも同じ「アバンギャルド」である。前衛的なイメージが特徴となっている。清新な雰囲気と、デザイン的な斬新さが感じられる。明快な色彩効果があり、前進とか希望というイメージを見ている人に与える。

UDカート（歩行補助機能付電動車椅子）

真横から見た状態

移乗時（手すりを外した状態）

UNIVERSAL DESIGN　　　KOKUYO S&T The Fit Mouse TE-no-TAKUMI「コクヨS&T ザ・フィットマウス 手の匠」

コクヨの「ザ・フィットマウス『手の匠』」は手や指に障害を持っている人から、パソコンヘビーユーザーの人まで、誰でも使えるマウスを目標に開発された。パソコンの普及に伴い、誰もがパソコンに接する機会が増している。ビギナーだったユーザーも徐々にパソコン本体だけでなく、周辺機器にも興味やこだわりを持つようになる。その中で最も使用されている機器がマウスであり、このマウスにも使いやすさやデザイン性が求められてきた。それらを背景に「手に優しく、使いやすい」をコンセプトにしてデザインされた。手になじみ、ワイヤレスで操作性も高く、リストパッドがあるのでマウスダコができないなど、徹底的にUDが追求された。

● カラーバリエーション

DARK BLUE　RED　SILVER　BLACK

「ザ・フィットマウス『手の匠』」の特徴は、人の手に自然に収まる流線型で、手首、肩、ひじの負担を軽減し、疲れにくく、使いやすく快適なパソコン操作環境をもたらすことである。ワイヤレスで、長時間使用しても疲労しにくい。それを一方で支援するのが色であって、フォルムを生かすとともに、心理的に満足感を与える4色が選定されている。マウス全体を単色にすると重厚感が出ないので、パーツごとに微妙な色の変化をつけている。色が効果的に使用されているレベルの高い商品である。

PM：コクヨS&T（株）
ColorD：渡辺剛史（コクヨS&T）
E：コクヨS&T（株）、
（株）アーベル
M：コクヨS&T（株）
2003年

PM：KOKUYO S&T CO.,LTD.
ColorD：Tsuyoshi Watanabe (KOKUYO S&T)
E：KOKUYO S&T CO.,LTD., Arvel Corp.
M：KOKUYO S&T CO.,LTD.
2003

● イメージの位置付け

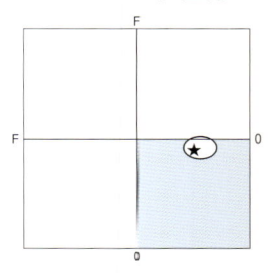

ベースイメージは「モダン」、コアイメージは「ハイブリッド」である。メタリックカラーを採用しているため、モダンでもかなり先端で高級感のイメージがある。ハイブリッドは2種類以上の機能や用途を複合したという意味であるが、それにも時代の先端の雰囲気がある。このイメージに接する時、気持ちが締まる感じを受ける。

ダークブルー

レッド

シルバー

ブラック

人の手に自然に収まる形状

左利きでも快適に使用できる

手のひらを置いて使えるリストパッド付き

「日立 Woooシリーズ用リモコン」 HITACHI Remote-Control for Wooo Series

UNIVERSAL DESIGN

PM：(株)日立製作所 ユビキタスプラットフォームグループ デジタルメディア事業部 ブロードバンド機器本部 商品企画部部長／吉野正則
DD：(株)日立製作所 デザイン本部 ホームソリューションデザイン部 デザインプロデューサー／小町章
ColorD／D：(株)日立製作所 デザイン本部 事業化推進センター 専門デザイナー／須部忠
E：(株)日立製作所 ユビキタスプラットフォームグループ デジタルメディア事業部 ブロードバンド機器本部 FPD設計部 技師／泉洋一郎
M：SMK(株)
2003年

PM : Masanori Yoshino, Department Manager, Marketing and Products Planning Department,Ubiquitous Platform Systems,Hitachi,Ltd.
DD : Akira Omachi, Design Producer,Home Solution Design Department, Design Division,Hitachi,Ltd.
ColorD/D : Tadashi Sube, Designer, Design Business Promotion Center, Design Division,Hitachi,Ltd.
E : Youichirou Izumi, Engineer,Ubiquitous Platform Systems Digital Media Division, Hitachi,Ltd.
M : SMK Corporation
2003

日立製作所がプラズマテレビWoooシリーズ用リモコンとして発売した。日立ではそれまでにカラーボタンと色名表示併記のリモコンを市場に送り出していた。デジタル放送が始まってテレビの楽しみ方も多様化しており、それに対応した機能を持つリモコンが必要になっていた。形状、材質、ボタンの数、表示や色彩などを配慮し、さらにより分かりやすい操作性を備えたものを目標にして開発された。特に「誰にも」使いやすいというデザインは、当然のことで、ユニバーサルデザインが話題になる前からの基本であった。しかし、色覚障害者や高年齢層をしっかり意識してデザインすることはなかった。開発に当たって実際にユーザーに直接接触しながらデザインが進められた。色弱の人が見分けやすい色を4色選定し、今では他社にも広がったが、色付きボタンに色名を付け、色を見分けやすくした。機能を英文表示にせず、和文で統一するなど、随所に苦心の跡が見られる。デザインと操作性に優れたリモコンが完成した。

● メインカラー

BLACK　SILVER　WHITE

● サブカラー

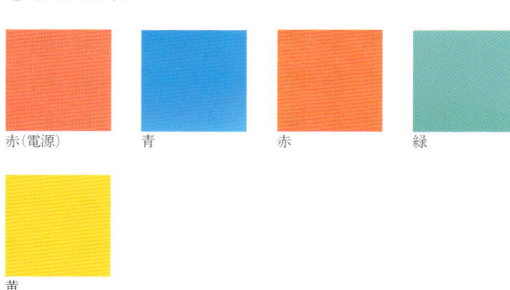

赤(電源)　青　赤　緑

黄

メインカラーは黒とシルバー、それに白であり、一見したイメージは「モダン」になっている。しかし、ボタンの色が全体に与えている影響は大きい。色覚障害の人は全国で約300万人と言われているが、その見え方には個人差がある。それを補うには文字による表記が適している。特にデジタル放送の情報を選ぶボタンを4色にしているが、見分けづらい人には文字表記が役立つ。ユニバーサルデザインの条件をふまえながらもデザインの優れたものが出来上がった。

● イメージの位置付け

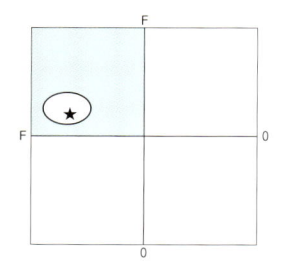

健常者が見るイメージはベースもコアも「カジュアル」である。気軽で、見て楽しい雰囲気になっている。シルバーと黒でモダンなイメージを付加している。色弱の人が見ても、同様のイメージが伝わっている。色は電磁波なので、眼に入る波長は同じで、脳への光シグナルの伝達も同様と考えられる。

AVC-HR7000用リモコン

4色の表示

第一色覚の見え方の例

UNIVERSAL DESIGN

TOTO RESTPAL DX「TOTO レストパルDX」

TOTOのトイレを構成する必要なアイテムをセットにした空間商品。タンクレス便器と収納が一体化されたキャビネット式便器、手洗器、収納、カウンター、手すり、鏡などがセットになっている。単なる機能性だけを追求したトイレではなく、リラックス空間を創造できる色と素材感。ディテールのデザイン処理にも十分こだわり、使う人に上質な心地良さを提供する水廻り家具としてデザインされている。誰もが使いやすい高さ700mmカウンター、身体をサポートするハンドグリップ、ゆったりくつろげる背もたれ、取り出しが楽な昇降ウォール収納など、さり気ない優しさでデザインされている。

● メインカラー

| ミディアムウッド | ベージュ(壁) | ベージュ(床) | ペールホワイト |

全体が木質調のナチュラルなイメージになっている。ユーザーに対してくつろぎと安心感を演出している。特にナチュラルウッドとペールホワイトの配色は暖かみのある空間にすると同時に、飽きの来ない懐かしさがある。ユニバーサルデザインにおけるカラーリングとして、カラー体系を整理統合し、対応性に富んだものに仕上げている。また、ウォシュレットのリモコンは、年代に関係なく視認性の高い色使いや表示をし、「止」を橙で目立つようにするなどの工夫が光っている。

PM：TOTO
ColorD：広津有子
D：白鳥昌己、五十嵐健、迎義孝
開発セクション：レストルーム商品開発部、住宅商品開発グループ
2004年

PM：TOTO LTD.
ColorD：Yuko Hirotsu
D：Masami Shiratori, Ken Igarashi, Yoshitaka Mukai
Development Section：
Rest Room Product Development Division, Home Unit Product Development Group
2004

● イメージの位置付け

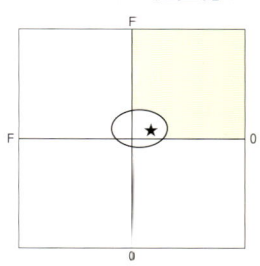

ベースイメージは「ナチュラル」、コアイメージは「アース調」である。遙かなる地球に抱かれたイメージは安心感をもたらす。このイメージには白はないが、白を加えることで清潔感を付加することができる。アース調は居心地の良さが得られるイメージである。

0816スペース ディスプレイプラン

動作をサポートするカウンター

身体をしっかり支える手すり

0816スペース ゆったり ラクラクプラン

片手でペーパーの取り付けとカットが簡単にできる

「首都圏コープ事業連合 生協パルシステム」 SHUTOKEN CO-OP CONSUMERS' CO-OPERATIVE UNION Palsystem   ECOLOGY DESIGN

AD：望月秀昭、松川鏡子、戸上和彦、横井千恵、田島宏一
DF：(株)ゼネラル・プレス
CI：首都圏コープ事業連合
2004年

AD : Hideaki Mochizuki, Kyoko Matsukawa, Kazuhiko Togami, Chie Yokoi, Kohichi Tazima
DF : GENERAL PRESS CORPORATION
CI : SHUTOKEN CO-OP CONSUMERS' CO-OPERATIVE UNION
2004

1977年「首都圏生活協同組合事業連絡会議」が発足し、1989年に「生活協同組合連合会 首都圏コープ事業連合」になり翌年、生協法人として認可された。1都6県にある9つの生協が連携している。その後、「パルシステム」のネーミングで規模を拡大してきた。生協は通常、共同購入が基本だが、「パルシステム」では1990年頃から個人宅配が増えてきたことから、個人の暮らしに近づくために、個人宅配に力を入れ始めた。安全で安心な商品を、玄関先まで届けるシステムで無店舗事業として展開している。徹底したエコロジー中心で、産直と環境にこだわりを持っている。2000年前後にテレビCMを放映したのをきっかけに、「パルシステム」のロゴを制作し、ブランディングを行ってきた。「パルシステム」以前は「パルマート」であったが、親しまれてきた緑と橙をベースにした。産直を重視し、緑と橙は野菜と肉、安全・安心と地球・土をイメージしたものである。土は、土づくりから行っている農業を意味している。

●メインカラー

| C90M40Y100 | M60Y90 | K100 |

●サブカラー

WHITE

生協やコープは各地に多数あり、それぞれ独自の展開を行っている。生協は組合員によって構成され、運営されるのが基本。当然、多くの組合員がいる方がダイナミックに事業を展開しやすい。その中でアイデンティティを打ち出し、多くの人にアピールすることが必要となる。「パルシステム」は、個人宅配を重視しての展開となっているので、カタログが重要なツールとなっている。メインカラーを変えないで、統一して使用してきたことがブランディング効果を高めた。

●イメージの位置付け

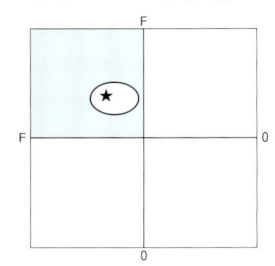

ベースイメージは「フレッシュ」、コアイメージは「健康な」である。新鮮とか生鮮のイメージが強く出ている。健康なイメージは、温かく触れるようなイメージがある。健康は生活の基本であり、人が生きていく上で必要な条件でもある。健康を守るためにはエコロジーの精神が必要だが、このイメージにはその意味が込められている。

[4色（和文表記なし）]
pal*system

[1色（和文表記なし）]
pal*system

[4色（和文表記あり）]
pal*system
生協 パルシステム

[1色（和文表記あり）]
pal*system
生協 パルシステム

[ロゴカラー]

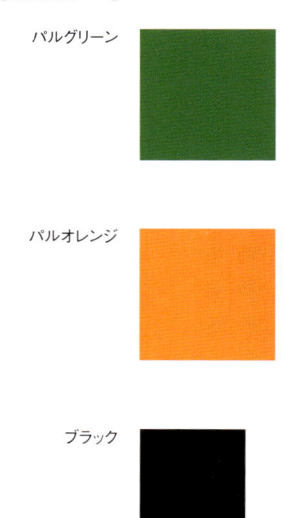

パルグリーン

パルオレンジ

ブラック

[カラーチャート図]

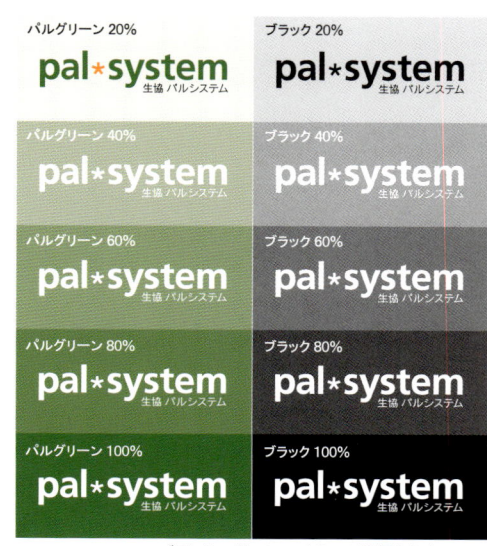

パルグリーン 20% / ブラック 20%
パルグリーン 40% / ブラック 40%
パルグリーン 60% / ブラック 60%
パルグリーン 80% / ブラック 80%
パルグリーン 100% / ブラック 100%

牛をキャラクター展開している運送用トラック

ブランドロゴとベースカラーの関係を表すチャート

加入キャンペーン用チラシ「安全と安心を」PRした

最も利用者の多い基本のカタログ「マイキッチン」

暮らしのクオリティーにこだわる大人のカタログ「きなり」

赤ちゃんのいる生活を応援するカタログ「ヤムヤム」

「ホクシー バイ ネピア ティシュ 150組エコボックス」 Hoxy by nepia 150W Ecobox Tissue

ECOLOGY DESIGN

PM：王子ネピア(株)
E：中田京子、寺岡秀樹
2004年

PM：oji nepia co.,ltd.
E：Kyoko Nakata, Hideki Teraoka
2004

●イメージの位置付け

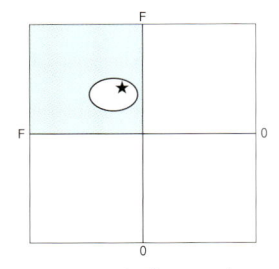

ベースイメージは「フレッシュ」、コアイメージは「肌触りのよい」である。見る人を健やかな気持ちにさせるイメージになっている。本来このイメージには白が入っているが、明るい灰がその効果を果たしている。台紙の地の色がくつろいだ雰囲気をつくっている。

王子ネピア株式会社がエコに本格的に取り組んだ製品である。これまであった「Hoxy by nepia」をベースに開発された。エコは言うまでもなく地球に優しい行為である。一人一人がその意識を持たなければならない問題でもある。この「エコボックス」は、パッケージで何をすべきかの解答を示した。コンセプトは「カンタンなエコ」。従来のボックスの取り出し口に付いていたフィルムを取り除いた。再生紙を使用したボックスは、使用後、折り畳んでそのままリサイクルできる。また、その精神は環境配慮型のインクを使用しているところにも表われている。派手にならず、明るいイメージを基調として、環境への優しさをメッセージしている。このボックスの重要なポイントは、使う人にエコ意識の浸透を図るツールになっているということである。このボックスを使う人は、エコの生活を実践しているという意識を確実に持つ。そこに新しい価値がある。

●メインカラー

C8M89Y94　C75　C51Y82　M15Y100

C15K9　ベースカラー

配色は健康をイメージしている。台紙の色が発色に影響しているため、ピュアな色にも関わらず派手にならず、生活空間によくなじむ。「Hoxy」のロゴをソースにピクトグラム風にデザインし、そのボックスのメインカラーが持つイメージを形にしている。派手ではないが自然を感じる可愛いさがある。エコボックスは、地域性を生かしたデザインでシリーズ展開している。角をとったエコボックスは、日本パッケージングコンテスト2004で適正包装賞を受賞した。

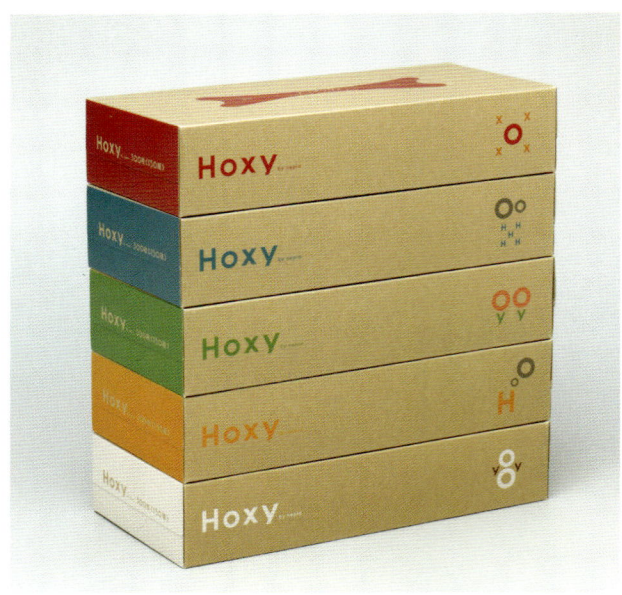

Hoxy by nepia 150W Eco-box tissue

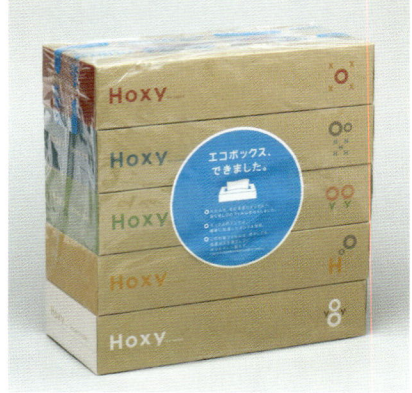

包装のフィルムは燃える素材

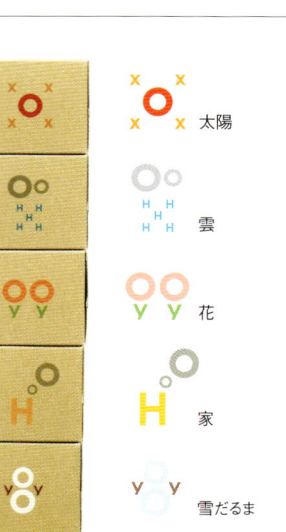

太陽
雲
花
家
雪だるま

ロゴの形でつくられたイラスト

取り出し口のフィルムがない

少なくなったら裏から押し上げる

それぞれのイメージが効果を発揮している

角をとったユニバーサルデザインの
ネピアふんわりスリム「愛・地球博」エコボックス

エコボックス SHIRETOKO
ネピアもっと北海道

エコボックス TOUHOKU
ネピアハートデザイン

エコボックス SHIKOKU
ネピアハートデザイン

エコボックス KANTO-KOUSHINETU
ネピアハートデザイン

211

索引／INDEX ［企業名］

●あ
アーベル（株）　205
青山商事（株）　134
アクサムコンサルティング　026, 028, 029
（株）アサツーディ・ケイ　046, 115
（株）朝日新聞社　053
アサヒビール（株）　066
アビスラボラトリー　115
アビーム コンサルティング（株）　046
AFLO FOTO AGENCY　156
amana　156
アルド・ロッシ　186
（株）アルフォックス　158
●い
井桁堂（株）　036
（株）INAX　100, 102
（株）イヨベ工芸社　201, 202, 203
（株）インターフェイス　083, 204
●う
内田繁　186, 189
●え
江崎グリコ（株）　116, 119
SS東京　202
SMK（株）　206
SDA　186
越後亀紺屋グルーヴトリップデザイン いろは　142
NTTデータインフォブリオ・セキュリティコンサルティング　044
（株）NDCグラフィックス　048, 124, 150
（株）エフインク　040, 042, 044, 046
NECパーソナルプロダクツ（株）　088, 089, 090
●お
王子ネピア（株）　210
●か
鹿島建設　192
加藤デザインオフィス　200
カルチュア・コンビニエンス・クラブ（株）　030
カルビー（株）　115
川路ヨウセイデザインオフィス　116, 119
環境デザイン研究所　194
●き
（株）キャッスル　203
キヤノン（株）　070, 071, 072
（株）キヨズ・キッチン　038
King's Hawaiian　160
銀座あけぼの　126
●け
京王エージェンシー　172
KDDI（株）　109
●こ
厚生労働省　190, 194
国土交通省近畿地方整備局　166, 190
コクヨS&T（株）　205
国立国際美術館　166

国立成育医療センター　194
（株）コボデザイン　100
Corbis Japan　156
●さ
（株）サムライ　030
サン・アド　056
サントリー（株）　056, 060, 062, 064
●し
CO1 School of Visual Arts　162
GK設計　168, 172
（株）GKグラフィックス　176
シーザー・ペリ アンド アソシエイツ ジャパン（株）　166
JV　190
全羅南道庁　050
（株）資生堂　022, 128, 130, 132
島津アドコム（株）　032
清水港・みなと色彩計画推進協議会　164
シャープ（株）　078, 079, 152
首都圏コープ事業連合　208
松竹（株）　053
情報工学研究所　050
（株）シルフ　155
シー・ワイ・デザイン　052
●す
スタジオ80　186
スタジオ象　196
（株）スパイス　180
住商アーバン開発（株）　195
●せ
銭高・鴻池・大本特定建設工事共同企業体　166
（株）ゼネラルプレス　208
●そ
（株）綜合デザイン　200
●た
大成・奥村・安藤 特定建設工事共同企業体　194
大日本印刷（株）　112
（株）ダヴィンチ・アドバイザーズ　052
（株）タカラ　105
タカラ食品工業（株）　040
（株）竹中工務店　196
多摩都市モノレール（株）　172
（株）丹青社　168, 176, 198
（株）丹青シグネクス　176
●ち
近沢レース店　048
●つ
ツインズ　154
●て
（株）電通関西支社　152
（株）電通西日本広島支社　158
●と

東急エージェンシー（株）　064
Tokyo Great Visual　126, 152
東京地下鉄（株）　154
東芝コンシューママーケティング（株）　091
TOTO　096, 097, 098, 207
東宝（株）　053
（株）トゥモローランド　138
都市再生機構　182
鳥取三洋電機（株）　109
凸版印刷（株）　112
トヨタ自動車（株）　014, 106
●な
（株）内外テクノス　195
ナカサ＆パートナーズ　182, 186, 189, 192, 195, 198
●に
（株）ニコン　076, 077
日産自動車（株）　156, 157
日清食品（株）　110, 111
（財）2005年日本国際博覧会協会　168
（株）日建設計　190, 194
（株）日建スペースデザイン　190, 192, 194, 195, 196, 198, 200, 201, 202, 203
（株）日本デザインセンター　066
日本テレビ放送網（株）　176
日本電気（株）　088, 089, 090
日本ビクター（株）　020, 084, 086, 087
日本フィスバ（株）　148, 149
日本郵船（株）　154
Nil　162
（株）日本レストランエンタプライズ　198
●の
（株）乃村工藝社　168
●は
パイオニア（株）　094, 095
パイオニアデザイン（株）　095
（株）博報堂　154, 155, 156, 180
HAKUHODO DESIGN　053, 054, 157
博報堂フォトクリエイティブ　156
（株）八海山　142
（有）ハナオカデザイン　112
●ひ
（株）ピーエス三菱　190
（株）日立製作所　073, 074, 075, 206
日立ホーム＆ライフソリューション（株）　073
広島県観光キャンペーン実行委員会　158
広島国際大学　192
ヒューマンホールディングス（株）　026, 028, 029
●ふ
（株）ファミリーマート　180
PHOENIX RESORT KK.　054
協同組合 福井県建築設計監理協会　192
社会福祉法人 恩賜財団 福井県済生会病院　192

フジタ・若築建設共同事業体　186
富士通（株）　092, 093
（株）フジデザインコーポレーション　104
Brand thirty-three　160
ブリジストンサイクル（株）　105
ブルズ　158
（株）フローリィネット　042
フロム トゥ　172
（株）フロンテッジ　030
●ほ
Paul Lam Design Associates　162
●ま
麻婆豆腐「辣」　048
松下電器産業（株）　パナソニックAVCネットワークス社　080, 081, 082
松下電器産業（株）　パナソニックデザイン社　080, 081, 082
●み
三井住友建設、鴻池組、大日本土木JV　182
三輪晃久写真研究所　194
●め
明治製菓（株）　122, 124, 125
メタデザイン（ベルリン）　026, 028, 029
●も
門司港開発　186
森永製菓（株）　120, 121
（株）森本組　190
（株）モリック　105
●や
大和生命保険（株）　155
ヤマハ発動機（株）　105
（株）山本理顕設計工場　182
●ゆ
（株）ユナイテッドアローズ　142
●よ
横濱まちづくり倶楽部　150
吉沢工芸（株）　083
●ら
ライノタイプ・ライブラリ社　056
ライロ　040
●り
リー・ジャパン（株）　142
リオ・ジャパン　108
リビュート　200
●れ
レック都市地域研究所　186
レックスマーク インターナショナル（株）　032
●ろ
（株）ロイヤルホテル　196
（株）浪漫堂　032, 036, 038
（株）ロッテ　112, 113, 114
ロングルアージュ　189
●わ
（株）ワコール　144

索引／INDEX [ブランド・製品名]

●あ
アーモンドチョコレート　113
藍色染め刺し子　142
IPEC 21-2001 日建スペースデザインブース　201
IPEC 21-2002 日建スペースデザインブース　202
IPEC 21-2003 日建スペースデザインブース　203
AQUOS　152
AQUOS LC-45GD1　078
アニバーサリー・フォトサロン リビュート　200
ABeam Consulting（アビームコンサルティング）　046

●い
EOS Kiss Digital　071
IXY DIGITAL L²　070
INFOBRIO（インフォブリオ）　044

●う
Woooシリーズ用リモコン　206
Wooo7000シリーズ　075
Waveシリーズ　083

●え
EXE LT-32LA4　086
FMV-DESKPOWER LX　092
FMV-BIBLO LOOX T　093

●お
お茶カフェ sui　198

●か
Ghana　112
かるワザクリーナー たつまきサイクロン　073

●き
キシリッシュ　125
キシリトールガム　114
KIYO'S KITCHEN（キヨズ・キッチン）　038
King's Hawaiian　160
銀座あけぼの　126
銀座カリー　124

●く
具多　111
COOLPIX SERIES　076
グミホン　021

●け
軽開どっちもドア 大型スリムタイプ　079

●こ
国立国際美術館　166
国立成育医療センター　194

●さ
THE SUIT COMPANY　134
SATIS　102
サントリー 新 CI　056

●し
CO1 デザイン学校 卒業展　162
C.C.レモン　062
シノアドア　022, 132
東雲キャナルコート CODAN1街区　182
清水港・みなと色彩計画　164
じゃがりこ　115

シルクシリーズ マンダリーノ　148

●す
スーパーエクセレントバス　096
スーパーレガセス クリスタルシリーズ　098
スピーカーシステム SX-L9　087

●せ
Save the Children 一緒に、始めよう。　180

●た
daVinci（ダヴィンチ）　052
多摩モノレール トータルデザイン計画　172
talby　109

●ち
チェルシー　122

●つ
TSUTAYA TOKYO ROPPONGI　030

●て
D SERIES　077
手の匠　205

●と
TOMORROWLAND　138
名古屋ふらんす　036
なっちゃんオレンジ　064
南道食べ物文化フェスティバル　050

●に
日テレ TOWER Studio Graphic　176
日本国際博覧会協会 サイン・ファニチュア計画　168
日本郵船　154
new york DELI（ニューヨーク デリ）　040

●は
ハイチュウ　120
ハイデザインシリーズ 棚付二連紙巻器、二連紙巻器、手すり　097
PASSO　014, 106
ハッピーアクア　095
Patisserie QUEEN ALICE & さくら by ALICE in HASHIMOTO　195
Panasonic デジカム NV-GS400K　081
Panasonic デジカム NV-GS55K　082
VALUESTAR TX（VX980/AE）　090
パルシステム　208

●ひ
B PLUS　105
ピエヌ リップネオ　128
ピエヌ ルージュカラーフィックス　130
PIXUS iP8600　072
ビッグアイ　190
ヒューマンアカデミー　028
ヒューマングループ　026
ヒューマンリソシア　029
ピュアビジョン PDP-504HD-W　094
広島県大型観光キャンペーン　158

●ふ
FUGA　157

PHOENIX SEAGAIA RESORT　054
福井県済生会病院東館　192
PriusAirNote AN37KT　074
Plejour（プレジュール）　042

●へ
Baby Movie GR-D230　084
VETRO-CUT　104
ベレタージュシリーズ ボタニカ　149

●ほ
ホクシー バイ ネピア ティシュ　210
ボス レインボーマウンテンブレンド　060
ポッキーチョコレート　116
ポッキーデコレ　119
本生ブランド　066

●ま
麻婆豆腐「辣」　048
マジックサイクロンクリーナー　091

●も
門司港ホテル　186
森永ビスケット　121

●や
大和生命　155

●ゆ
UDカート　204
有楽町マリオン 20 アニバーサリー　053

●よ
横濱通養成講座　150

●ら
ラ王　110
LaVie N（LN500/AD1, LN500/AD2）　088
LaVie RX（LR500/AD）　089
LAFESTA ボディカラーイメージスタンド　156

●り
リーガロイヤルホテル　196
リオ SU35　108

●る
ルキナ　100
LUMIX DMC-FX7　080

●れ
レストパルDX　207
LEXMARK（レックスマーク）　032

●ろ
ロングルアージュ　189

●わ
WACOAL DIA　144

● 本書ご利用にあたって
・本書で表示しているカラーサンプルは、印刷という工程を経ることから必ずしも、正確な発色になっていない。
・収録されている作品は2000〜2005年の広がりの中で選んだものである。必ずしも現在、市販されているとは限らないものも含まれている。
・イメージの名称、位置付けは「カラーイメージチャート」(グラフィック社刊)に基づいている。

■ 参考資料
「故宮博物院 第六巻 宋・元の陶磁」日本放送出版協会刊
「カラーイメージチャート」南雲治嘉著 グラフィック社
「常用デザイン」南雲治嘉著 グラフィック社

■ 特集取材協力
(株)資生堂　　Shiseido Co.,Ltd.
(株)トヨタ自動車　Toyota Motor Corporation
日本ビクター(株)　Victor Company of Japan, Limited

■ アートディレクション
本文デザイン／表紙デザイン
松 利江子 Rieko Matsu

■ ページデザイン
斉藤 理奈子 Rinako Saito
五味 綾子 Ayako Gomi

■ 編集企画
南雲治嘉　Haruyoshi Nagumo
奥田政喜　Masaki Okuda
永井麻里　Mari Nagai

■ 翻訳
R.I.C.出版(株)　R.I.C Publications Asia Co., Inc.

■ 撮影
今井康夫　Yasuo Imai
木原勝幸　Katsuyuki Kihara

●編者略歴
南雲 治嘉 Haruyoshi Nagumo
1944年東京生まれ
金沢美術工芸大学産業美術学科卒業
グラフィックデザイナー
著書：〈視覚表現〉〈改訂版色彩表現〉〈アクリルガッシュの全技法〉〈カラーイメージチャート※1〉〈配色イメージチャート〉〈イメージカラーサンプル〉〈カラーコーディネーター※2〉〈Webカラーコーディネート〉〈デジタル色彩表現〉〈チラシデザイン〉〈パンフレットデザイン〉〈チラシレイアウト〉〈常用デザイン〉以上グラフィック社、〈カラー・イメージ・チャート〉〈視覚構成〉〈環境・空間・構成〉以上東京デザイナー学院出版局、〈驚異のポスターカラーテクニック〉〈おもしろプリント便利帖〉〈CGデザイン・基礎編〉〈CGデザイン・キャラクター編〉以上MPC、〈コンピュータデザイン入門〉日本実業出版社、〈画材料理ブック〉〈画材料理ブック2〉〈プロへの道100人の軌跡〉以上ターレンスジャパン、〈日本の民具〉保育社、〈詩集・時間に乗った猫〉総和社、〈詩集・たった一人の読者〉教育出版センター、〈夢が叶う自分で作るお守り〉福昌堂、ビデオ〈アートレッスンビデオ〉16巻ターレンスジャパン。
現在：㈱ハルメージ代表
デジタルハリウッド大学 デジタルコミュニケーション学部教授
東京デザイナー学院講師
国際色彩教育研究会幹事
連絡先：㈱ハルメージ
〒150-0001 東京都渋谷区神宮前5-20-3
ラ・セレザ102
TEL：03(5766)3762
E-mail：design@haru-image.com

※1「カラーイメージチャート」は株式会社ハルメージが著作権を所有しています。
※2「カラーコーディネーター」は株式会社ハルメージの登録商標です。

デザイン戦略シリーズ
色彩戦略

2005年2月25日　初版第1刷発行

編　者　南雲治嘉（なぐもはるよし）Ⓒ
発行者　菅谷誠一
印刷・製本　錦明印刷株式会社
発行所　株式会社グラフィック社
　　　　〒102-0073 東京都千代田区九段北1-14-17 三創九段ビル4F
　　　　TEL：03-3263-4318　FAX：03-3263-5297
　　　　http：//www.graphicsha.co.jp/
　　　　振替00130-6-114345
落丁・乱丁本はお取り替え致します。
本書の収録内容の一切について無断転載、複写、引用等を禁じます。